사랑, 하나되게 하는 힘

Love, the Strength that Brings Unity

사랑, 하나되게 하는 힘

지은이_정동진
펴낸이_한뿌리
교정_최은정
편집_정다민
펴낸곳_킹스웨이신학원
출판사_유하

초판 발행_2019년 7월 16일

등록_2014년 4월 24일 제387-3190000251002000000035호
주소_07592 서울특별시 강서구 방화대로44길 49
전화_02-2663-5258, 팩스_02-2064-0777
ISBN_979-11-85927-25-1

9821vision@naver.com

Love,
the Strength that
Brings Unity

깨지고
분리된
현대교회를
향한
에베소서의
외침

정동진
성경
시리즈 03

정동진 지음

有하

사랑,
하나되게
하는 힘

들어가며

필자가 신학공부를 할 때에 성경은 "하나님께서 의도를 가지고 성경의 저자들로 하여금 그 의도를 전달하기 위해서 기록된 책이다"라고 배웠다. 요한계시록은 이 가르침이 맞을 수 있다. 그러나 다른 신약성경들은 시대적으로, 지역교회의 필요성에 의해 기록되었다고 보는 것이 좋다. 에베소서도 필요성에 의해 기록된 서신임에 틀림없다.

바울은 AD 33-35년 사이에 회심한 것으로 보인다. 그는 바나바의 초대로 안디옥교회에서 1년 동안 성경을 가르쳤다(행 11:26). 그러나 일년으로 에베소교회 사역이 끝난 것으로 보이지 않는다. 안디옥교회가 바나바와 사울을 따로 세워 선교사로 파송한 것이 대략 AD 47년경이다. 그러므로 바울은 1년 사역 후 최소한 2년여 안디옥교회에 머물며 성도를 양육하며 교회를 섬겼다.

바울은 대략 5-6년(53-58년) 동안 3차 선교사역을 했다. 전반기 3년 동안 에베소 지역에서 사역했다(행 19:1-41, 특히 8, 10). 3차 선교사역을 마치고 돌아오는 길에(대략 58년경) 밀레도에서 에베소교회 장로들을 초청해서 특별 메시지를 전했다(행 20:17-38, 특히 29, 30). 이때 바울은 장로들에게 두 가지 강력한 예언적 메시지를 선포했다.

첫째, 사나운 이리가 양떼를 삼킬 것이다(행 20:29).

둘째, 장로들 중에 어그러진 말을 하여 자기 편을 만드는 일이 일어날 것이다(행 20:30).

바울은 예루살렘에 돌아온 후 체포되었고(행 21:27-34) 가이사랴 감옥에서 2년 동안 구금되었다(행 24:27). 바울은 감옥에 구금되어 있는 동안 주님께로부터 "네가 예루살렘에서 나의 일을 증언한 것 같이 로마에서도 증언하여야 하리라(행 23:11)"는 특별 메시지를 전달받았다. 바울은 로마 황제에게 재판 받을 것을 상소했고(행 25:11), 로마에 도착하여 약 2년 동안(61-62년) 가택연금을 당한 채 선교사역을 했다(행 28:30). 에베소는 예언적 선포 후 약 5년째 되던 해에 기록된 서신이다.

바울이 에베소서를 기록한 내적 동기는 두 가지이다. 하나는 그들의 "믿음과 서로 사랑(1:15)"이고, 다른 하나는 "성도들이 감옥에 갇힌 바울의 사정을 궁금해 한다(6:21-22)"는 것에 대한 답이다. 바울은 서신 내에서 후자에 관해서는 거의 메시지하지 않고 두기고를 보내서 자세하게 사정 이야기를 전하기로 했다. 반면에 바울은 전자인 믿음을 더 돈독하게 하기 위해서, 서로 사랑하는 현재의 신앙생활의 지속을 위해서 에베소서를 기록하였다.

1부는 "믿음"과 관련된 본문(1:3-2:10)을 다뤘다. 2부는 "서로 사랑"과 관련하여 '하나 됨, 일치'를 위한 말씀과 권면(2:11-6:20)을 다뤘다. 6:21-22은 에베소서 기록 동기에 해당하기에 1:15절에서 함께 다루었다.

에베소서를 연구한 결과 짧은 믿음 부분(1:3-2:10)을 제외하고는 모든 본문이(2:11-6:20) 서로 사랑과 관련되어 있다. 바울이 에베소서를 쓰기 직전까지 에베소교회 성도들은 서로 사랑하며 신앙생활 했다. 장로들이나 성도들 중 유력자가 성도들을 자기 패거리로 삼으려고 시도하는 순간 교회 공동체는 다투고 싸우고 분열될 것이다. 바울은 현재의 믿음생활과 서로 사랑하는 신앙생활이 지속되기를 소망하며, 그것들이 더 깊어지기를 바라며 에베소서를 기록하였다.

끝으로 에베소교회와 성도들은 언제 악한 영들의 공격을 받고 이 신앙에서 이탈할지 모른다. 그래서 바울은 다른 서신에서 언급하지 않는 매일매일 있는 영적 전투를 강조한다(6:10-17).

목차

I부 믿음에 굳게 서라

II부
서로 사랑하여 하나됨을 힘써 지키라

II부
서로 사랑하여 하나됨을 힘써 지키라

I

믿음에 굳게 서라

1:1–2:10

I 부

믿음에 굳게 서라

1:1-2:10

에베소서는 서신(편지들)이다. 서신은 보통 인사, 감사와 간구, 본론, 인사, 축복(축도)의 순서를 유지한다. 서신의 구성에서 볼 때 1장에는 긴 삽입구문(1:3-15)이 있음을 발견하게 된다. 편지글 형식에서 이탈했다는 것은 특별한 의미를 지니고 있다는 뜻이다. 삽입구문은 성삼위 하나님이 어떤 분이신가를 압축하여 소개한다. 믿음의 기초요 근원이 되는 말씀이다. 그리고 에베소교회 성도들의 과거와 현재 신분을 언급하며 믿음을 더욱더 굳게 할 것을 설파하고 있다.

예언적 선포	행 20:29	내가 떠난 후에 사나운 이리가 여러분에게 들어와서 그 양 떼를 아끼지 아니하며	
	행 20:30	여러분 중에 제자를 끌어 자기를 따르게 하려고 어그러진 말을 하는 사람들이 일어날 줄을 내가 아노라	
기록 동기	1:15	이로 말미암아 주 예수 안에서 너희 믿음과 모든 성도를 향한 사랑을 나도 듣고	
1장	1	발신자와 수신자	인사
	2	축복기원	

	3–14	삼위 하나님을 잘 알고 믿어야 한다	삽입절
	3–6	성부 하나님은 이런 분이시다	
	6	찬송과 영광	
	7–12	성자 예수님은 이런 분이시다	
	12	찬송과 영광	
	13–14	성령 하나님은 이런 분이시다	
	14	찬송과 영광	
	15	에베소서 기록의 내적 동기	
	16	기록의 내적 동기로 인해 감사와 간구를 하다	감사와 간구
	17–23 첫 번째 기도	① 하나님을 잘 알게 하옵소서 ② 부르심의 소망을 알게 하옵소서 ③ 기업의 영광의 풍성함을 알게 하옵소서 ④ 베푸신 능력이 지극히 크심을 알게 하옵소서	본론
2장	1–7	과거와 현재의 신분 : 믿음으로 구원을 얻었다	
	8–10	믿음으로 구원을 얻었다	

바울의 서신들은 당시의 편지글의 구조를 따라 기록되었다. 바울의 서신 몇 종류를 비교해 보자.

서신서	인사	감사와 간구	본론	인사와 축도
고린도전서	1:1–3	1:4	1:5–16:12	16:13–24
갈라디아서	1:1–3		1:4–6:17	6:18
에베소서	1:1–2 [3–15]	1:16	1:17–6:20	6:21–24
빌립보서	1:1–2	1:3–7	1:8–4:20	4:21–23
골로새서	1:1–2	1:3	1:4–4:6	4:7–18

고린도전서, 빌립보서, 골로새서는 지극히 전통적인 편지들의 형식을 갖추고 있다. 갈라디아서는 인사 직후에 감사에 대한 표현이 전혀 없다. 바로 본론이 시작되면서 글이 아주 격하다. 그리고 마지막 인사도 없고, 축도만 기록하였다. 반면에 에베소서는 "인사"와 "감사" 사이에 긴 글(3-15)을 삽입시키고 있다. 삽입한 글은 두 가지로 나눠진다. 하나는 성삼위 하나님을 기록하고 있고(3-14), 다른 하나는 에베소서를 기록

하는 동기를 기록하고 있다(15).

바울은 왜 긴 삽입구를 "감사와 간구" 앞에 위치시켰을까? 바울은 3차 복음전도 사역 마지막에 밀레도에서 에베소교회 장로들을 불러 예언적 경고 메시지를 선포했었다. 두 가지 예언적 메시지를 선포했다. 하나는 흉악한 이리가 양떼를 삼킨다는 것(행 20:29)이고 다른 하나는 장로들 중에서 자신을 따르게 하려고 어그러진 말로 꾀는 자가 있을 것(행 20:30)이라고 했다. 바울이 삽입시킨 내용 중 에베소서 기록 동기는 바로 이 예언적 메시지와 직접 관련되어 있다. 예언적 메시지 중 흉악한 이리가 양떼를 삼킨다는 것은 믿음에서의 이탈을 의미하고, 장로들이 자기파를 만든다는 것은 분리를 의미한다. 즉 사랑이 깨어지게 됨을 의미한다. 바울은 예언적 선포 후에 장로들에게 "깨어 있고, 자신이 삼 년 동안 눈물로 가르친 말씀을 기억하라(행 20:31)"고 권면했다. 바울은 에베소교회 장로들에게 이 예언적인 선포 후 자신의 예언적 선포가 이뤄지기를 기다렸을까? 그렇지 않다. 그는 에베소교회 장로들과 모든 성도들이 깨어서 자신의 가르침을 기억하여 믿음에서 떠나지 않고, 분리되어 파당을 지으므로 사랑의 관계가 깨어지는 일이 일어나지 않도록 기도했다.

바울은 에베소교회가 믿음을 지키고 있고, 서로 사랑하는 삶을 잘 실천하고 있다는 소식을 듣고 하나님께 감사했다(16). 이는 자신의 예언적 선포가 이뤄지길 기대한 것이 아니라 에베소교회 모든 성도들이 깨어서 믿음을 지키는 신앙생활을 할 것을, 자신의 훈계를 기억하여 파당을 짓지 않고 서로 사랑하며 신앙생활 할 것을 기도하며 기대했음을 보여준다. 이것이 자신으로 하여금 에베소교회 성도들에게 편지를 쓰게 하였음을 알리기 위해서 "인사"와 "감사와 간구" 사이에 긴 말씀(1:3-15)을 삽입시킨 것이다. 바울은 "지나간 5년 동안(58-62년) 전해들은 에베소교회 성도들의 소식이 자신으로 하여금 하나님께 감사하고 간구하게 만들었다"는 의미를 부여하고 있다. 그래서 자신이 전해 들은 소식을 편지글의 형식인 감사와 간구로 자연스럽게 연결시켰다.

"인사(1:1-2)"와 "감사와 간구(1:16)" 사이에 삼위 하나님을 길게 언급하여 위치시킨 이유는 무엇일까? 편지글의 형식을 이탈하여 긴 글(3-14)을 삽입시켰다는 것은 특별한 의도를 가지고 있음을 알 수 있다. 바울은 에베소교회 성도들에 대한 믿음과 서로 사랑에 대한 소식을 듣고 계속해서 그들을 위해 중보기도를 했다. 그들을 위한 네 가지 중보기도 중 첫 번째가 "…하나님을 알게 해 달라(17下)"는 것이었다. 바울이 에베소교회 성도들을 위해서 하나님을 잘 알도록 기도했다. 바울이 그들에게 편지를 쓰면서 어떤 하나님을 잘 알아야 하는지 언급하지 않을 수 있을까? 바울은 에베소교회 성도들이 반드시 알아야 할 성삼위 하나님을 그들에게 가르칠 것을 맘먹었다. 성삼위 하나님을 잘 알아야 그들은 끝까지 믿음을 지키며 신앙생활 할 수 있고, 서로 사랑하며 신앙생활 할 수 있다. 신앙생활의 근원은 하나님을 아는 데서 시작하기 때문이다. 바울은 이 중요한 메시지를 어디에 위치시킬 것인가를 고민했다. 편지글의 형식을 따르면서도 인사 직후와 감사와 간구 사이에 더 중요한 하나님에 관한 메시지를 위치시켜 강조하기로 결정한 것이다. 에베소교회 성도들은 바울의 서신을 받아들고 인사를 읽었다. 그런데 편지들의 형식에 따른 감사와 기도가 이어서 나오지 않고, 성삼위 하나님과 자신들의 믿음과 서로 사랑에 대한 글을 읽었다. 그들은 스승의 메시지를 읽으면서 스승의 의도를 충분히 간파했을 것이다.

그들은 "하나님을 알아야 한다. 하나님을 알고 그 하나님이 원하시는 신앙생활의 과정과 목표를 이루기 위해 살아야 한다. 그렇게 되면 믿음에서 떨어지지 않고 끝까지 믿음을 지키며 신앙생활 하게 될 것이다. 서로 파당을 지어 분리하지 않고 끝까지 서로 사랑하는 신앙생활을 하게 될 것이다(3-14)."는 스승의 소리 없는 음성을 분명히 들었을 것이다.

01
편지로 만나는 발신자와 수신자

초대교회 시대 편지글은 인사와 축복, 감사, 본론, 인사와 축복 혹은 축도의 순으로 작성되었다. 이 부분은 인사와 축복에 해당하는 부분으로 발신자와 수신자 그리고 축복의 말씀이 기록되어 있다.

발신자 바울은 그리스도 예수의 사도이다(1절 上)

1세기 편지글은 보편적으로 자기를 소개하는 글로 시작했다. 바울도 자신을 소개하는 것으로 글을 시작하고 있다.

"**그리스도 예수의 사도된 바울은**"은 크게 두 가지 메시지를 담고 있다. 하나는 에베소서의 저자가 바울 자신임을 밝힌다. 다른 하나는 바울은 자신이 그리스도 예수의 사도임을 주장한다. 그리스도는 기름 부음을 받은 자로서 메시아란 의미이고, 예수는 육신의 몸을 입고 오신 하나님을 가리킨다. 즉 십자가를 지시고 메시아가 되신 분의 사도란 의미이다. 예수님의 제자로서 사도된 자들과 마가 요한의 다락방에서 기도했던 일백 이십 명의 성도들은 쉽게 이 주장을 받아들일 수 없을 것이다. 그들은 부활의 주님이 승천하신 후 기도하던 중, 가룟 유다의 결원을 뽑아야 한다는 영감을 받았다. 그들은 사도를 뽑는 기준으로 "요한의 세례로부터 우리 가운데서 올려져 가신 날까지 주 예수께서 우리 가운데 출입하실 때에 항상 우리와 함께 다니던 사람 중에 하나를 세워 우리와 더불어 예수의 부활하심을 증언할 사람이 되게 해야 한다(행 1:21-22)"고 정했다. 이것에 근거하면 바울의 주장은 쉽게 수용할 수 없다. 그래서 바울을 둘러싼 사도권에 대한 논쟁이 많이 있었다. 그러나 누가가 바울의 사도됨을 자세하게 기록했다(행 9:1-19). 사울이 그리스도를 따르는 자들을 체포하기 위해서 다메섹 여러 회당에 가져갈 공문을 가지고 다메섹 가까이 이르렀을 때 부활의 주님이 나타나셨다. 사울은 그로 인해 볼 수 없게 되었고, 사람의 손에 이끌려 다메섹에 들어가 유다의 집에 머물게 되었다. 주님은 아나니아를 시켜서 사울에게 안수하면 그가 보게 될 것이라고 알려주셨다. 아나니아는 사울에 대해 우려의 생각을 가지고 있었다. 주님은 그것을 아시고 아나니아에게 "사울은 내 이름을 위하여 이방인과 임금들과 이스라엘 자손들에게 전하기 위하여 택한 나의 그릇이다(행 9:15)"고 설명해 주셨다. 주님이 직접 사울을 선택해서 사도로 세우셨다. 사울은 아나니아에게 안수를 받으며 이 소식을 전해 들었음이 분명하다. 그래서 사울은 그리스도 예수께서 자신을 사도로 세웠고 자신은 바로 그분의 소유로서 사도라고 밝혔다.

"**하나님의 뜻으로 말미암아**"는 바울이 그리스도 예수의 사도인데, 그것은 하나님이 계획하신 것이라는 의미이다. 바울 자신이 스스로 사도가 된 것이 아니고 그리스도 예수께서 임의로 세우신 것도 아니다. 그리스도 예수께서 바울을 사도로 세우신 것은 하나님의 계획에 의한 것이었다. '하나님의 뜻으로 말미암아'란 문장을 삽입함으로써 사도직을 제한하고 있다. 일반적으로 사도는 보냄을 받는 자를 의미한다. 그러나 바울은 사도직을 광의의 개념으로 소개하지 않고 협의의 개념으로 소개한다. 하나님은 예수를 이 땅에 보내셔서 구속 사역 완성을 위해 십자가를 지게 하셨다. 부활 승천으로 그 구속을 완성하셨다. 그 주님이 부활 승천 후에 직접 바울을 찾아 오셔서 이방인과 임금들과 이스라엘 인들을 위해서 사도로 세우신 것은 곧 하나님의 뜻에 의한 것이다. 그래서 바울은 자신이 그리스도의 예수의 사도인데 하나님의 뜻으로 되었다고 강조하고 있다.

"에베소에 있는 성도들", 바울과 에베소교회 성도들은 어떻게 만났을까? 그들 사이는 어떤 관계가 형성되었을까? 바울은 3차복음전도 사역을 시작하며 에베소에 이르렀다(행 19:1). 에베소에서 약 12명 되는 제자들을 만났다. 그들에게 "너희가 믿을 때에 성령을 받았느냐?"는 질문으로 시작해서 그리스도 예수의 세례까지 가르쳤다. 그리고 그들에게 안수하여 성령을 받게 했고 그들은 예언하고 방언도 하게 되었다(행 19:2-7). 이들에게 먼저 복음을 전한 자는 아볼로이다(행 18:24). 아볼로는 그들에게 요한의 세례까지만 가르쳤다. 이 상태에서 바울이 에베소 지역 출신 제자들을 만나 성령을 받게 했다. 이들과 더불어 회당에서 복음 전파를 하다가 독립하여 두란노서원을 세우고 약 2년 동안 복음전도 사역에 매진했다(행 19:8-20). 후일에 바울은 자신이 에베소에서 3년을 밤낮 눈물로 양육한 사실을 언급했다(행 20:31). 바울과 에베소교회 성도들의 관계는 영적 아버지와 아들 관계라 부를 수 있다. 바울은 그렇게 돈독한 관계에 있는 제자들에게 그들을 위해서 서신형태를 취하여 말씀을 전하고 있다.

수신자는 에베소에 있는 신실한 성도들이다(1절 下)

"에베소에 있는 성도들과", 바울이 쓰는 서신의 수신자들이 있는 장소는 에베소이다. 에베소는 로마의 3대 수도 중 하나이다. 로마제국은 정복 후에 로마를 비롯하여 에베소, 안디옥을 각각 수도로 지정했다.

바울은 3차 복음전도 시작과 더불어 이 지역에 왔고 약 3년 동안 심혈을 기울여 복음을 전했다. 바울은 자신의 사역을 "…내가 삼 년이나 밤낮 쉬지 않고 눈물로 각 사람을 훈계했다(행 20:31)"고 적었다. 바울은 한 지역에서 이렇게 오래 있은 적이 없었다. 고린도 지역에 일 년 반 정도 있은 것이 그나마 길게 있은 것이었다. 바울이 에베소 지역에 많은 시간을 할애하여 사역한 것은 그만큼 중요한 지역이기 때문일 것이다. 에베소 지역에 살며 예수 그리스도를 믿은 사람들을 성도라 불렀고 그들이 바울이 쓴 서신의 수신자들이었다. 성도는 초기부터 예수 그리스도를 믿는 사람들을 향해 사용되었다(행 9:13). 성도라는 이 용어는 규칙적으로 복수 형태로 표기된 특징을 가진다.

"성도들과 그리스도 예수 안에 있는 신실한 자들에게 편지하노니", 바울은 "성도들"과 "…신실한 자들"이 자신의 수신자라고 언급했다. 이 두 명사는 한 관사의 지배 아래 접속사(και)로 연결되어 있다.[1] 이것은 "성도들"과 "신실한 자들"이 서로 다른 대상이 아닌 동격이란 의미이다. 오늘날 한국교회에서 사용하는 성도의 의미와는 전혀 다르게 사용되었다. 성도는 곧 신실한 자들이다. 실실한 자는 "그리스도 예수 안에 있는"이라는 말로 제한되어 있다. 신실한 성도들은 오직 말씀을 붙들고 살았다. 말씀과 삶이 다를 때 자신의 삶을 과감하게 버린 사람들이다. 삭개오가 예수님의 초청을 받고 자신의 집에 임한 구원을 선포 받았을 때 "…주여 보시옵소서 내 소유의 절반을 가난한 자들에게 주겠사오며 만일 누구의 것을 속여 빼앗은 일이 있으면 네 갑절이나 갚겠나이다(눅 19:8)"라고 결단한 것처럼 욕심도 버리고, 자신이 평생을 추구해왔던 삶도 버린 사람들이다. 그들은 말씀대로 살면서 일가친척이나 사회로부터 오는 온갖 핍박을 믿음으로 싸워 승리한 사람들을 가리

1 τοῖς ἁγίοις" [τοῖς οὖσιν ἐν' Εφέσῳ] καὶ πιστοῖς ἐν Χριστῷ' Ιησου
관사 성도들 에베소에 있는 그리고 신실한 자들 그리스도 예수 안에 있는

킨다. 아마도 초대교회 역사 속에 일어난 일들을 생각하면 빨리 이해될 것이다. 그들은 원형경기장에서 맹수와 싸우며 찢겨 순교를 당했다. 또 어떤 성도들은 화형대에서 제물처럼 불타서 순교를 당했다. "신실한 자들"이란 자신이 믿는 신앙을 지키기 위해서 기꺼이 목숨을 버릴 준비가 된 자들, 더 나아가 목숨을 버린 자들을 가리킨다.

오늘날의 교회는 이 부분을 놓치고 있다. 교회에 출석하고 학습을 거쳐 세례를 받으면 성도라고 인정한다. 이것은 어디까지나 이론적이고 지식적인 종교인을 만든 것이지 일상생활 속에서 그리스도 예수를 구주로, 주권자로 인정하는 삶의 훈련을 받아 헌신자로 양육한 것은 아니다. 물론 과정에 따른 교육은 있었지만 삶의 실천이 따르는 교육이 있었다고 보기엔 어렵다. 이것은 교회의 구성원을 이루는 교인들뿐만이 아니다. 그들을 지도하는 교역자도 마찬가지이다. 교역자가 그리스도 예수의 소유가 되지 못한 상태에서 교회에 들어온 사람을 지도하니 그들을 예수의 소유로 태어나게 할 수 없는 것이다. 신실한 성도는 말씀 앞에서 자신을 분별해야 한다. 버릴 것은 버려야 한다. 붙잡을 것만 붙잡고 살아야 한다. 그것이 삶의 과정이 될 때 "신실한 자"가 된다.

에베소서 말씀은 교회를 다닌다고 받을 수 있는 것이 아니다. 그리스도 예수의 소유가 된 자여야 한다. 예수의 소유로서 삶의 과정을 통하여, 고난을 통하여 말씀에 단단히 뿌리를 내리고 자란 자여야 한다. 즉 칭의 후 성화의 과정을 겪었고 겪고 있는 자여야 한다. 바울은 자신이 쓰는 서신의 수신자는 바로 그러한 신실한 성도들이라고 정의한다.

은혜와 평강이 있기를 원한다(2절)

바울의 문안 인사는 그의 몇몇 서신들과 완전히 일치한다(롬 1:7; 고전 1:31; 고후 1:2). 자기를 소개하고 서신의 대상을 밝힌 후 그들을 위해서 축복한다.

"하나님 우리 아버지", 하나님은 아버지이신데 신실한 성도들의 아버지이시다. 바울은 자신과 이방인 에베소교회 성도들을 모두 포함하는 복수인칭을 사용했다.[2] 하나님은 바울 자신의 아버지시고, 에베소교회 신실한 성도들의 아버지시다. 달리 표현하면 서신을 쓰는 저자인 자신과 편지를 받을 대상자를 한 동료로 생각한 것으로 보인다.

"주 예수 그리스도로부터", 바울이 사용하는 하나의 관용구이다. "예수"는 영이신 하나님이 인간의 몸을 입은 사실을 의미한다. 즉 성육신 하신 예수님을 가리킨다. 마귀는 하나님께 범죄한 인간의 목숨을 죽여야 한다고 요구하고 있다. 그것은 하나님이 하신 말씀에 기인한다.

> "선악을 알게 하는 나무의 열매는 먹지 말라 네가 먹는 날에는 반드시 죽으리라 하시니라(창 2:17)"

마귀는 이 말씀에 근거하여 하나님께 죄를 지은 인간의 죽음을 요구했다. 우리가 잘 알고 있듯이, 죄 없는 자가 이 죄를 짊어지고 그들을 대신해서 죽어야 마귀의 요구를 충족시킬 수 있다. 하나님은 신이신 아들에게 인간의 몸을 입혀 이 땅에 보내셨는데 그분이 바로 '예수'시다. 사람의 몸을 입은 예수님은 십자가를 향한 삶을 사셨고 죽으시고 다시 사셨다. 죄를 지은 인간을 용서할 역사적 사실을 만드셨다. "주와 그리스도"는 십자가에 죽으시고 부활하신 예수께서 하나님 아버지로부터 부여받은 직임이다(행 2:36). 부활하신 예수는 주권자시고 메시아 곧 구세주시란 의미이다.

바울은 에베소교회 성도들에게 축복의 인사를 한다. 바울은 자신의 무엇으로 인사를 건네는 것이 아니라 바로 성부 하나님과 성자 예

2 "성령 하나님"을 소개하는 1:13에 가서는 "우리"란 인칭이 "너희들"이란 인칭으로 바뀐다. 때문에 아무런 생각 없이 사용한 것이 아님을 알 수 있다.

수님에게서 나는 생명으로 인사를 건넨다.

"은혜와 평강이 너희에게 있을지어다", "은혜"는 헬라식 인사이다. 일반적으로 은혜란 '받을 자격이 없는 인간에게 베풀어주신 하나님의 사랑'이라고 이해하고 있다. 이 이해는 조금 부족한 면이 있다. 은혜는 성도를 향한 하나님의 뜻과 일치한다(헨리). 은혜는 죄 용서를 포함한다(루터, 렌스키). 성경은 은혜란 그리스도의 십자가 구속을 통해 구현된 속죄의 사랑이라고 정의한다(롬 5:7). 은혜는 십자가를 통해 죄 사함을 누릴 때 주어지는 것이다. 죄 용서를 함의하지 않은 은혜 이해는 지식적인 이해이다. 그와 같은 이해에서는 성경이 말하는 은혜를 누릴 수 없다. 깊이 죄를 회개하여 주님이 직접 죄를 용서해 주시는 것을 경험할 때 진정한 은혜를 누리게 된다. 은혜를 은혜 되게 하는 것은 그리스도의 십자가 죽음이다.

"평강"은 히브리식 인사말이다. 고전헬라어에서 평강은 적대적인 무리 사이의 휴전 혹은 적의의 해소란 의미로 사용되었다. 신약에서는 전쟁이나 다툼과 반대되는 것, 하나님과 인간 사이에 회복된 올바른 관계, 마음의 평안을 의미한다. 이 평강은 그리스도의 십자가 구속의 은혜를 통해 죄사함을 받은 후에 누릴 수 있는 요소이다. 때문에 평강은 은혜의 결과물 즉 열매라고 할 수 있다. 그러므로 이 평안은 세상이 주는 것이 아니라 하나님께서 그리스도를 통해서 주시는 것이다.

성도로서 진정한 은혜는 죄를 사해 주시는 그리스도의 사역을 직접 경험해야 누릴 수 있다. 나는 개인적인 것이긴 하지만 회개 하던 중에 두 차례에 걸쳐서 죄를 사해주시는 주님의 은혜를 직접 환상으로 보며 경험했다. 이 경험이 주관적인 것이긴 하지만 나는 개인적으로 주님이 정말 죄를 용서해주신다는 사실을 확신하게 되었다.

"은혜"와 "평강"은 십자가 사건과 그 열매로 주어지는 결과를 가지고 축복한 것이다. 단순한 인사가 아닌 것이다. 바울이 에베소교회 성도들과 다른 서신들에서 이 말로 인사를 건네는 것은 이러한 특별한 의미가 함축되어 있다.

02
성부 하나님은 구원을 계획하시고 성취하신 분이시다

3-14절은 바울이 편지의 형식에서 벗어나 특별히 삽입시킨 본문이다. 앞에서 언급했지만 바울은 에베소교회 성도들이 하나님을 바로 알고 믿음에서 떨어지지 않으며, 분파적 행동 없이 서로 사랑하며 신앙생활 하기를 기도했다. 그들이 하나님을 잘 알고 있지만 더 분명하게, 더 확실하게 알기를 바랐기에 편지글의 형식을 살짝 파괴하면서 삼위 하나님을 메시지하고 있다.

세 가지 중요한 특징이 나타나 있다.

첫째, 각 하나님을 소개하는 끝 부분에 "그의 은혜의 영광을 찬송함"을 언급하고 있다.

둘째, 각 하나님을 소개하는 부분에서 '믿음'이란 용어를 쓰지 않고 "그리스도 안에서(3,4,7,9,10,12)", "그 안에서(11, 13절 2회)", "사랑 안에서(4)", "사랑하는 자 안에서(6)" 등이란 표현을 사용했다. "~안에(ἐν)"[1]는

1 전치사 ἐν(in)은 완전히 속했다는 의미를 가지고 있다. 다음 도표를 참고하라.

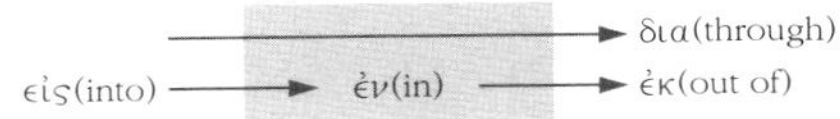

요한복음 15장에서 포도나무와 가지 비유에서 "붙어 있어, 안에"라고 할 때 사용된 전치사이다. 바울이 삼위 하나님을 설명하면서 '믿음'이란 용어를 전혀 쓰지 않고 전치사 엔을 사용한 것은 하나님 안에, 예수 그리스도 안에, 성령님 안에 완전히 속한 상태를 지시하고 있기에 훨씬 강한 의미를 부여한 표현이라 할 수 있다. 그 관계는 뗄 수 없다는 의미를 가지고 있다.

셋째, 각 하나님을 소개하는 부분에서 사람의 의도와 계획이 전혀 반영되지 않았음을 강조하기 위해서 "그의 기쁘신 뜻대로(5)", "그의 은혜의 풍성함을 따라(7)", "그의 기뻐하심을 따라(9)", "그의 뜻의 결정대로 일하시는 이의 계획을 따라(11)" 등이란 표현을 사용했다. 여기엔 하나님이 하신 일이기에 변개될 수 없다는 강한 의미를 담고 있기도 하다.

바울은 에베소교회 성도들이 하나님을 잘 알도록 기도하고 있었다(1:17). 자신이 기도하고 있었기 때문에 에베소교회 성도들이 알아야 할 하나님을 집약해서 서술하고 있다. 먼저는 성부 하나님이 어떤 분이신가를 설명한다. 이 부분은 헬라어 성경에서 한 문장으로 되어 있다. 바울은 하나님을 소개하면서 주동사 하나에 보조동사 네 개로 문장을 구성했다. 개역개정역은 번역 할 때 주동사를 살리지 못했다. 주동사는 "복주다(3)"이다. 그러나 개역개정은 "주시되"라고 번역해서 주동사의 존재감을 떨어뜨렸다. 그것은 앞의 "모든 신령한 복"과 반복을 피하기 위한 것으로 보이지만 원문을 살려 번역함이 하나님의 의도를 잘 반영한다. "택하다", "예정하다", "거저 주시다", "사랑하다" 등은 보조동사로서 "복주다"란 주동사를 받쳐주고 있다. 그것은 곧 하나님 아버지께서 하신 사역을 일목요연하게 보여주고 있다.

하나님은 믿는 자에게 복 주시는 분이시다(3절)

하나님은 우리에게 어떤 복을 주시는 분이신가? 그분은 우리에게 택하신 복, 예정하신 복, 거저 주시는 복, 사랑하신 복을 주시는 분이시다.

"**찬송하리로다**"에 바울의 어떤 마음이 담겨 있을까? 의지적으로 찬송하란 의미일까? 이 단어는 호격 형태로 사용되었다. 이 단어는 바울의 온 마음이 담겨 있다. 자신이 소개하려는 하나님으로 인해 감격해 하는 마음이 고스란히 담겨 있다. 의지적으로 찬송하는 것이 아니라 마음 깊은 곳에서부터 우러나 저절로 하나님을 찬양하게 되는 상태를 가리킨다. 하나님이 어떤 분이시기에 마음 깊은 곳에서부터 그분을 찬양하는 마음이 되는 것일까?

"**하나님 곧 우리 주 예수 그리스도의 아버지**"란 표현에는 하나님이 어떤 분이신가가 함축되어 있다. 하나님은 아버지시다. 하나님은 주 예수 그리스도의 아버지시다. 그리고 하나님은 우리의 아버지시다. "주 예수 그리스도"에서 "예수"란 하나님이 인간의 몸을 입고 오셨을 때 주어진 이름이다. 우리는 하나님이 그 이름에 부여하신 뜻에 집중하여 "그가 자기 백성을 죄에서 구원할 자이시다(마 1:21)"란 해석에 너무 익숙해 있다. 영이신 하나님이 성육신하셨을 때 주어진 이름이라고는 전혀 생각하지 않는다. 예수란 이름에는 인간이기에 십자가를 지고서 아버지께서 부여하신 뜻을 성취해야 한다는 의미가 숨겨져 있다. "주와 그리스도"란 인간이신 "예수"께서 십자가에 죽으시고 다시 살아나셨을 때 하나님이 부여하신 이름이다(행 2:36). "그리스도"는 기름부음 받은 자로서 '메시아'이시다. "주"는 주인으로서 통치자시다. 주는 우리와 관련되어 일어나는 모든 것에 대한 주권자시다. 그러므로 하나님은 영이신 하나님을 인간 예수로 보내셔서 십자가를 지고 죽게 하신 후, 다시 살리셔서 메시아가 되게 하셨고, 그를 믿는 자의 주권자가 되게 하신 분이시다.

하나님은 구원을 계획하시고 성취하신 분이시다. 바울은 이 하나님과 믿는 성도의 관계를 염두에 두고 "우리"란 표현을 삽입시켰다. 즉 하나님은 주 예수 그리스도의 아버지신데, 곧 우리의 아버지가 되신다는 뜻이다. 우리의 하나님은 우리에게 무엇을 베푸셨는가?

"그리스도 안에서"는 바울의 전매특허적인 표현이다. 삼위 하나님을 소개하는 부분에서 10회 사용했다. 이 관용구는 하나님이 일할 수 있는 유일한 방편이고, 하나님의 계획을 서로 연결하는 유일한 매개체이고, 죄로 말미암아 하나님에게서 분리된 사람을 다시 하나님과 연결시키는 유일한 길이다. 이 관용구는 삼위 하나님을 소개하는 중심이 되는 표현이다. 우리는 보통 예수 그리스도를 믿는다는 용어에 익숙하다. 그러나 바울은 서신에서 믿는다는 표현보다 그리스도 안이란 용어를 훨씬 많이 사용한다. 예수 그리스도를 믿는다는 것은 그리스도 가까이로 나아가는 것이다. 이는 두 가지 측면에서 설명이 가능하다. 지금까지 학자들은 그리스도와 연합으로 영적 관점에서 이해했다. 보통 신비적 연합이라고 한다. 이렇게 설명해서는 추상적인 이해만 가능하다. 관계적인 면으로 이해하는 것이 가장 좋다. 친구를 사귀게 되는 과정을 생각하면 그리스도 안에서란 표현을 보다 쉽게 이해할 수 있다. 다윗과 요나단 같은 경우는 친구로서 최상의 모습을 보여준다. 내가 그리스도 안에 깊이 들어가게 되면 그들이 보여주는 이상의 관계가 형성된다. 우리는 많은 순교자들을 안다. 그들은 그리스도 안에 깊이 들어가 그리스도와 온전히 하나 된 관계를 맺은 자들이다. 자기 목숨을 버릴 만큼 깊은 관계를 형성하게 된 것이다. 오늘날 많은 그리스도인들은 그리스도 안에 들어가지 않고 있다. 수학의 집합으로 말하면 부분집합 정도에 머물고 있다. 그리스도 안이란 것은 완전히 포함된 것을 가리킨다.

"하늘에 속한 모든 신령한 복"에서 "하늘에 속한"은 여격으로서 출처를 가리킨다. 즉 성도가 얻게 되는 구원과 관련된 모든 신령한 복은 하늘로부터 오게 된다. 야고보서 기자는 이것을 "온갖 좋은 은사와 온전한 선물이 다 위로부터 빛들의 아버지께로부터 내려온다(약 1:17)"고 말했다. 하늘 곧 하나님으로부터 오는 것을 의미한다. 가장 중요한 것은 "모든 신령한 복"이 무엇을 함의하고 있는가이다. 그것은 구원을 주시는 복을 가리킨다. 구원을 주시는 복은 "주 예수 그리스도의 아버지"란 표현 속에 들어있다. 오늘날 한국교회에서 예수 믿으면 받는다고 하는 물질의 복, 명예의 복, 출세의 복, 잘 되는 모든 복과는 거리가 멀다. 더 나아가 이 복은 믿는 자들에게 분명한 결과를 가져다준다. 그것은 "거룩하고 흠이 없는 자"가 되는 것이고, 궁극적으로는 예수 그리스도로 말미암아 하나님의 아들이 되는 것이다(5). 바울은 어떤 과정을 거쳐서 하나님의 아들이 되는가를 설명한다.

02 하나님은 택하신 복을 주신 분이시다(4절)

"**창세전에 그리스도 안에서 우리를 택하사**"는 하나님이 우리를 자녀 섬기 위해서 어떤 일을 하셨는지를 설명하는 첫 말씀이다. 하나님은 창세전에 사람을 선택하셨다. '창세전'을 시간적 개념으로 이해한다고 잘 못 된 것은 없다. 하나님이 천지를 창조하시기 전에 택하셨다는 것은 이 일이 하늘에서 이루어진 것을 강조하고 있는 표현이기 때문이다. 시간적 개념과 공간적 개념이 적절하게 섞여 있다. 어떤 과정을 거쳐서 하나님의 아들이 되는가를 밝히는 첫 단계이다.

"그리스도 안에서"란 하나님의 계획을 이루는 방편이다. 어떤 의미를 함축하고 있는가? 영이신 하나님이 인간의 몸을 입고 이 땅에 오신 이름이 '예수'이다. 육체를 입은 것은 십자가를 지기 위해 절대 필요한 조건이다. 예수는 하나님이 십자가를 지도록 보내신 자이다. 하나님은 그 예수께서 십자가를 지시고 죽자 무덤에서 다시 살리셨다(행 2:24). 다시 사신 예수를 '주와 그리스도'가 되게 하셨다(행 2:36). 그러므로 "그리스도 안에서"란 "메시아(구세주) 안에서"란 의미로 볼 수 있다.[2] 하나님은 그리스도를 믿는 자들을 자신의 아들 삼기 위해서 가장 먼저 택하시는 일을 하셨다.

"택했다"는 부정과거 중성 시제로 스스로 택하셨고, 한 번 택하심으로 영원히 택하셨다는 뜻이다. 즉 '하나님이 반드시 그 일을 하셨다'는 의미이다. 하나님이 자신의 자녀를 그리스도 안에서 택한 시점은 "창세 전"이다. 창세 전을 세상이 시작되기 전의 시간적인 시점으로 이해하는 것이 기본이지만 '창세 전'은 '모든 신령한 복이 하늘에서 온 것'이란 의미와 연관된 표현이다. 하나님이 계획하시고 하나님이 집행하셔서 이루신 사실을 강조하는 것으로 이해하면 좋겠다. 하나님이 왜 그리스도 안에서 사람을 택하셨는가?

하나님은 사람을 택하셔서 거룩하고 흠이 없게 세우신다(4절)

"**우리로 사랑 안에서 그 앞에 거룩하고 흠이 없게 하시려고**" 택하셨다. "사랑 안에서"는 "그리스도 안에서"에 상응하는 관용구이다. 반복의 효과를 가지고 있으므로 강조하고 있다. 즉 "그리스도 안에서"와 "사랑 안에서"가 서로 상응되고, "택함"과 "거룩하고 흠이 없게 함"이 내용상 연관되어 있다. "그리스도 안에서"가 그리스도와 택함 받은 자의 연합을 강조하고 있다면 "사랑 안에서"는 그 연합에 근거하여 살 때 어떤 모습으로 하나님 앞에 서게 되는가를 제시하고 있다. 죄가 하나님과 사람을 나누었다(사 59:2). 하나님이 그리스도 안에서 사람을 택하셔서 그 나뉜 관계를 연합의 관계로 회복시키셨다. 하나님과 연합된 사람은 하나님 앞에 거룩하고 흠이 없는 모습으로 서야 한다. 결국은 죄가 가

2 사실 "그리스도 안에서"란 부분은 역사 속에서 다양하게 해석되었다. 이 표현은 '창세전'과 결부되어 많은 논란을 낳았다. "창세전에 그리스도 안에서 우리를 택했다"는 "하나님이 스스로 하신 사역"으로 간단하게 해석하는 것이 지혜로울 수도 있다. '창세전'이란 표현 때문에 시간적 개념이 들어와서 많은 논란을 낳고 있는데, 어떻게 해석하더라도 인간의 지혜로 이해하기란 불가능하다.

져다준 결과에서 벗어나는 상태를 말하고 있다. 바울은 성령충만하여 피차 복종하는 남편과 아내의 관계를 말할 때(5:22-33) 다시 한 번 자세하게 언급했다. "거룩하게 되는 길"은 물로 씻고, 말씀으로 깨끗해지는 것이다(5:26). 하나님은 거룩하게 된 성도를 자기 앞에 영광스런 교회로 세우신다. 곧 하나님 앞에 거룩하고 흠이 없는 모습으로 성도는 서게 된다(5:27). 죄는 사람을 마귀의 지배 아래 있게 만들었다. 하나님이 택하셔서 물로 씻고 말씀으로 거룩하게 하여 자기 앞에 세우신다는 것은 그 사람이 마귀의 지배에서 벗어나 하나님의 통치를 받게 되는 것을 의미한다. 하나님이 그리스도 안에서 사람을 택하셔서 사랑 안에서 거룩하고 흠이 없게 하신다는 것은 곧 하나님과 관계를 맺고 살게 되는 새 신분의 의미를 함축하고 있다. 이는 5절에서 자신의 아들들이 되게 하심에서 입증된다. "택하셨다"는 부정과거 중성 시제는 하나님이 반드시 택하신 일을 하셨다는 것을 의미한다. 바울은 하나님이 하신 일을 하나님의 택하심에서 멈추지 않았다. 하나님은 사람을 택하신 후에 계속해서 일하신다.

하나님은 예정하시는[3] 복을 주시는 분이시다(5절)

"우리를 택하사(4)"와 "우리를 예정하사(5)"는 아주 중요한 메시지를 담고 있다. "택하다"와 "예정하다"는 시제가 다르고 가지고 있는 의미도 다르다. 대략 뭉뚱그려 이해해서는 안 될 아주 중요한 메시지를 담고 있다.

"그 기쁘신 뜻대로 우리를 예정하사"에서 "그 기쁘신 뜻대로"는 삼위하나님을 소개하는 세 번째 특징 중 하나로 사람의 어떤 개입도 용납하지 않는 오직 하나님만 하시는 일임을 보여준다. "그의 은혜의 풍성함을 따라(7)", "그의 기뻐하심을 따라(9)", "그의 뜻의 결정대로(11)"

3 "예정하시는", 헬라어 시제는 "예정하셨고 그리고 지금도 하고 계시는"이란 의미를 가지고 있다.

와 동일한 문장구조이다. 오직 하나님이 하늘에서 스스로 계획하신 것을 함축하고 있다. "예정하다"는 "택하다"의 동의어가 아니다. 곧 동격이 아니다. 시간적 순서로 말한다면 택하심이 먼저이고 예정하고 계심이 그 이후이다. 택함과 예정은 하나님의 다른 섭리이다. 그것은 바울이 사용하는 시제에서 명확하게 드러난다. 바울은 부정과거 시제(택하셨다)와 분사 과거 능동태 시제(예정하고 계신다)를 사용했다. 바울은 하나님이 택하신 사건을 부정과거 중성 시제를 사용하여 역사적인 부정과거의 의미를 부여했다. 즉 하나님의 택하심은 진정한 역사적 사실이란 것이다. 바울은 하나님이 예정하신 사실을 분사과거 시제를 사용하여 하나님이 과거에 예정하셨고 지금도 그 상태를 유지하고 계신다는 의미를 부여하고 있다.

하나님의 이 두 행위(택하셨다, 예정하셨고 하고 계신다) 사이에는 특별한 일들이 진행되어야 한다. 많은 사람들은 하나님이 택하셨으면 언젠가는 자동적으로 하나님의 자녀가 된다고 생각한다. 그러나 하나님은 창세전에 그리스도 안에서 사람을 선택하신 후에 복음의 메시지를 듣고 하나님의 예정 안으로 들어오기를 기다리고 계신다. 때문에 믿는 자들은 때를 얻든지 못 얻든지 복음을 전해야 한다. 하나님이 선택하신 사람들이 그 복음을 듣고 긍정적인 반응을 하게 되면 예정 안에 들어오게 된다. 하나님의 자녀로서 삶을 살기 시작하는 것이다. 그 예정은 과거에 시작되었고 현재도 지속되기 때문에 언제든지 들어와서 하나님의 자녀로서 살 수 있다. 예정 안에 들어와서 신앙생활 하다가도 언제든지 탈락할 수 있다. 자신이 하나님의 예정 안에 있기를 포기하면 하나님이 제시한 언약관계는 해제된다. 하나님에 의해 선택받고 예정 안에 들어와 신앙생활을 하는 사람들에게 무엇이 기다리고 있는가? 오늘날 신학은 예수를 믿으면 죄 용서를 받았고, 구원을 받았다고 가르친다. 그래서 더 이상 아무것도 할 것이 없다. 그러나 바울은 그런

신학을 가르치고 있지 않다. 하나님이 선택하신 후 복음을 듣고 믿어 하나님의 예정하심 속에 들어온 사람들은 하나님 앞에 과거와는 전혀 다른 새로운 모습으로 서야 한다. 하나님이 거룩하신 분이신데 죄를 가지고 그분 앞에 설 수 있겠는가?

택하시고 예정하시는 목적은 하나님의 아들로 삼기 위해서이다(5절)

하나님의 선택을 받아 신앙생활 하는 성도는 하나님 앞에서 거룩하고 흠이 없는 성도로 성장해야 한다. 바울은 하나님이 그리스도 안에서 사람을 택했고, 그는 사랑 안에서 거룩하고 흠이 없게 한다고 밝혔다. '그리스도 안'과 '사랑 안'은 동일한 의미로 이해해도 좋겠다. 그것들은 그리스도와의 연합을 함축하고 있기에 이미 믿음의 행위가 시작된 것을 말한다. 그러나 바울은 거기에서 멈춰 서서는 안 되고 '예정하다'란 하나님의 다음 계획을 향해 나아가야 한다고 설명한다. 물론 반복으로 강조하고 있다고 볼 수도 있다. 즉 '택하다'와 '예정하다'를 한 과정으로, '거룩하고 흠이 없음'과 '하나님의 아들들'을 그 결과로 이해할 수 있다. 그러나 바울이 사용하는 시제가 그 이해를 거부한다. '택함'과 '예정함' 사이에는 복음전파가 전제되어야 하고, 그로 인해 믿음을 가진 성도가 '거룩하고 흠이 없는 자'로 세워져가는 열매가 맺어질 때 '하나님의 아들'로 확증되는 것이다.

"예수 그리스도로 말미암아 자기의 아들들이 되게 하셨으니", 하나님의 택하심과 예정하심의 목적은 택한 자를 거룩하고 흠이 없는 성도로 세워 하나님의 아들로 삼는 것이다. 하나님은 이렇게 복주는 분이시다. 하나님과 하나님의 아들은 닮아야 한다. 하나님이 거룩하신 분이시기 때문에 하나님의 아들 또한 거룩해야 한다. 하나님이 흠이 없으신 분이시기 때문에 하나님의 아들 또한 흠이 없어야 한다. 사람이 예수를 믿으면 죄 용서를 받고 모든 것이 해결되는 것이 끝은 아니다.

예수를 믿은 후 거룩하고 흠이 없는 과정을 밟아갈 때 죄 용서를 받는 것이다. 바울은 로마서에서 "이제는 너희가 죄로부터 해방되고 있으며 하나님께 종이 되어 가고 있어 거룩한 열매를 맺으니 그 마지막은 영생이다(6:22)"라고 언급했다. 성경은 사람이 예수 그리스도를 믿은 후에 해야 할 분명한 과정이 있음을 말해주고 있다. 이 진리는 바울만이 주장하는 것이 아니다. 요한사도 또한 동일한 견해를 제시한다.

> "반드시 우리가 우리 죄를 자백하면[4] 그는 미쁘시고 의로우사 우리 죄를 사하시며 우리를 모든 불의에서 깨끗하게 하실 것이다(요일 1:9)."

요한사도에 의하면 우리가 예수를 믿은 후 해야 할 과정이 있다. 바로 우리 죄를 하나님 앞에서 고백하는 것이다. 하나님은 우리가 죄를 고백할 때 죄를 사해 주시고 불의에서 깨끗하게 해 주신다. 이 신앙생활 과정은 죽을 때까지 지속해야 한다. 그 열매는 거룩하고 흠이 없어지는 성숙함에 이르게 되고 점점 하나님의 아들로 확증되는 것이다. 야고보서는 "네가 보거니와 믿음이 그의 행함과 함께 일하고 행함으로 믿음이 온전하게 되었다(약 2:22)"고 기록하였다. 우리가 예수 그리스도를 믿지 않으면 믿음은 발생하지 않는다. 반대로 예수를 그리스도로 믿으면 믿음이 작동한다. 성도는 작동하는 믿음으로 살아야만 무엇인가 열매를 맺는다. 즉 믿음으로 죄를 고백하면 그 죄를 용서받아 거룩하게 되고 불의에서 벗어나 의롭게 된다. 그 과정이 거룩해지고 흠이 없어지는 것이며, 하나님의 아들로 성숙해 가는 것이다. 이것은 하나님이 선택하시고 예정하셔서 자신의 아들들이 되게 하는 목적이다. 하

4 개역개정역은 "만일 우리가 우리 죄를 자백하면"이라고 번역했다. 이 문장이 가정법이기 때문에 법에 맞게 번역했다. 그러나 현대 헬라어 문법 연구를 보면 가정법에는 여덟 가지 명령적 권고가 있음을 밝히고 있다. 요한 사도의 이 글은 강한 명령적 권고에 해당한다. 그러므로 "만일 우리가 우리 죄를 자백하면"이라는 번역보다 "반드시 우리가 우리 죄를 자백하면"으로 옮기는 것이 좋겠다.

나님의 아들 됨은 또 다른 목적을 함축하고 있다.

택하시고 예정하시는 최종목적은 은혜의 영광을 찬송하기 위함이다(6절)

성도가 거룩해지고 흠이 없어지는 성숙함에 이를 때 자연스럽게 하나님의 아들임이 확인된다. 나무들이 열매를 맺고 있으면 "나는 무슨 나무이다"라고 말하고 있는 것이다. 사과를 가지고 있는 나무는 자신이 사과나무임을 증거하고 있고, 감을 가지고 있는 나무는 자신이 감나무인 것을 증거하고 있는 것이다.

"**그의 은혜의 영광을 찬송하게 하려는 것이라**", 하나님의 아들이 되어 거룩하고 흠이 없는 열매를 맺어가는 사람은 하나님께 은혜의 영광을 찬송하고 있는 것이다. 거룩하고 흠이 없어져 하나님의 아들로 장성해 가는 성도는 아무런 말을 하지 않더라도 그의 모든 것을 통해서 하나님의 은혜의 영광을 찬송하고 있게 된다. 반대로 거룩해지지 않고 흠을 가지고 있으면 하나님의 아들로 자라지 못하고 있는 것이다. 그런 사람이 입으로 "하나님의 은혜와 영광을 찬송합니다"라고 외친다고 한들 그것은 진정한 것이 못 된다. 흠이 가득한 생각과 마음으로 삶을 살면서 입으로 하나님의 은혜의 영광을 찬송한다고 말해도 그것은 오히려 하나님의 이름에 먹칠하고 있는 것이다. 하나님의 은혜의 영광의 찬송은 거룩함과 흠이 없는 영혼과 육체에서 나오는 노래이기 때문이다. 그래서 바울은 2장에서 "너희도 성령 안에서 하나님이 거하실 처소가 되기 위하여 그리스도 예수 안에서 함께 지어져 간다(2:22)"고 적었다. 하나님이 거하실 처소로 준비되는 것이 거룩하고 흠이 없어지는 성도로 성장해 가는 것이다. 하나님이 거하실 처소로 준비가 되면 되는 만큼 하나님의 은혜의 영광을 찬송하게 된다.

하나님 아버지는 성도들에게 모든 신령한 복을 복주는 분이시다. 그 복은 택하심, 예정하심으로 거룩하고 흠이 없는 자신의 아들들이 되게 해주시는 것으로 모습을 드러낸다. 그렇게 된 하나님의 아들들은 자신의 모든 것을 통해서 자신을 그렇게 만드시고 계시는 하나님의 은혜의 영광을 찬송하게 된다.

03
성자 예수님은 구속하시고 죄를 용서하시는 분이시다

바울은 성부 하나님을 설명한 한 후 성자 예수님을 메시지한다. 바울은 성부 하나님을 설명하는 마지막 부분과 성자 예수님을 소개하는 시작 부분을 동일한 형태의 구문을 취했다. 헬라어 본문의 6절 마지막은 "그의 사랑하는 자 안에서"[1]이고 7절의 시작은 "그(=그리스도) 안에서"[2]이다. 성자 예수님을 소개하는 마지막 부분(12, 그리스도 안에서)과 성령 하나님을 설명하는 시작 부분(13, 그 안에서) 또한 동일한 문장 구조를 취하고 있다. 그는 무엇을 의도하고 있는가? 바울은 성삼위 하나님을 메시지하면서 "창송하리로다(3)"란 송영으로 문장을 시작했다. 이 하나님에 대한 송영은 첫째 위격인 성부 하나님, 두 번째 위격이신 성자 예수님, 세 번째 위격이신 성령 하나님에게 미치도록 하고 있으며 동시에 각 위격의 하나님에게 은혜의 영광을 찬송해야 함을 강조하고 있는 것으로 보인다. 바울은 성자 예수님을 전하며 두 가지 역할을 먼저 언급한다.

1 ...ἐν τῷ ἠγαπημένῳ
2 ἐν ᾧ...

성자 예수님은 구속하시고 죄를 용서하신다(7절)

"우리는 그리스도 안에서"의 헬라어 본문은 "그 안에서 우리는 ~을 가진다"로 시작한다. "우리는 ~을 가진다"는 구문은 두 개의 목적절을 가지고 있다.[3] 개역개정역은 두 개의 목적절을 동격으로 보고 "그의 은혜의 풍성함을 따라 그의 피로 말미암아"라고 번역을 했다. 그러나 이 문장은 한 개의 관사에 접속사로 연결된 것이 아니다. 각각의 관사를 수반하는 목적절이므로 동격이 될 수 없다. 구속하는 것과 죄 용서하는 것이 동일하지 않다는 것을 시사해준다. 아마도 바울은 성자 예수님의 구속 사역이 먼저이고 그 다음에 죄 용서하는 은혜가 따르는 것임을 강조하고 있는 것인지도 모른다. 바울은 로마서에서 "그러면 이제 우리가 그의 피로 말미암아 의롭다 하심을 받았으니 더욱 그로 말미암아 진노하심에서 구원을 받을 것이니(5:9)"라고 기술했다. 그리스도 예수의 피로 의롭다 함을 받은 사실을 선포한 후에 더욱 중요한 사실을 강조하기 위해서 비교급인 '더욱'이란 표현을 사용했다. 의롭다 함을 받은 후에 더 중요한 사실이 있다는 것이다. 그것은 바로 예수 그리스도 말미암아 진노하심에서 구원을 받는 것이다. 우리가 익히 알고 있는 "예수 그리스도를 믿으면 모든 죄를 용서받는다"는 교리에서 멈춰버리면 하나님의 진노에서 벗어 나는 은혜로 나아갈 수 없다. 예수 그리스도를 믿으면 죄를 용서 받을 수 있는 자리에 서게 되는 것이다. 그 이전에는 죄를 용서받을 방법이 없었다. 구약의 제사는 일시적인 것이지 영원한 것이 못 되었다.

"그 안에서 우리는 그의 피로 인해 구속을 받고, 그의 풍성한 은혜를 인해 죄 용서를 받았다(7)", 바울은 성자 예수님이 행하신 두 가지 역할을 먼저 설명한다. 첫째는 "피로 구속하는 것"이고 둘째는 "은혜로

3 ἐν ᾧ ἔχομεν τὴν ἀπολύτρωσιν διὰ τοῦ αἵματος αὐτοῦ,
τὴν ἄφεσιν τῶν παραπτωμάτων, κατὰ τὸ πλοῦτος τῆς χάριτος αὐτοῦ·

죄 용서하는 것"이다. 현대신학은 "구속함"과 "죄 용서"를 완료시제 의미로 본다. 이미 구속받았고, 죄 용서를 받았다고 주장한다. 그러나 바울은 현재시제를 사용하여 "우리는 구속을 받는다, 죄 용서를 받는다"고 주장했다. 그의 피로 구속을 받는 은혜가 현재 일어나고 있는 일이고, 그의 은혜의 풍성함으로 인한 죄 용서를 받음도 현재 일어나고 있는 과정 중에 있는 일이다. 전자는 예수 그리스도의 십자가 사건을 의미한다. 예수님은 마지막 유월절 만찬에서 제자들에게 "떡을 떼어주며 이는 내 몸이다(눅 22:19)"고 하셨고, 잔을 나눠주시면서 "내 피로 세우는 새 언약이니 곧 너희를 위하여 붓는 것이다(눅 22:20)"고 하셨다. 즉 자신의 고난과 십자가 죽음으로 새 언약을 세우셨다. 예수님은 십자가 죽음과 부활로 구속을 이루셨다. 현대신학은 여기서 멈추고 말았다. 더 이상 갈 길이 없는 듯 "예수 믿으면 구원받았다, 죄 용서 받았다"는 주장만 되풀이하고 있다. 그것이 잘못된 것이 아니다. 그 다음 사실을 주장하지 않는 것이 잘 못 된 것이다. 즉 두 번째 목적절인 구속 후에 성도가 나아가야 할 길인 "죄 용서 받는다"는 사실을 강조하지 않는다. 구원은 하나님의 전적인 은혜이다. 인간이 한 일이라고는 복음을 인정하고 받아들인 것뿐이다. 심지어는 그것조차도 하나님이 은혜를 베풀어 주셨기 때문에 가능한 것이다. 이제 하나님의 전적인 은혜로 구원받은 사람이 해야 할 일이 있다. 실제로 죄 용서를 받아가는 삶을 살아야 한다. 예수 그리스도의 십자가 사건이 없었으면 구속함도 없고 죄 용서도 없다. 예수 그리스도의 십자가 사건을 통한 구속이 있어도 실제적인 죄 용서가 이루어지지 않으면 거룩한 열매를 맺을 수 없다. 하나님의 아들은 주님의 사랑 안에서 거룩하고 흠이 없는 열매를 맺어가야 한다(1:4). 주님의 구속은 거룩한 삶 곧 영생을 위해서 나아가고 있기 때문이다.

바울은 성자 예수님이 하신 두 가지 사역을 설명하며 직설법 현재

시제[4]를 사용했다. 구속이 현재이듯이 죄 용서 받음도 현재 일어나고 있는 일이다. 구속과 죄 용서는 떼려야 뗄 수 없는 관계에 있다. 각기 다른 축으로 존재하고 있으나 함께 작동하는 축이다. 구속은 죄 용서의 길로 안내하고 죄 용서의 마지막 종착역은 구속을 완성한다. 칼빈도 칭의와 성화가 다른 것이긴 하지만 떼려야 뗄 수 없는 관계에 있다고 했다. 칼빈의 견해를 빌리면 구속은 칭의와 동일한 의미이고, 죄 용서는 성화에 해당한다. 성화는 칭의 받은 사실을 확인시켜 준다.[5] 마찬가지로 죄 용서는 구속을 확인시켜 준다. 믿음의 열매 없이 믿음이 있다고 말해서는 안 된다. 성도는 믿음의 열매로 믿음 있음을 보여줘야 하듯이 신앙생활을 통해서 삶이 변화되어 죄 용서 받고 있음을 자신이 알고 모든 사람에게 보여줘야 한다. 렌스키는 "죄용서는 개인이 죄를 회개할 때, 하나님이 그 죄를 추방할 때 일어나는 사건이다"고 정의했다. 바울은 구속과 죄 용서를 구별할 것을 요청하고 있다. 예수를 믿는 성도는 구속을 받는다. 그 성도가 개인적으로 회개를 할 때 실제로 죄를 용서를 받게 된다. 바울은 이어서 구속과 죄 용서가 어떤 열매를 맺게 되는가를 설명한다.

구속과 죄 용서는 지혜와 총명을 회복시켜준다(8절)

일반적으로 신학은 예수를 믿으면 구속함을 받고 죄 용서를 받았다고 주장한다. 그 이후에 나타나는 구체적인 열매들에 대해 거의 언급하지 않는다. 바울은 죄 용서를 받은 이후에 실제로 일어나야 할 일을 알려준다.

"이는 그가 모든 지혜와 총명을 우리에게", '이는'은 앞 절을 받고 있다. 곧 하나님이 예수 그리스도를 통해서 우리를 구속하시고 죄를

4 직설법 현재시제는 진행의 의미를 내포하고 있다.

5 바울은 구원의 서정을 기술하면서 "소명과 신앙, 중생과 회심, 성화, 칭의, 예정, 부활"의 순서를 주장했다. 당연히 시간적 순서로 보면 칭의가 성화 앞에 와야 하지만, 칼빈은 칭의를 성화 뒤에 두었다. 그 이유는 성화가 칭의를 확인 혹은 보증한다는 사실을 강조하기 위해서가 아닐까?

용서해주시는 것을 가리킨다. 구속과 죄 용서는 이론적이며 동시에 실제적인 것이다. 구속과 죄 용서를 받으면 받는 만큼[6] 지혜와 총명이 회복된다. '지혜'는 일반적으로 매우 다양한 문제들에 대한 지식에 관해 사용된다. 그러므로 이 단어가 뜻하는 미묘한 의미의 차이는 각각의 특수한 경우마다 문맥에서 찾아야 한다. 이 단어 및 단어군은 초기에는 유별난 능력과 지식을 가리키는 것으로 실제적인 영역까지도 포함했으나, 후기에는 이론상의 지식에 중점을 두고 있다. 후기의 지혜는 가르침을 받을 수도 있고 습득할 수도 있는 지식으로 간주되었다. 지혜는 깨닫게 된 지식을 의미한다. 바울은 세상에서 사용되던 지혜를 하나님 안으로 가지고 들어왔다. 지혜는 궁극적으로 복음을 가리킨다. 그러므로 지혜는 복음에 대해 깨닫게 된 모든 지식을 이론적으로 알고 실제 삶 가운데서 실천하게 되는 것을 뜻한다. '총명'은 일반적으로 생각, 사고, 이성을 의미하며, 영리함, 도덕적 통찰력이라는 의미로도 종종 사용되었다. 아마도 바울은 통찰력, 이해력이란 의미로 이 용어를 사용하고 있음이 분명하다. 그러므로 지혜와 총명은 삼위하나님을 잘 알고 실제 생활에서 그분을 따라 살 수 있는 구체적이고 실천적인 삶을 뜻한다. 지혜와 총명이 회복될 때 나타나는 가장 핵심적인 내용은 하나님을 잘 알게 되는 것이다.

"넘치게 하사", 지혜와 총명이 무엇에 의해 막히거나 제한 받고 있었음을 시사하고 있다. 이사야 선지자는 죄가 하나님과 사람 사이를 분리시켰고, 사람에게 하나님의 얼굴을 가리게 되었고, 하나님은 더 이상 사람의 소리를 듣지 않게 만들었다고 기록했다(사 59:2). 결국 죄는 마귀가 다루는 가장 강력한 무기이다. 마귀는 죄를 통해서 각 사람을

6 바울은 구속받음과 죄 용서받음을 모두 현재시제를 사용했다. 한 번 구속받으면 모든 죄를 용서받는 것이 아니다. 예수 그리스도를 믿는 자들은 구원을 이루어가는 것이지 믿는 순간 구원이 완성된 것이 아니다. 의롭다 함은 하나님이 주시는 절대적인 선물이기에 순간적이다. 그 이후에 거룩하고 흠이 없는 주님의 신부로 준비되어 가야 한다.

지배하기 시작했다. 마귀는 죄를 통해 하나님의 지혜와 총명을 사람들에게서 닫히게 만들었다. 마귀는 사람들이 가졌던 하나님의 지혜에 자기 지혜를 덧씌웠다. 사람들이 그것을 따라 생각하고 결정하고 행동하게 만들었다. 하나님은 예수 그리스도의 십자가 사건을 믿는 자들에게 구속함과 죄 용서라는 특별한 은혜를 선물하셨다. 그 은혜는 마귀가 장악하고 지배하던 요소들을 조금씩 제거하고 차단되었던 하나님의 지혜와 총명을 회복시켰다. 그 은혜는 죄를 회개하고 돌이킴으로 마귀의 지배에서 벗어나게 해 주고 있다. 하나님은 마귀의 지배에서 벗어나는 성도들에게 하나님의 지혜와 총명을 더 넘치게 주고 계신다. 그 결과는 하나님을 잘 알고 믿게 되어 그분의 뜻을 따라 살게 된다.

예수님은 그 뜻의 비밀을 알려 주신다(9절 上)

"그 뜻의 비밀을 우리에게 알리신 것이요(9上)", 구속과 죄 용서를 통해서 지혜와 총명을 회복시켜 주신 것은 그 뜻의 비밀을 우리에게 알려주신 것이다. 예수님의 십자가 사건 즉 그의 피로 인한 구속과 그의 은혜의 풍성함으로 인한 죄 용서 받음은 성도들에게 또 다른 무엇을 선물로 준다. 구속은 지혜와 총명을 넘치게 준다는 사실을 내포하고 있다. 구속받은 은혜가 죄 용서로 나아갈 때 죄로 인해 가렸던 지혜와 총명이 회복되고 그것이 점점 넘치게 된다. 바울은 로마서에서 "창세로부터 그의 보이지 아니하는 것들 곧 그의 영원하신 능력과 신성이 그가 만드신 만물에 분명히 보여 알려졌나니 그러므로 그들이 핑계하지 못할지니라 하나님을 알되 하나님을 영화롭게도 아니하며 감사하지도 아니하고 오히려 그 생각이 허망하여지며 미련한 마음이 어두워졌나니 스스로 지혜 있다 하나 어리석게 되어 썩어지지 아니하는 하나님의 영광을 썩어질 사람과 새와 짐승과 기어다니는 동물 모양의 우상으로 바꾸었느니라(1:21-23)"라고 밝혔다. 하나님은 만물을 창조하실 때 그의 영원한 능력과 신성을 만물에 부여해주셨다. 죄가 그것을 가렸고 그 결과로 생각이 허망해지고 미련해지고 마음이 어두워지게 되었다. 그 모습이 지혜와 총명이 가려진 모습이다. 우상숭배로 점철되는 인생이 되어 하나님으로부터 오는 지혜는 사라지고 마귀의 지혜는 넘쳐나 어리석은 자가 되어버렸다.

예수님의 구속과 죄 용서는 이것을 끊어내고 원래 하나님이 부어주셨던 모든 지혜와 총명을 넘치도록 회복시켜 주신다. 그것은 구속으로 인해 죄 용서 받는 깊이와 넓이를 더해 가면 갈수록 더 많이 회복될 것이다. 예수를 믿는다고 저절로 모든 지혜와 총명이 넘쳐나면 모든 그리스도인이 그렇게 되어야 한다. 현실이 그렇지 않다는 것은 누구나 잘 알고 있다. 성자 예수 그리스도의 구속과 죄 용서는 죄로 가렸던 모든 지혜와 총명을 넘치게 회복시켜 주신다. 지혜와 총명이 넘치면 넘칠수록 마귀의 지배로부터 벗어나게 된다. 이것이 비밀이다. 마귀의 지배에서 벗어나면 어떻게 될까?

비밀을 알려주는 목적은 그리스도의 통치를 위해서이다(9-10절)

"그의 기뻐하심을 따라 그리스도 안에서 때가 찬 경륜을 위하여 예정하신 것이니하늘에 있는 것이나 땅에 있는 것이 다 그리스도 안에서 통일되게 하려 하심이라(9下-10)", 죄는 인간으로 하여금 지혜와 총명을 어둡게 만들어 하나님을 대적하며 살게 했다. 예수 그리스도의 십자가는 죄가 지배하던 인간의 지혜와 총명을 하나님을 알 수 있는 지혜와 총명으로 회복시켰다. 이것은 하나님이 계획하신 것이다. 9절의 예정하다는 5, 11절에서 말하는 예정하다와는 다른 단어이다.[7] 하나님이 직

7 5, 11은 하나님의 구원계획과 관련한 하나님의 부르심을 의미한다. 그러나 9절은 부르심이 아닌 하나님의 계획에 초점이 맞춰진 용어이다. 즉 예수 그리스도를 믿으면 구속과 죄 용서를 받게 된다. 구속과 죄 용서는 지혜와 총명의 회복을 가져다준다. 지혜와 총명의 회복은 마귀의 지배에서 벗어나 하나님의 통치로 나아가게 해준다. 이것이 감춰진 비밀을 알려주시는 목적이다.

접 그것을 계획하셨다는 의미이다. 하나님은 그리스도를 인간 예수로 이 땅에 보내심부터 죄를 용서하여 지혜와 총명을 회복시키는 이 모든 과정을 직접 계획하였다. 하나님은 어떤 목적을 가지고 그것을 계획하셨는가?

하늘에 있는 것이나 땅에 있는 모든 것을 그리스도 안에서 통일시키기 위해서이다. "통일시킨다"는 것은 그리스도가 모든 것을 다스린다는 뜻이다. 하나님은 그리스도의 십자가 사건을 인해서 그리스도께 하늘과 땅을 다스리는 모든 권한을 주셨다(마 28:18). 이는 그 이전에 누군가가 그것을 지배했다는 뜻이다. 누가는 마귀가 예수님을 유혹하며 "이 모든 권위와 영광을 네게 주리라 이것은 내게 넘겨 준 것이므로 내가 원하는 자에게 주노라(눅 4:6)"고 기록했다. 마귀는 어떤 계기를 통해서 세상을 다스리는 지배권을 획득했다. 아마도 아담과 하와의 범죄로 인해 하나님이 그들에게 주셨던 세상을 다스리는 통치권이 마귀에게 넘어갔을 것이다. 하나님은 마귀가 가지고 있던 이 지배권을 십자가 사건을 통해서 그리스도에게로 귀속시킬 계획을 하셨다. 그리스도는 사람과 모든 만물을 통치하신다. 그래서 하나님은 부활하신 예수 그리스도에게 '주(행2:36)'라는 직책을 부여하셨다. 그리스도는 믿는 자를 다스릴 뿐만 아니라 안 믿는 자도 다스리시는 분이시다. 죄를 용서받은 자들은 성령을 통하여 하나님의 지혜와 총명을 회복시켜 하나님의 뜻과 계획을 따라 살게 하신다. 그리스도를 거부하고 여전히 죄를 통해 지배하는 마귀에게 종노릇하는 자들은 버려두셔서 마지막 때 심판하신다. 그리스도의 통치를 받는 성도는 자신의 삶으로 주님의 영광과 찬송을 드러내며 산다.

성도는 하나님의 기업으로 영광과 찬송이어야 한다(11-12절)

"모든 일을 그의 뜻의 결정대로 일하시는 이의 계획을 따라 우리가 예

정을 입어 그 안에서 기업이 되었으니 이는 우리가 그리스도 안에서 전부터 바라던 그의 영광의 찬송이 되게 하려 하심이라(11-12)", 그리스도를 통해서 죄를 용서받고 지혜와 총명을 회복하게 되는 성도는 하나님의 기업이 된다. 성도가 하나님으로부터 받은 몫은 무엇인가? 바로 그리스도를 위해서 영광과 찬송이 되는 것이다. 시편 기자들은 만물이 하나님을 찬양하고 노래하며 경배한다고 수없이 고백했다. 그리스도의 십자가 사건을 통해서 진정한 회복이 일어나면 바로 이 일이 일어나게 된다. 그러나 현대신학은 성도의 기업을 이 땅에서 받는 물질의 복에 많은 초점을 맞추었다. 말로만 하나님께 영광과 찬송을 외치고 실제로는 성도 자신의 배와 명예를 채우기기 급급하다. 바울은 6, 14절에서도 송영을 말하고 있다. 즉 성부 하나님께 올려 드리는 영광과 찬송, 성령 하나님께 올려 드리는 영광과 찬송을 이야기한다. 모두가 같은 의미지만 특히 성자 예수님께 올려드리는 영광과 찬송은 말과 마음이 아니라 준비된 삶을 가리킨다. 바울은 성부 하나님과 성령 하나님께 사용하지 않은 부정사 시제를 사용하여 그것을 강조하고 있다.

바울은 4-6절에서 성부 하나님을 설명하면서도 이러한 사실을 주장했다. 하나님의 선택을 받은 자들이 예정 가운데로 부르심을 받으면 하나님의 아들이 된다. 하나님의 아들이 된다는 것은 선포적이고 이론적인 것이 아니다. 그들은 거룩하고 흠이 없는 자들이 되어 간다. 거룩하고 흠이 없는 성도의 삶은 자연스럽게 하나님의 은혜의 영광을 찬송하고 있는 것이다. 즉 그리스도께서 산상수훈에서 말씀하셨던 빛과 소금과 같은 준비된 삶으로 매순간 그분의 영광과 찬송이 되어야 한다. 이것이 구속함을 받고 죄 용서를 받는 성도의 본분이고 성도의 몫이다.

04
성령 하나님은 인치시고 보증하시는 분이시다

바울은 성령 하나님 부분을 시작하며 호칭에 변화를 주었다. 지금까지(3-12)는 '우리'란 호칭을 사용했다. 13절을 시작하면서 '너희'란 호칭을 사용한다. 즉 서신을 쓰는 바울 자신과 수신자들을 하나로 보고 글을 시작해서 잠시 분리시키고 있다. 바울 자신과 동역자들, 그리고 수신자들을 두 부류로 나누었다. 무엇을 의도하고 있는 것일까?

성령님이 인치셨다(13절)

"그 안에서 너희도 진리의 말씀 곧 너희의 구원의 복음을 듣고 그 안에서 또한 믿어 약속의 성령으로 인치심을 받았으니(13)", 바울은 지금까지 사용했던 '우리'란 호칭을 감추고 '너희'란 용어를 선택하여 주어를 제한했다. 바울 자신과 에베소교회 성도들을 나누었다. 바울은 복음전파자로, 에베소교회 성도들은 복음을 들은 피전도자에 위치시켰다. 바울이 에베소교회 성도들에게 전한 것은 진리의 말씀 곧 구원의 복음이다. 바울 자신의 경험이나 학습에 의한 것을 전하지 않았다. 바울은 자신이 다메섹 도상에서 부활의 주님을 직접 만났고 아나니아의 안수를 통해서 성령의 세례를 받았지만 그것은 주님의 계획이었으므로 주님에게 받은 것이다. 그리고 바울은 주님으로부터 사명을 받았다. 바울은 이 진리의 말씀 곧 구원의 복음을 에베소 지역에 선포했다. 바울의 복음전파를 들은 자들이 에베소교회 구성원을 이루는 성도들이 되었다.

"그 안에서…듣고, 그 안에서 믿어", 에베소 지역 사람들이 바울이 전하는 구원의 복음을 듣고 믿었다. 한 번 듣고 한 번 믿은 것이 아니다. 현대신학이 주장하는 교리는 예수 그리스도를 한 번만 믿고 영접하면 된다. 한국에서 가장 애용하는 영역본 NIV성경은 사람이 구원의 복음을 듣고 믿는 것을 "그 이름을 믿은 사람들"[1]이라고 번역했다. 과거시제로 번역하여 예수 그리스도를 한 번만 믿으면 된다고 보았다. 그러나 바울은 다른 견해를 보이고 있다. 에베소교회 성도들은 과거에 구원의 복음을 들었고 현재도 듣고 있으며, 과거에 들은 구원의 복음을 믿었고 현재도 듣고 있는 복음을 믿고 있다는 견해를 견지하고 있다. 두 개의 분사구문을 사용하여 듣는 행위와 믿는 행위의 지속성을 강조하고 있다. 구원의 복음을 한 번 듣고 한 번 믿으면 된다는 교리와 계속 들어야 하고 계속 믿어야 한다는 의미는 전혀 다르다. 한 번 믿으면 된다는 것은 신앙행위가 거기에서 멈출 가능성이 크다. 그러나 계속해서 듣고 있고 믿고 있으면 신앙의 행위는 지속적일 수밖에 없다. 바울은 에베소교회 성도들이 구원의 복음을 어떻게 듣고 있으며 어떻게 믿고 있는지를 밝힌다.

"그 안에서…듣고, 그 안에서 믿어", 바울은 에베소교회 성도들이 "그 안에서" 듣고 믿는다고 말한다. 그리스도 안에서 구원의 복음을 듣고 그리스도 안에서 들은 구원의 복음을 믿는다는 것은 어떤 의미일까? 그리스도 안에서란 의미는 그리스도와 에베소교회 성도들이 하나

1 요한복음 1:12, Yet to all who received him, to those who believed in his name, he gave the right to become children of God

가 된 상태를 가리킨다. 그러므로 그리스도 안에서 듣고 믿는다는 것은 주님과 하나 된 생각, 하나 된 마음, 주님의 뜻과 일치하는 상태에서 듣고 믿는다는 의미일 것이다. 쉽게 설명하면, 그것은 말씀대로 듣고, 들은 말씀대로 믿는다는 뜻이다. 오늘날 그리스도인들은 바울이 전하는 이 메시지에 충격적인 반응을 보여야 한다. 오늘날 그리스도인들은 말씀을 말씀대로 받지 않는다. 그들은 말씀을 들을 때 자신의 마음에 들지 않으면 거부한다. 그들은 말씀을 들으면서 자기 해석을 더해서 듣는다. 그들은 말씀을 거부하기도 하고 자기복음을 만들기도 한다. 오늘날 교회는 이러한 모습을 고스란히 보여주고 있다. 이제 바울은 에베소교회 성도들에게 그들이 듣고 있고 믿고 있는 구원의 복음이 어떤 일을 하는지 밝힌다.

04 성령 하나님은 인치시고 보증하시는 분이시다

"약속의 성령으로 인치심을 받았으니", 에베소 지역 사람들이 바울에게 구원의 복음을 들을 때 그리스도 안에서 듣고 그리스도 안에서 믿는 신앙의 반응을 보이고 있다. 주님은 그들에게 성령을 보내주시고 그들을 하나님의 자녀로 인을 쳐주셨다. "인침 받았다"는 뜻은 보증해 주셨다는 의미이다. 구원의 복음을 듣고 믿는 그들에게 너는 하나님의 자녀라고 보증해 주신 것이다. 그리스도는 주동사인 "인침 받았다"와 연결되며, "인침 받았다"는 부정과거 수동태 문장이다. 수신자들이 누군가에 의해 인침 당했다는 뜻으로 강조형 문장이다. 에베소교회 성도들은 그리스도 안에서 성령 하나님에 의해 인침을 받았다.

성령님은 성도들이 진리의 말씀을 듣고 있는지, 그것을 믿고 있는지를 잘 구별하시는 분이시다. 그분은 사람처럼 속지 않는다. 성령님은 진리의 말씀을 생각나게 해 주시는 분이시고, 가르쳐 주시는 분이시고 해석해 주시는 분이시다(요 14:26). 그러므로 성령님은 한 사람이 진리의 말씀을 듣고 있고 믿고 있는 것을 너무나 잘 분별하신다. 실수하지 않으신다. 그러므로 성령님에 의해 인침을 받는 사람은 하나님의 자녀가 된다. 바울은 계속해서 구원의 복음을 듣고 있고 믿고 있는 성도들에게 성령님이 하나님의 자녀로 인을 쳐주시면 어떤 일이 일어나는가를 설명한다.

성령님이 보증하고 계신다(14절)

"이는 우리 기업의 보증이 되사 그 얻으신 것을 속량하시고 그의 영광을 찬송하게 하려 하심이라(14)", 바울은 인침 받은 사실을 말한 후에 다시 통합 호칭을 사용하여 "우리"란 호칭으로 돌아왔다. 14절의 동사는 '보증한다' 뿐이다. 성령님이 인을 치시고 성령님이 보증하신다. 보증은 앞 절 인침 받은 사람에 한한다. 그러므로 보증의 근거는 진리의 말씀인 구원의 복음을 듣고 있는 사람이고, 동시에 그것을 믿고 있는 믿음에 있다.

"보증"이란 단어는 넓게는 "서약한 돈"을 가리킨다. 서약한 돈이란 약속한 시간까지 돈을 완전히 지불하는 것을 말한다. 예를 들어 설명해보자. 어떤 사람이 어떤 사건을 저질러 감옥에 갇혔다. 그를 위해서 보석금을 지불하면 완전히 풀려나게 된다. 그 보석금 지불 시간과 금액이 결정되어 있다. 부모는 그 정해진 시간에, 정해진 보석금을 법원에 지불했다. 아들은 자유의 몸이 된다. 보증은 무엇인가에 얽매였던 사람이 그것으로부터 완전히 자유의 몸이 된다는 뜻이다. 죄는 마귀에게 삶의 지배권을 넘겨준다. 죄를 지으면 지을수록 마귀는 죄지은 자를 얽어매고 지배한다.

성령님이 하나님의 자녀로 인 쳐주시고 보증해 주시면 어떤 일이 일어나는가? 두 가지 일이 일어난다. 하나는 인 쳐주시고 보증을 받는 성도에게 속량이 일어난다. 속량은 구속을 가리킨다. 하나님의 자녀가 되어가면서 죄를 용서받게 되는 일이 일어난다. 바울이 구원의 복음을 듣고 있고 믿고 있기에 성령의 인 치심과 보증이 일어나고 있다고 강조하는 구속 즉 죄 용서가 지속적으로 일어나고 있음을 강조하고 있다. 예수 그리스도를 믿음으로 모든 죄가 용서되는 것이 아니라 점진적으로 죄 용서가 끊임없이 일어나고 있음을 강조하고 있다. 예수님이 십자가를 통해서 이루신 구속 사역은 완전한 것이다. 그 완전한 구속 사역이 믿는 성도에게 적용될 때는 단번에 그것이 완성되는 것이 아니라 점진적인 과정을 통해서 이루어진다. 그리고 성도 개인차에 따라 그 이루어지는 정도는 달라진다.

다른 하나는 인침을 받고 보증을 받는 성도가 성령님의 영광을 찬송함이다. 성령님에 의해 인침을 받고 보증을 받아서 구속이 지속적으로 완성되어가는 성도는 그 일을 행하고 계시는 성령 하나님의 영광을 찬송하게 된다. 성경말씀과 일치하는 신앙생활을 하게 될 때 오직 하나님께만 영광을 돌리는 일이 일어나는 것은 당연하다. 구원받은 성도가 하나님께 돌려야 할 영광을 자신이 차지하는 것은 위법이고 있을 수 없는 일이다. 많은 성도들이 자신과 가정을 자랑한다. 이것은 정상적인 모습이 아니다. 성령의 인침을 받고 보증 받는 성도는 성령 하나님의 영광을 찬송해야 한다. 이것이 정상적인 모습이다.

바울이 성삼위 하나님을 메시지한 단락(3-14)은 편지글의 정로에서 벗어난 삽입된 글이다. 바울은 "찬송하리로다(3)"란 호격으로 글을 시작했다. 그리고 성부 하나님을 메시지한 끝 부분에, 성자 예수님을 메시지한 끝에, 성령 하나님을 메시지한 마지막 부분에 동일하게 "은혜의 영광을 찬송함"이란 말로 매듭을 지었다. 이것은 글을 시작한 내용인 "찬송하리로다"와 호응하는 말씀이다. 시작글이 일방적인 선포로서 찬송할 것을 요청했다면 삼위 하나님 끝에 언급된 은혜의 영광을 찬송하라는 메시지는 그분이 하신 일들을 생각하면 당연히 그 일이 일어나야 한다는 것을 말한 것이다. 이 "찬송하리로다"는 교리편의 마지막 절에서 다시 언급된다(3:21).

05
에베소서를 기록하게 된 동기

이로 말미암아 주 예수 안에서 너희 믿음과 모든 성도를 향한 사랑을 나도 듣고 [1:15]

나의 사정 곧 내가 무엇을 하는지 너희에게도 알리려 하노니 사랑을 받은 형제요 주 안에서 진실한 일꾼인 두기고가 모든 일을 너희에게 알리리라 우리 사정을 알리고 또 너희 마음을 위로하기 위하여 내가 특별히 그를 너희에게 보내었노라 [6:21-22]

바울은 에베소 지역에서 약 3년 정도 복음전도와 양육을 병행했었다(행 19:7, 10). 아볼로가 바울보다 먼저 에베소 지역에 내려와서 복음을 전하고 성경을 가르쳤다. 바울은 그 중에 일부 성도들을 만났다(행 19:1-6). 바울은 그들에게 "너희가 믿을 때에 성령을 받았느냐?"라고 질문하였고 그들이 성령을 받도록 안수로 도왔다. 그들은 성령을 받았고 방언도 하고 예언도 하게 되었다. 약 열 두 명이었다.

바울은 처음 석 달 동안 회당을 중심으로 복음전도와 양육을 했다. 회당에 속한 어떤 사람들의 굳은 마음으로 인해 회당을 떠나서 '두란노서원'을 설립했고, 그곳을 중심으로 2년 동안 복음전도와 양육을 했다. 바울은 에베소를 떠나 마게도냐 지역에서 3차 복음전도 사역을 계속했다(행 20:1-16). 이제 주님이 정하신 선교사역을 마치고 오순절이 되기 전에 예루살렘에 도착할 계획을 세웠다(행 20:16). 바울은 급히 예루살렘으로 돌아가던 중 밀레도 섬에 도착했다. 자신이 에베소를 방문할 시간은 부족했기에 사람을 에베소에 보내 교회 장로들을 밀레도로 초청했다. 그것이 바울의 인간적 생각이었을까? 성령님께서 바울에게 주신 감동이었을까?

바울은 장로들을 만나서 자신이 어떻게 에베소 지역에서 사역했으며 교회가 미래에 어떤 일을 겪게 될 것인지 전했다. 바울은 그들에게 말하기 어려운 두 가지 예언적 메시지를 선포했다.

첫째, 내가 떠난 후에 사나운 이리가 여러분에게 들어와서 그 양 떼를 아끼지 아니할 것이다(행 20:29).

둘째, 장로들 중에서도 자신을 따르게 하려고 어그러진 말로 제자들을 미혹하는 자들이 일어나게 될 것이다(행 20:30).

바울은 에베소교회 장도들에게 이 두 가지 예언적 선포를 남기고 예루살렘을 향했다. 그는 예루살렘에 도착한 직후 체포되어 2년 동안 가이사랴 감옥에 감금당해있었다(행 24:27). 바울은 주의 사자가 나타나서 "네가 예루살렘에서 나의 일을 증언한 것 같이 로마에서도 증언해야 한다(행 23:11)"는 말씀을 전해 들었다. 바울은 로마 황제 앞에서 재판 받기를 요청했고(행 25:11) 로마행 배에 올라 로마에 도착했다(행 28:16). 바울은 로마의 감옥(셋집)에 2년 동안 감금당했다(행 28:30). 에베소서는 바울이 로마의 감옥에 감금당해 있을 때 쓴 옥중서신으로 불려진다. 바울이 밀레도에서 장로들에게 예언적 메시지를 선포한 이후 대략 5년이란[1] 시간이 흘렀다. 바울이 에베소서를 쓰게 된 동기 혹은 목적은 무엇일까?

에베소서는 성도들의 믿음을 위해서 쓴 서신이다(1:15)

바울은 밀레도에서 에베소교회 장로들에게 두 가지 예언적 선포를 한 후, 에베소교회에 자신이 선포한 예언적 메시지가 그대로 일어나길 기대했을까? 바울은 왜 에베소교회 장로들에게 예언적 메시지를 선포했을까? 그 일이 일어날 수 있으므로 미리 알고 대처하여 그 메시지를 막기 위한 목자의 마음이 아니었을까? 자신이 선포했다고 해서 그대로 일어나길 기대한다면 그는 참 목자가 아니다. 바울은 고별설교 후 예루살렘에 도착했다. 그는 이내 체포되어 2년 가이사랴 감옥 생활을 하는 동안, 가이사에게 재판 받기 위해 로마로 압송되는 1년 동안, 로마 감옥에 감금당해 지낸 2년 동안에도 계속해서 에베소교회의 소식을 접했다.

"나도 듣고"에서 "나도"는 접속사와 1인칭 대명사의 합성어로서 "그리고 내가"이다. 이 말은 바울만이 들은 것이 아니라 바울의 동역자들 혹은 더 많은 사람들이 에베소교회와 성도들의 상황에 대해 듣고 있었음을 의미한다. 때문에 에베소교회와 성도들에 대한 칭찬과 격려는 바울의 주관적 판단으로 내린 정의가 아니다. 누가 내려도 동일하다. 그들의 신앙생활을 정의하면 믿음을 지키며 서로 사랑하는 삶이었다.

"나도 듣고"에서 "듣고"는 한 번 들었다는 뜻이 아니다. 부정과거[2] 분사 시제를 사용했다. 밀레도에서 에베소교회 장로들과 대화를 나눈

1 바울은 58년에 밀레도에서 고별설교를 했다. 보수신학 년대에 의하면, 그는 61-62년 로마 감옥에서 보냈다. 58이 로마에 도착한 해를 기준으로 하면 4년, 옥중생활 마지막 해를 기준으로 하면 5년이 된다.

2 부정과거는 단순히 일어났던 사건을 언급하는 경우도 있지만 역사적 사실임을 강조하기 위해 사용하기도 한다. 여기에서는 후자의 의미로 쓰였다. 바울은 에베소교회 소식을 들었고 지금도 듣고 있음을 강조한 표현이다.

이후부터 계속해서 에베소교회와 성도들의 소식을 듣고 있었음을 말해준다. 좋은 소식이 들렸다가 다음번에는 얼마든지 나쁜 소식이 들릴 수 있다. 앞서 밀레도에서 바울과 에베소교회 장로들의 만남을 언급했었다. 바울이 말했던 "흉악한 이리가 들어와서 성도들을 잡아먹는다"는 것은 "믿음을 상실한다"는 의미이다. "장로들이 어그러진 말을 하여 자기 패거리를 만든다"는 것은 "사랑의 연합을 깨뜨린다"는 의미이다. 곧 사랑의 관계가 깨어지고 분열이 일어난다는 뜻이다. 바울은 장로들과 작별 후에도 에베소교회를 생각할 때마다 이 일들이 일어나지 않도록 기도했다. 바울이 에베소교회 장로들에게 예언적 메시지를 선포하고 작별한 후에 자신이 교회를 위해서 중보하고 있던 대로 성도들이 믿음을 잘 지키고 있으며 성도 서로서로가 서로 사랑하고 있다는 소식을 접했고 지금도 접하고 있음을 말해준다.[3]

에베소교회 장로들은 밀레도에서 바울의 예언적 선포를 듣고 교회로 돌아왔다. 어떤 조치를 취했을까? 그들은 밀레도에서 바울의 말을 듣고 에베소로 돌아오면서 어떤 대화를 했을까? 그들은 교회 성도들에게 바울이 자신들에게 한 말을 어떻게 알리려고 논의했을까? 바울이 자신들에게 한 말을 온 성도들에게 알리고 믿음을 지키기 위해서 단호하게 싸워야 할 것을 권면하지 않았을까? 자신들부터 근신하여 깨어있으며 절대로 자신들을 위한 패거리를 만들지 않을 것을 다짐하지 않았을까? 그들은 성도들에게 어떤 장로나 유력자가 믿음에서 떠난 말이나 계획을 제안하거든 단호하게 거부하고, 바울이 가르쳐준 진리의 말씀만을 붙잡고 오직 믿음으로 살아야 한다고 권면하지 않았을까?

3 많은 학자들이 1:22-23, 2:11-22, 4:8-16을 근거로 에베소서가 "교회론" 확립을 위해 쓴 서신이라고 주장한다. 물론 그렇게 볼 수 있다. 그러나 그 내용들은 교회론을 위해서 썼다기보다는 에베소교회 성도들 서로간의 사랑을 통한 연합을 위해서 기록한 것이다. 즉 바울은 "장로들이 성도들에게 어그러진 말을 하여 자기를 따르게 할 것이다"고 선포했다. 이렇게 되면 에베소교회는 갈기갈기 찢겨질 것이다. 위의 서술들을 이 선포가 일어나지 않도록 하기 위한 성도 서로간의 연합을 위한 것으로 보아야 한다.

"이로 말미암아", 바울은 삼위 하나님에 대한 서술을 간략하게 마치고, 자신이 에베소교회 성도들의 믿음과 모든 성도를 향한 사랑을 들었고 지금도 듣고 있다는 사실을 알리기 위해서 글을 전환하면서 이 표현을 사용했다. 쉽게 생각하면 성삼위 하나님으로 말미암아란 뜻이다. 이러한 이해는 뒤에 나오는 믿음과 모든 성도를 향한 사랑과 연결이 되지 않는다. 바울은 보다 깊은 함축의 의미를 가지고 이 용어를 썼다. 바울 자신이나 에베소교회 장로들이나 모든 성도들은 성삼위 하나님 안에서 서로 연결되어 있는 하나님의 자녀들이다. 이 표현은 바울 자신이 에베소교회 소식을 들었고, 그 근거를 기초로 자신이 듣고 있는 소식을 판단했다는 의미를 함축하고 있다. 그러므로 "이로 말미암아"는 "성삼위 하나님의 은혜에 근거하여 듣고 판단한 바에 따르면"이란 의미이다.

교회 안에서 회자되는 대화들은 성삼위 하나님의 은혜에 기초해야 한다. 성도들 서로 간에 주고받는 대화 또한 성삼위 하나님의 은혜에 기초해야 한다. 성삼위 하나님의 은혜를 기준으로 주고받는 대화를 걸러내야 한다. 성삼위 하나님의 은혜를 기준으로 주고받는 대화를 판단해야 한다. 성삼위 하나님의 은혜를 드러내도록 결단하고 실천해야 한다. 바울이 에베소교회 성도들에게 믿음을 설명할 때(2:7, 10 등) 이것을 잊지 않고 있음을 볼 수 있다.

에베소서는 성도들의 사랑을 위해서 쓴 서신이다(1:15)

에베소교회 성도들은 서로 사랑하며 살았다. 먼저 누가 누구를 사랑했을까?

"모든 성도를 향한 사랑을"이란 표현은 먼저 어떤 사람의 사랑을 염두에 두고 있는가? 에베소교회 장로들을 염두에 두고 있다. 바울은 에베소교회 장로들 중에서 성도들을 자기 편으로 만들기 위해 어그러진 말로 성도들을 미혹하는 일이 일어날 것이라고 예언했었다. 이런 삶이 신앙생활 속에서 나타나게 되면 서로 사랑하며 살지 못할 것이다. 서로 판단하고 정죄하고 비판할 것이다. 교회는 다툼이 떠나지 않고 분열되어 분파가 형성될 것이다. 에베소교회 장로들은 밀레도에서 바울이 자신들에게 "여러분 중에서도 제자들을 끌어 자기를 따르게 하려고 어그러진 말을 하는 사람이 일어날 줄을 내가 안다(행 20:30)"는 예언적 선포를 깊이 마음에 새긴 것으로 보인다. 그들은 자신의 패거리를 만들지 않기 위해서, 자신을 잘 따르는 자들만 사랑하지 않고 장로들 각자가 최선을 다해서 모든 성도들을 사랑하려고 힘써 노력했다는 의미이다. 더 나아가 에베소교회 성도들은 장로들의 본을 받아 구역식구 서로서로 사랑하기를 힘썼고, 다른 구역 식구들과 연합하며 서로 사랑하기를 힘썼다. 바울은 그 소식을 접하고 "모든 성도를 향한 사랑을 나도 듣고"라고 말한 것이다.

"모든 성도를 향한 사랑"은 에베소교회 장로들이 자신의 패거리를 만들지 않았다는 의미를 함축하고 있다. 성도들 서로서로가 편을 가르지 않았다는 뜻을 함축하고 있다. 궁극적으로는 밀레도에서 바울이 장로들에게 선포했던 예언적 메시지가 현실화 되지 않은 것을 의미한다. 바울은 자신의 예언이 이루어지지 않는다고 실망했을까? 그렇지 않다. 바울은 자신의 예언적 선포를 듣고 믿음을 지키고, 서로 분란을 조장하지 않으려고 노력하는 동시에 사랑하는 삶을 사는 성도들을 보며 어떤 반응을 보였는가? 바울은 이것을 들으며 더 기도하게 되었고 하나님께 감사하게 되었다(1:16). 바울은 기도와 감사를 통해서 어떤 생각을 하게 되었을까?

에베소교회 성도들이 가진 믿음과 사랑의 삶을 극대화시키기 위해서 어떤 메시지가 필요한 것인가를 생각하지 않았을까? 그 생각에 대한 결과물이 바로 에베소서이다. 그래서 에베소서 안에는 믿음과 사랑이 구구절절 언급되어 있다. 전혀 다른 이야기를 하는 것처럼 보여도 그 메시지의 종점은 믿음과 사랑을 향하고 있다.

에베소서는 성도들에게 자신의 사정을 알리기 위해 쓴 서신이다(6:21)

바울은 에베소교회 성도들의 믿음과 서로 사랑에 관한 소식과 아울러 그들이 바울 자신의 근황에 대해 궁금해 한다는 소식을 전해 들었다(6:21). 에베소교회 성도들은 바울이 로마의 감옥에서 무엇을 하는지 궁금해 했다. 그들은 바울이 받은 사명을 생각하며 자신들의 선생님이 잘 하고 있다고만 생각하지 않은 것으로 보인다.

> "바울 선생님은 주님이 직접 찾아오셔서 우리와 같은 이방인의 사도로 세우셨어. 바울 선생님은 에베소에서 복음을 전할 때도 큰 환난을 당했으나 거뜬히 극복하셨어. 우리가 바울 선생님을 걱정할 필요가 전혀 없어."

에베소교회 성도들은 로마 옥중에 있는 바울을 그렇게만 생각하지 않았다. 그들은 주의 천사가 바울에게 나타나서 로마까지 가야 한다(행 23:11)는 메시지를 몰랐을 가능성이 크다. 그것을 알았다 하더라도 상황이 크게 바뀌진 않았을 것이다. 사람의 눈으로 보기에는 수억만 리 압송되어 로마의 감옥에 갇힌 죄수의 신분이 된 사람에 대해 걱정하며 염려하는 것은 당연한 것이다. 하나님의 사명을 감당하다가 환난을 당하는 것이니까 괜찮다며 기뻐할 사람은 아무도 없을 것이다. 바울은 에베소교회 성도들이 자신이 당하는 어려움을 환난으로 이해하고 있었음에도 불구하고 자신 때문에 매우 낙심해 있다는 사실을 전해 들었다. 그래서 바울은 그들에게 낙심하지 말라고 권면하고 있다(3:13). 에베소서 서신 안에 자신의 사정 이야기를 자세하게 언급하는 것은 적절하지 않았다. 에베소서에 담을 내용은 "믿음"과 "사랑"이어야 했다. 자신에 관한 자세한 사정 이야기는 서신을 가지고 갈 두기고를 통해서 전하기로 했다(6:22).

에베소서는 성도들을 위로하기 위해서 쓴 서신이다(6:22)

바울은 에베소교회를 생각할 때 늘 염려하고 걱정해야 했을 것이다. 성령께서 자신에게 주신 감동에 의하면 악한 이리가 에베소교회 성도들을 삼키게 될 것이고, 교회 지도자인 장로들이 자신을 따르게 하려고 성도들에게 어그러진 말을 하여 분란을 조장하는 일이 일어날 것이기 때문이다. 이런 일이 일어나서는 안 된다. 바울은 성령의 감동으로 예언을 했지만 이 일이 일어나지 않도록 중보기도하며 악한 영들이 에베소교회와 성도들을 어떻게 공격하는지 보면서 영적 전투를 했음에 틀림없다.[4] 에베소교회 성도들은 장로들이 밀레도에서 바울을 만나 전해 들은 예언적 선포 이후 지금까지 승리하는 신앙생활을 했다. 그러나 언제 이리가 공격하고 장로들이 어그러진 말을 해서 분란을 조장할지 모를 일이다.

바울은 그들이 믿음을 잘 이해하고, 믿음이 그들에게 준 놀라운 복을 깊이 깨닫고 알기를 원해서 에베소서를 기록했다. 또한 장로들을 비롯한 모든 성도들이 서로 사랑하여 어그러진 길을 가지 않았음에 감사하며, 모든 성도들이 더 깊고 넓고 큰 하나님의 사랑을 알아 지금보다도 더 멋진 사랑의 삶을 살도록 안내하기 위해 에베소서를 기록했다. 에베소서 안에는 책망에 이르는 권고가 거의 없다. 격려와 위로에 바탕을 둔 권면이 대부분이다. 바울은 자신의 사정을 알리기 위해서 에베소서 지면을 할애하지 않았다. 그것은 두기고를 통해 설명하기로 했고, 에베소교회 성도들이 지금의 신앙생활을 잘 유지하며 더 성장하

4 바울은 자신의 다른 서신에서 영적 전투를 언급하지 않았다. 오직 에베소서에서만 언급했다. 왜 했을까? 자신이 에베소교회와 성도들을 위해서 영적 전투를 매일 수행했다. 에베소교회 성도들 또한 바울의 예언적 선포가 그들에게서 일어나지 않게 하기 위해서는 악한 영들의 공격을 분별하고 악한 영들과의 전투에서 승리해야 했기 때문이다.

고 성숙할 수 있도록 돕기 위한 안내서로 에베소서를 기록하고 있다. 때문에 에베소서 메시지 속에는 성도를 위한 격려와 위로가 가득 담겨 있다.

두기고가 사정을 설명할 것이다(6:22)

두기고는 '행운'을 의미하며, 신약성경에서 5회 나온다.[5] 바울은 에베소 지역에서 일어난 소요를 뒤로하고 마게도냐로 건너갔다(행 20:1). 헬라에 도착하여 석 달을 머무르며 복음을 전했다(행 20:3). 배를 타고 수리아로 건너가려고 했을 때 유대인들이 바울을 해하려 한다는 정보를 입수했다. 헬라에서 배를 타고 수리아로 건너가지 않고 마게도냐를 거쳐 돌아가기로 결정했다. 바울의 귀환 때에 동행하는 인물 중에 두기고가 언급되어 있다(행 20:4). 그는 아시아 사람이다. 바울은 자신이 쓴 서신을 에베소교회에 전달할 자로 두기고를 선택했다. 두기고는 후일에 그레데에 있는 디도를 돕기로 예정되었으나(딛 1:3, 딛 3:12) 에베소로 보내어졌다(딤후 4:12). 바울은 에베소서에서 두기고에 대해 특별히 언급하고 있지 않다. 그러나 골로새서에는 그에 대해 간략하게 언급하였다.

> "그는 사랑 받는 형제요 신실한 일꾼이요 주 안에서 함께 종이 된 자니라(골 4:7)"

바울은 자신이 쓴 서신을 두기고에게 맡겨서 에베소에 전달했다. 그리고 두기고를 통해서 자신의 사정을 자세하게 알렸다. 두기고는 바울의 마음을 가장 잘 안 사람, 바울의 사정을 가장 잘 안 사람이었을 것이다. 그것도 인간적인 이해가 아니라 하나님께로부터 받은 바울의 사명, 그 사명을 감당하다가 로마의 감옥에 갇힌 바울의 환난, 각 지역

5 행 20:4; 엡 6:21; 골 4:7; 딤후 4:12; 딛 3:12

교회에 대한 바울의 마음을 가장 잘 이해하고 전달할 사람이었다. 또한 바울 입장만 전하는 것이 아니라 바울을 염려하는 각 지역교회 성도들을 위로하고 격려할 줄 아는 인물이었을 것이다. 하나님의 사람, 하나님의 지도자에게 신뢰받아 특별한 역할을 위임받는다는 것은 아주 값진 것이다.

06
소식을 전해 듣고 감사와 간구를 드리다

바울은 3차 복음전도 사역을 마친 후 약 5년을 마음 졸이며 보냈다. 이미 앞에서 여러 번 살펴보았다. 성령님은 에베소교회 성도들의 믿음 상실과 교회의 분란에 대한 영감을 바울에게 주셨고, 바울은 이것을 예언적으로 선포했다. 바울은 지난 5년 동안 에베소교회 소식을 들을 때마다 한편으로는 마음 졸였고, 한편으로는 그들의 신앙에 대한 기대도 가졌을 것이다. 에베소교회 성도들에 대한 소식은 바울로 하여금 저절로 기도가 나오게 만들었다. 바울은 에베소교회 성도들을 위해 하나님께 네 가지 간구를 올렸다.

기도에 감사가 넘쳤다(16절)

바울은 에베소교회 성도들이 믿음을 잘 지키고 있는지 늘 궁금했다. 장로들이 자기를 따르게 하려고 어그러진 말을 하지 않는지도 늘 궁금했다. 그런데 들려지는 소식은 믿음을 잘 지키고 있고 장로들도 서로 사랑하며 분파적인 행위를 조성하지 않는다는 것이었다.

"내가 기도할 때에 기억하며", 바울은 에베소교회 성도들을 위해서 기도할 때 그들 한 명 한 명을 기억했다고 말한다. 바울이 처음 만난 에베소교회 사람들은 약 12명 쯤 되었다(행 19:6). 그들과 더불어 3년 동안 에베소에 머물며 복음을 전파하고 양육했다. 3년 동안 얼마나 많은 사람을 전도하여 양육했을까? 바울은 그 성도들 한 명 한 명 얼굴을 떠올리며 기도했다. 바울이 기억하고 있는 얼굴들 중에 믿음에서 파선하는 사람이 있어서는 안 된다. 또한 자기를 따르게 하려고 어그러진 말을 하는 사람도 있어서는 안 된다. 바울은 그들이 이러한 일에 휩쓸리지 않도록 네 가지 기도를 한다.

첫 기도 내용: 하나님을 잘 알게 하옵소서(17절)

바울은 하나님께 간구하기 전에 하나님이 어떤 분이신가를 구체적으로 밝힌다. 바울은 어떤 하나님께 간구하고 있는가?

"**우리 주 예수 그리스도의 하나님**", 바울이 쓰는 관용구 중에 하나이다. 3절에서는 "우리 주 예수 그리스도의 아버지"라고 묘사했다. 하나님은 부활하신 예수께 "주와 그리스도(행 2:36)"란 직무를 부여하셨다. '주'는 주권자란 의미로 성도를 통치하시는 분이시다. '예수'는 하나님이 인간의 몸을 입고 이 땅에 오신 이름으로서 "죄에서 구원할 자"이시다. '그리스도'는 기름부음 받은 자로서 메시아 곧 구원자를 가리킨다. 바울이 정의하는 하나님은 구원을 계획하시고 성취하신 분이시다. 바울은 자신을 구원하신 하나님, 에베소교회 성도들을 구원하신 하나님께 기도하고 있다.

"**영광의 아버지께서**"에서 '영광'은 아주 다양한 의미를 가지고 있다. 바울은 서신에서 아주 다양한 의미로 이 용어를 사용했다. 이 단어를 독립적으로 사용할 경우 가장 기본적인 의미는 하나님이 비춰주신 성품과 삶을 받은 모습 그대로 그려내는 것을 뜻한다. 그러나 본문은 하나님의 모습과 관련지어 사용하고 있다. 전능하신 하나님, 전지하신 하나님과 같은 성품의 의미로 영광의 아버지란 용어를 사용하고 있다. 요한 사도는 보좌에 계시는 주님의 얼굴에서 "해가 힘 있게 비치는 것 같더라(계 1:16)"고 묘사했다. 주님의 얼굴에서 비치는 이 빛은 바로 하나님 아버지의 영광으로 이해해도 좋겠다.

"**지혜와 계시의 영을 너희에게 주사 하나님을 알게 하시고**". 바울은 가장 먼저 에베소교회 성도들이 하나님을 알게 되기를 간구하고 있다. 왜 첫 번째 간구가 하나님을 아는 것인가? 하나님을 알아야 그분과 성도의 관계가 설정되기 때문이다. 특이한 점은 하나님을 알되 자신의 이성과 학습으로 아는 것이 아니다. 바울은 '지혜와 계시의 영'을 받아서 알기를 간구하고 있다. 이것은 개정개역에 따른 견해이다. 헬라어 원문은 "하나님을 알게 하는 지혜와 계시의 영을 주십시오"[1]이다. '지혜와 계시의 영'은 육적 생각, 세상적 견해, 이성 등이 아닌 영적인 이해의 힘이라고 볼 수 있다. 순서상으로 지혜와 계시이지만, 이 두 단어가 가진 성격상으로 보면 계시에서 주어진 결과가 지혜라고 여겨진다. 즉 계시는 지혜를 움직이는 동력이 된다. 하나님이 계시와 지혜의 영을 에베소교회 성도들에게 주실 것을 간구하고 있다. 하나님이 에베소교회 성도들에게 주신 계시의 영은 지혜를 발동시켜 하나님이 어떤 분이신가를 알려줄 것이다. 바울은 자신이 받은 계시의 영으로 알게 된 하나님이 어떤 분이신가를 에베소교회 성도들에게 가르쳤다(3-14).

둘째기도 내용: 부르심의 소망을 알게 하옵소서(18절)

"**너희 마음의 눈을 밝히사**", 죄는 마음을 어둡게 해서 어리석은 생각을 하며 살아가게 만들었다. 사람의 생각은 말을 하고 행동을 불러일으킨다. 죄의 지배 아래 있는 마음은 사람을 점점 어둠의 나락으로 떨어지게 만들었다. 그것은 하나님과 관계를 단절시켰다. 마음의 눈이 밝

1 δώῃ ὑμῖν πνεῦμα σοφίας καὶ ἀποκαλύψεως ἐν ἐπιγνώσει αὐτου

아지려면 마음을 장악하고 있는 죄를 제거해야 한다. 마음의 눈이 밝아지면 하나님을 볼 수 있고, 하나님의 음성도 들을 수 있다. 하나님의 계획과 뜻도 알 수 있다. 하나님과 성도의 관계가 회복되어야 부르심의 소망을 제대로 알 수 있게 된다. 그래서 바울은 마음의 눈을 가리고 있는 죄를 제거해 달라고 요청한다.

"그의 부르심의 소망이 무엇이며", 바울이 에베소교회 성도들을 위해서 하나님께 간구하는 두 번째 기도 제목이다. 부르심의 소망은 에베소서 안에 몇 차례 언급되어 있다. 바울은 하나 됨을 힘써 지키라고 하며 그것에 이를 수 있는 신앙으로 "부르심을 받은 일에 합당하게 행하라(4:1)"고 했다. 부르심의 소망은 하나님께서 자기 백성을 구원하신 목적에 해당한다. 에베소서 안에는 두 차례 기록되어 있다. 하나는 "이는 그리스도 예수 안에서 우리에게 자비하심으로써 그 은혜의 지극히 풍성함을 오는 여러 세대에 나타내려 하심이라(2:7)"이고 다른 하나는 "…그리스도 예수 안에서 선한 일을 위하여 지으심을 받은 자니…(2:10)"이다. 전자는 죄인이 하나님의 긍휼, 은혜, 사랑이란 단계를 통해서 하나님 자녀가 되는 복을 의미한다. 하나님이 이 복을 허락하신 것은 하나님이 행하신 사실을 여러 세대에 전하려 하심에 있다. 그러므로 부르심의 소망이란 하나님이 베푸신 은혜를 여러 세대에 전하는 것이다. 후자는 일반적으로 도덕적인 선을 말하나 여기에서는 복음을 가리킨다. 즉 구원받은 자는 믿음으로 복음을 받았다. 그 은혜를 주변 사람들에게 계속 전하는 것이 또 하나의 부르심의 소망이다.

이 메시지는 현대 교회와 성도들에게 큰 도전을 준다. 교회의 강단은 복을 받으라고 설교하고 거기에 모인 성도들은 자신과 가정과 직장과 관련된 복을 받기에 여념이 없다. 이것은 부르심의 소망이 아니다. 자신이 믿음으로 받은 구원의 복을 전하는 것이 부르심의 소망이다. 이 부르심의 소망을 충실히 감당할 때 다른 복은 따라오는 것이다.

셋째기도 내용: 기업의 영광의 풍성함을 알게 하옵소서(18절)

"**성도 안에서 그 기업의 영광의 풍성함이 무엇이며**", 바울의 세 번째 간구이다. '기업'은 이미 14절에 언급되었다. 기업이란 성령으로 인침을 받은 것을 가리킨다. 곧 하나님의 자녀를 가리킨다. 이 기업은 양자(5, 예정하여 자기 아들을 삼음) 즉 하나님의 자녀 됨으로도 설명되어 있다. 하나님의 자녀가 누리게 되는 영광의 풍성함은 무엇일까? 하나님 나라에 속한 모든 것을 가리킬 것이다. 이 땅에서 누리는 기업의 영광은 의, 평강, 희락이 가장 큰 요소일 것이다. 바울은 "하나님의 나라는 먹고 마시는 것이 아니요 오직 성령 안에서 의와 평강과 희락이라(롬 14:17)"고 정의했다. 천상의 하나님 나라에서는 하나님 앞에 나아가 경배자로서 드리는 예배, 주님께서 주시는 여러 가지 상급들 등이 될 것이다. 누가는 은 열 므나 비유에서 한 귀인이 왕위를 받아 오기 위해서 먼 나라로 떠나며 종 열을 불러 은화 열 므나를 주면서 자신이 돌아올 때까지 열심히 장사할 것을 명했다는 하나님의 나라 비유를 기록했다. 귀인이 왕위를 받고 돌아와 종들과 계수를 했다. 어떤 종은 한 므나로 열 므나를 남겼다. 왕은 그에게 "열 고을 권세를 차지하라(눅 19:17下)", 한 므나로 다섯 므나를 남긴 종에게는 "다섯 고을을 차지하라(눅 19:19下)"고 선포했다. 이를 기초로 생각하면 하나님의 나라에서 기업은 고을을 다스리는 왕으로서의 삶도 가능할 것이다. 오늘날 성도들은 천국에서는 차등이 없다고 생각하고 있다. 천국은 눈물이 없고, 사망이나 곡하는 것이나 아픈 것은 없는 곳이다. 그러나 이 땅에서 어떻게 신앙생활을 했는가에 따라 차등이 있다는 것을 안다면 신앙생활이 달라질까? 바울은 에베소교회 성도들이 이러한 기업의 영광의 풍성함을 잘 알고 믿음에서 떠나지 않으며 끝까지 서로 사랑하는 삶을 살 것을 기도하고 있다.

넷째기도 내용: 베푸신 능력이 크심을 알게 해주세요(19절)

"그의 힘의 위력으로 역사하심을 따라 믿는 우리에게 베푸신 능력의 지극히 크심이 어떠한 것을 너희로 알게 하시기를 구하노라". 하나님은 천지만물과 인간을 창조하셨다. 아담과 하와가 말씀을 거역하고 죄를 지었지만 구원의 길을 열어주신 분이시다. 가인이 저주받은 땅의 소산으로 제물 삼아 드렸을 때 거부하시고 아벨이 양의 첫 새끼들로 드린 제사를 받으신 분이시다. 하나님은 아브라함을 부르시고 한 나라의 종이 될 것과 그 후에 탈출하여 큰 민족을 이루게 될 것을 약속하시고 그것을 실천하신 분이시다. 이 모든 것은 "그의 힘의 위력으로 역사하심을 따라"에 귀속되는 메시지들이다. 이 하나님의 행하심은 믿는 자들에게 다시 주어질 복이다.

"능력"은 하나님의 전능하심이다. "베푸신 능력"은 "베푸시는 능력"을 의미한다. 그것은 하나님께서 이미 시작하셨고 지금도 베푸시고 계시는 능력을 가리킨다. 그것은 하나님의 아들 그리스도를 통해서 시작되었고 그의 죽으심과 부활 이후는 성령으로 말미암아 지금도 지속되고 있는 능력을 의미한다. 바울은 이어지는 20-23절 말씀에서 하나님이 베푸신 놀라운 능력을 자세하게 설명하고 있다.

07
하나님이 큰 능력을 베푸셨다

바울은 에베소교회 성도들의 소식을 접한 후 성령의 감동으로 서신을 기록하기 시작했다. 그 소식을 들을 때 감사하는 마음이 깊은 곳에서부터 우러났다. 감사하는 마음을 담아 하나님께 에베소교회 성도들을 위해서 네 가지 간구를 올렸다.

첫째, 하나님을 잘 알게 해주십시오.

둘째, 부르심의 소망이 무엇인지 알게 해주십시오.

셋째, 기업의 영광의 풍성함이 무엇인지 알게 해주십시오.

넷째, 베푸신 능력이 지극히 크심이 어떠한 것인지 알게 해주십시오.

바울은 네 번째 기도를 한 직후에 본문을 기록하면서 하나님의 지극히 크신 능력이 무엇인가를 구체적으로 말하고 있다.

하나님은 그리스도를 다시 살리셨다(20절)

"그의 능력이 그리스도 안에서 역사하사 죽은 자들 가운데서 다시 살리시고", 하나님이 베푸신 지극히 크신 능력을 설명한 대표적인 말씀이다. 하나님은 영이신 아들을 인간의 육체를 입은 사람으로 이 땅에 보내시고 그 이름을 '예수'라 칭하셨다. 그 이름에는 '죄에서 구원할 자'란 뜻이 담겨 있다. 어떻게 인간을 죄에서 구원하시는가? 예수님은 인간을 죄에서 구원하는 방법으로 "…자기 목숨을 많은 사람의 대속물로 주려 함이니라(막 10:45)"고 말하셨다. 대속물이 되는 방법은 십자가 죽음으로 인간의 죄의 짐을 대신 지시는 것이다. 예수는 십자가에 죽으시고 무덤에 묻히셨다. 죽은 자로 영원히 머문다면 여느 다른 인간의 죽음과 다를 바가 없다. 누가는 사도행전을 기록하면서 "하나님께서 그를 사망의 고통에서 풀어 살리셨으니 이는 그가 사망에 매여 있을 수 없었음이라(행 2:25)"고 썼다. 죽은 자가 스스로 일어날 수는 없다. 하나님은 인간의 죄의 짐을 지고 죽으시고 장사되어진 예수를 사망의 고통에서 풀어 살리셨다. 하나님이 베푸신 지극히 큰 능력의 한 모습이다.

"하늘에서 자기 오른편에 앉히사", 하나님이 베푸신 두 번째 지극히 크신 능력이다. 바울은 분사시제를 사용하여 하나님께서 부활하신 예수 그리스도를 오른편에 앉히셨는데 그 결과는 지속되고 있다는 의미를 부여했다. 즉 시작된 그 행위가 지속되고 있음을 보여준다. '오른편'은 하나님의 무한한 영광과 능력과 위엄을 뜻한다. 하나님께서 예수 그리스도를 오른편에 앉힌 것은 부활하신 후에 그에게 주신 "하늘과 땅의 모든 권세를 주셨다(마 28:18)."와 직접 연관되어 있다. 예수님은 보좌 오른편에서 자신이 받은 하늘과 땅의 권세를 직접 집행하신다. 이것은 하나님께서 사람을 위해서 베푸신 지극히 크신 능력 중 하나이다. 바울은 계속해서 하나님이 하신 일을 소개한다.

하나님은 그리스도를 모든 이름 위에 뛰어나게 하셨다(21절)

"이 세상뿐 아니라 오는 세상에 일컫는 모든 이름 위에 뛰어나게 하시고", 하나님이 베푸신 세 번째 지극히 크신 능력이다. 하나님은 예수 그리스도를 다시 살리시고 그 이름을 현 세상뿐만 아니라 오는 세상의 모든 이름들 위에 뛰어나게 하셨다. 바울이 표현하고 있는 모든 통치, 권세, 능력, 주권은 현 세상과 오는 세상의 것에 해당하며 그것은 예수란 이름 안에 포함되어 있다. 이 지위와 관련된 이름들을 세분화하면 수많은 이름들을 나열해야 할 것이지만 바울은 포괄적으로 함축시키고 있는 것으로 보인다. '통치'는 일명 '정사'라고 부른다. 이는 지배, 높고 낮음, 황제, 왕 등을 포함하고 있다. '권세, 능력'은 통치할 때 가지게 되는 힘을 가리킨다. '이름'은 통치자 자신을 지시한다. 하나님의 아들은 하나님과 동등한 권위를 가졌었다(빌 2:6). 주님은 이 모든 권위를 내려놓고 종의 형체로 사람들과 같은 모습으로 이 땅에 오셨다. 하나님 아버지는 십자가에 죽고 장사된 아들을 다시 살리시고 이 모든 권위를 회복시켜 주셨다. 하나님은 주님의 이름을 모든 이름 위에 뛰어나게 하셨다. 이것은 하나님이 베푸신 또 하나의 지극히 크신 능력이다.

하나님은 만물을 그리스도의 발 아래 복종시켰다(22절)

"또 만물을 그의 발 아래에 복종하게 하시고", 하나님이 베푸신 네 번째 지극히 크신 능력이다. 그것은 "만물을 그 발 아래 복종하게 하셨다"와 "그를 만물 위에 교회의 머리로 삼으셨다"이다. 21절에서는 "오는"과 "일컫다"에 분사구문을 사용했으나 22절에서는 "복종하게 하다"와 "삼다"에 정동사를 사용했다. 구문상 이 두 가지는 서로 독립적이지만 동격의 의미를 가지고 있다. 이 말씀은 시편 8:6을 재해석한 것이다. 시편은 지상의 지배자인 인간에 대해서만 언급하고 있다. 바울은 여기에 인간 지배에 관한 말씀을 그리스도와 연결시켰고, 땅위의 모든 피조물로 확장시켰다. 아마도 바울은 지상의 인간지배를, 만물을 지배하는 그리스도의 그림자로 이해한 것으로 보인다. 이런 사상은 성경 곳곳에 산재해있다. 이것을 신학적으로는 모형론이라 부른다. 대표적인 모형

론은 이 땅의 성막은 하늘 성막의 모형이다.

"그를 만물 위에 교회의 머리로 삼으셨다", 하나님이 베푸신 다섯 번째 지극히 크신 능력이다. 바울은 특별한 관점에서 교회를 보고 있다. 하나님은 부활하신 예수님과 만물 그리고 교회의 관계를 재정립하셨다. 하나님은 예수님에게 만물을 다스리는 권한을 부여하셨다. 만물은 예수 그리스도의 지배를 받게 되었다. 하나님은 교회를 그 만물보다 위에 두셨다. 교회가 만물을 다스리도록 하셨다. 아마도 이 계획은 아담에게 주셨던 모든 피조물을 다스릴 권한의 회복이라고 볼 수 있을 것이다. 하나님은 예수님을 그 교회의 머리로 삼으셨다. 교회는 예수님의 통치를 받아야 하다. 예수님의 통치를 받은 교회는 만물들에게 영향력을 미치는 존재가 되어야 한다.

교회는 만물을 충만케 하는 사명을 가지고 있다(23절)

"교회는 그의 몸이니"에서 바울은 교회와 그리스도의 관계를 설명해준다. 교회는 건물을 의미하지 않는다. 교회를 건물로 생각하는 것은 구약의 성전을 오늘날 교회로 동일시한 데서 오는 견해이다. 하나님은 지상에 교회를 세우시길 원하셨다. 이 계획은 구약 성경의 성전에 이미 설계되어 있었다. 성소와 지성소를 구분하는 휘장은 예수 그리스도의 육체를 상징하고 있었다(히 10:20). 예수 그리스도께서 십자가에 죽으시는 순간 휘장은 위로부터 아래로 찢어졌고, 더 이상 죄로 인해 막혔던 성소와 지성소는 구분이 없어졌다. 하나님은 이 설계를 통해서 이 땅의 교회가 십자가를 통하여 그리스도의 몸이 되도록 계획하신 것이다.

바울은 그리스도와 교회의 관계를 설명했다. 그리스도의 몸인 교회와 성도는 어떤 관계에 있는가? 성도는 그 몸의 지체들이다. 교회의 머리 되신 그리스도는 모든 성도들의 주인이시다. 이 메시지는 매우 중요하다. 마귀는 아담의 범죄시부터 인간 통치권을 확보하여 지금까지 죄를 통해 지배해왔다. 예수 그리스도는 십자가 죽으심과 부활로 마귀의 그 권한을 박탈했다. 그리스도는 그를 믿는 자녀들을 마귀에게서 빼내서 자신이 통치하신다. 성도는 그리스도의 통치를 받으며 하나님 나라를 누리며 사는 존재가 되었다.

"만물 안에 만물을 충만하게 하시는 이의 충만함이니라", 하나님이 베푸신 여섯 번째 지극히 크신 능력이다. 만물은 하나님이 지으신 피조세계를 가리킨다. 그리스도인들은 하나님이 지으신 피조세계 안에서 살아가고 있다. 그리스도인들이 하나님으로 충만하게 되면 그 영향력을 피조세계에 끼치게 된다. 바울은 로마서 말씀에서 "피조물이 고대하는 바는 하나님의 아들들이 나타나는 것이니…그 바라는 것은 피조물도 썩어짐의 종노릇 한 데서 해방되어 하나님의 자녀들의 영광의 자유에 이르는 것이니라(롬 8:19-21)"고 말했다. 피조물들은 교회 즉 그리스도인들을 통해 썩어짐의 종노릇하는 것에서 해방되어 하나님의 자녀들이 누리는 그 영광을 누리길 원한다. 그리스도인이 그리스도로 충만하게 되면 그들이 살아가는 피조세계는 그리스도로 충만하게 되는 것이다. 그리스도로 충만한 그리스도인은 개인적이지만 동시에 공동체적이다. 왜냐하면 그리스도인들은 자신의 생각, 계획, 뜻을 따라 사는 것이 아니라 그리스도로 충만하기 때문에 그분의 생각, 계획, 뜻을 따라 살게 된다. 이러한 삶에는 분쟁, 다툼으로 인한 분리가 나타날 수 없다. 서로 사랑이 깨어질 수 없다. 한 마음으로 한 뜻을 가지고 서로 사랑하게 된다. 이 모습 속에 하나님이 베푸신 지극히 크신 능력이 나타나 있는 것이다.

에베소서 2장 해설

2장은 크게 두 가지 내용으로 구성되었다. 1-10절은 바울이 에베소교회로부터 전해들은 소식 중 성도들의 "믿음"과 관련하여 메시지한 부분이다. 바울은 여기서 에베소교회 성도들의 과거 신분과 현재 신분을 비교하여 설명했다. 과거에 그들이 어떤 사람이었는지 구체적으로 밝혔다. 현재 그들이 어떤 사람이 되었는지 설명한다. 바울은 과거 에베소 사람에서 현재 에베소교회 성도들이 된 것을 전적인 하나님의 사역으로 기술한다(1-7). 그 과정에서 에베소 사람들이 한 역할을 완전히 배제했다. 그리고 끝부분에서 믿음의 역할을 제시한다.

11-22절은 믿음과 관련된 부분이 아니다. 이 부분은 하나 됨 곧 사랑과 관련된 부분이다. 서로 사랑이 깨어지면 분열이 나타나고 그것은 곧 하나 됨을 파괴한다. 바울은 그리스도의 십자가로 이루어진 결과를 언급하면서 그 과정을 자세하게 다루고 있다. 11-18절은 그리스도의 십자가가 만들어낸 여섯 가지 놀라운 일을 소개한다.

첫째, 십자가는 적대시하며 살던 유대인과 이방인이 가까워지게 했다.
둘째, 십자가는 둘의 원수관계를 청산하고 둘을 하나로 만들었다.

셋째, 십자가는 둘을 한 몸으로 만든 후 한 새 사람으로 지었다.
넷째, 십자가는 둘을 한 몸으로 만든 후 하나님과 화목하게 만들었다.
다섯째, 십자가는 이 과정을 거쳐 둘 모두에게 평안을 주셨다.
여섯째, 십자가는 이 둘이 한 성령 안에서 아버지께 나아가게 만들었다.

19-22절은 이 결과로 얻은 에베소교회 성도들의 과거와 현재 신분을 요약하고 있다. 어떻게 이와 같은 일이 가능했는지를 말하고 있다. 이 은혜를 받은 에베소교회 성도들이 나아가야 할 목표를 제시하고 있다. 건물이 서로 연결되어 완전한 건물을 만들듯 그들은 서로 연결하여 성전이 되어야 한다. 서로 연결된 성전 즉 성도들은 하나이다. 하나 됨에 분리가 있을 수 없다. 에베소교회 성도들은 지금도 그 하나 됨의 목표를 이루기 위해서 하나님의 처소로 지어져가고 있다.

08
과거: 하나님의 진노의 대상이었다

바울은 믿음의 성격이나 믿음을 정의하지 않는다. 8절에서 믿음을 언급하지만 전혀 설명하지 않는다. 왜일까? 에베소교회 성도들에게 믿음이 무엇인지를 설명할 필요성을 느끼지 못했기 때문일 것이다. 대신에 그들의 과거와 현재를 대조시켜 생략한 믿음의 중요성을 부각시킨다.

과거의 나는 허물과 죄로 죽은 자였다(1절)

“**그는 허물과 죄로 죽었던 너희를 살리셨도다**(1)”, 에베소교회 성도들은 과거에 허물과 죄[1]로 죽었던 자들이다. 바울은 크게 죄라고 언급하지 않고 허물과 죄를 구분했다.

“죄”는 군사적인 용어로 사용되던 단어이다. 군인이 활을 쏘거나 창을 던질 때 정확하게 목표물에 명중시키려 했는데 빗나간 것을 가리킨다. 이 군사적인 용어가 성경 안으로 들어와 의미의 전환을 가져왔다. 죄란 ‘이것이 하나님의 뜻이다’, ‘이것이 하나님이 원하는 삶이다’ 하고 최선을 다해서 살았는데 나중에 보니 하나님의 뜻도 아니었고,

1 허물(παράπτωμα 파라프토마), 죄(ἁμαρτία 하말티아)

하나님이 원하는 삶도 아닌 것을 가리킬 때 사용하는 용어이다.

"허물"은 이미 하나님의 뜻, 하나님이 원하는 삶을 어기고 죄악 속에 파묻혀서 그것이 죄인지도 모르고 사는 것을 가리킬 때 사용하는 용어이다. 봄철이 되면 "잔디에 들어가지 마시오"란 팻말을 본다. 그런데 파릇파릇한 잔디에 매혹되어 청춘남녀들이 경고를 무시하고 잔디밭에 들어가 뛰어놀다가 경비에게 잡혀 혼쭐난다. 바로 경고를 무시고 잔디에 들어가서 노는 것, 즉 하나님의 경고의 말씀을 무시하고 죄악 속에 들어가 죄를 밥 먹듯 먹으며 사는 것을 가리킬 때 쓰는 용어이다. 이 두 표현은 이렇게 보아도 죄인, 저렇게 보아도 죄인이었다는 의미다. 죄는 죽음을 불러왔다. 영적인 죽음을 불러옴과 동시에 육체의 죽음을 불러왔다. 숨을 쉬며 살고 있기 때문에 죄가 죽음을 불러왔다는 말이 실감나지 않는다.

사람은 겉사람이 있고 속사람이 있다(고후 4:16). 달리 포현하면 육의 몸이 있고 영의 몸이 있다(고전 15:44). 죄는 각 사람의 죽음을 통해서 겉사람 곧 육의 몸의 종말을 알린다. 죽은 육의 몸은 땅에 묻히게 되고 한 줌의 흙으로 돌아간다. 그렇게 되기 전에 죽은 존재가 있는데 바로 속사람, 영의 몸이다. 죄는 사람의 눈에 보이지 않는 속사람을 죽였다. 사람이 호흡을 하며 살고 있지만 그 사람 안에 있는 속사람은 죽어 있는 것이다. 영적으로 죽은 사람의 모습은 다양하게 나타난다. 시기와 질투, 욕심, 음행, 간음, 혈기, 분노, 거짓말, 유흥과 쾌락, 불평불만, 걱정근심, 외로움, 우울, 두려움, 게으름, 조급함, 인색함, 교만, 미움, 누설, 수다, 무시함, 멸시함, 판단, 정죄, 비판, 다툼, 분리 등으로 나타난다.[2] 에베소교회 성도들은 과거에 허물과 죄 가운데서 행하며 살았다

2 아마도 독자들은 이 논리에 공감하지 못할 것이다. 영과 혼은 떼려야 뗄 수 없는 관계에 있다. 영이 살아있는 사람은 하나님의 성품인 성령의 아홉 가지 열매가 나타난다. 그래서 성경이 "구원 한다"고 할 때 그 대상은 혼이다. 베드로전서 1:9에서 "믿음의 결국 곧 영혼의 구원을 받음이라"고 할 때 영혼은 혼을 의미한다. 영은 여기에 속하지 않는다.

(2). 즉 영적으로는 이미 죽었고 육체적으로는 죽음을 기다리는 자들이었다. 그들이 살아가는 삶은 죽음을 향해 가고 있음을 보여주고 있다. 바울은 이러한 삶을 보다 자세하게 세 가지로 나눠서 설명한다.

과거에는 세상의 풍조를 따라 사는 자였다(2절 上)

"**그 때에 너희는 그 가운데서 행하여**(2上)", 1절에서 설명한 사실을 강조하면서 부정과거를 사용했다. 허물과 죄로 살 던 그때에 그 가운데서, 즉 허물과 죄 속에서 살아 영적으로 죽은 자였었던 사실을 강조하고 있다. 영적으로 살아 있는 사람과 죽은 사람의 차이는 인격적으로 성숙한 사람과 그렇지 못한 사람으로 나뉠 수 있다. 그러나 이 기준은 어디까지나 "주 안에서"이다. 주님 밖에서 이 나뉨은 논할 가치가 없다. 물론 악한 영이 많은가 적은가를 따질 때는 어느 정도 효용성이 있다. 승(僧)들은 많은 도를 닦으며 절제의 삶을 산다. 그렇기 때문에 그들에게는 악한 영이 적다. 악한 영들이 적다고 그들이 악한 영의 지배를 받지 않는 것은 아니다. 여전히 악한 영의 지배를 받으며 살고 있고 그 마지막은 지옥이다. 성경이 말하는 부끄러운 구원도 그들에게는 없다. 에베소 지역에 살던 모든 사람들은 허물과 죄로 살던 사람들이었다. 그들이 허물과 죄로 살던 구체적인 모습을 설명한다.

"**세상의 풍조를 따르고 공중의 권세 잡은 자를 따랐으니 곧 지금 불순종의 아들들 가운데서 역사는 영이라**(2下)", 세상의 풍조를 따랐다는 것은 세상 유행을 따라 산 삶을 의미하는 것이 아니라 권력의 지배자를 따르는 삶을 가리킨다. 눈에 보이는 권력의 지배자는 각 나라의 우두머리일 것이다. 그러나 바울은 그것을 말하고 있지 않다. 눈에 보이지 않는 사단이 가진 권력을 가리킨다. 실제로 사람들이 앞에 등장하지만 그 사람들을 움직이는 것은 사단이다. 그들의 권력욕을 부추겨서 자신들이 원하는 대로 지배한다. "세상의 풍조를 따르는 삶"과 "공중의 권세 잡은 자를 따르는 삶"은 동격이다. "공중의"가 실제 공간을 의미하는지 공간에 있는 특별한 세력을 말하는지를 구별하는 것은 그렇게 중요한 것 같지 않다. 왜냐하면 "공중의"는 권세 잡은 자를 한정하고 있기 때문이다. 공중의 권세 잡은 자는 불순종의 아들들에게 역사하는 영이다. 영적 실체이므로 실제 사람의 눈에 보이거나 생활 속에서 등장하는 권력자가 아님을 알 수 있다. 렌스키는 "공중의 권세 잡은 자"를 악한 영들의 집합적 표현으로 보았다. 영들은 사람의 몸 안에도 있지만 자연적인 장소 모든 곳에 존재한다. 바울은 몸 안에 있는 영들과 대비시켜 공중이란 개념을 설정했을 수도 있다. 실제로 공중에 있는 영들은 몸 안에 있는 영들과 교신하며 조정하는 힘과 권세를 가지고 있다.

사람들은 신앙생활을 하거나 하루하루 살아가면서 자신의 삶이 영들이 지배하는 삶인지, 하나님이 통치하시는 삶인지 분별해야 한다. 분별하지 못하면 성공하는 신앙생활은 할 수 없다. 에베소교회 성도들의 과거 삶은 생활 속에서 역사하는 악한 영들의 역사를 구분하지 못했었다. 죄를 지으면서도 죄인지 모르는 삶을 살았다.

과거에는 악한 영의 지배를 받아 사는 자였다(2절 下)

허물과 죄의 지배를 받으며 산 삶, 세상의 풍조를 따라 산 삶, 공중의 권세 잡은 자의 지배를 받으며 산 삶, 육체의 욕심을 따라 산 삶은 본질상 진노의 자녀임을 보여주고 있다. 바울은 그것들을 한 마디로 어떻게 표현하였는가? 두 가지 측면에서 정의했다. 소극적으로 표현하면 악한 영들의 지배를 받는 삶이다. 적극적으로 표현하면 하나님을 대적하며 산 '불순종'의 삶이다. 너무나 당연한 논리이다. 마귀의 지배를 받고 산 것은 곧 하나님을 대적하며 하나님께 불순종한 삶이다.

앞에서 언급한 육체의 소욕을 따라 산 삶은 일반적으로 각 사람의 기질에 해당한다. 특별한 경우를 제외하고는 문제 삼지 않는다. 각 사람이 가진 기질, 성격인데 특별히 문제 삼을 이유가 없다고 본다. 그 기질 뒤에 아무런 배경이 없다면 그렇게 볼 수도 있다. 성경은 그 기질들이 죄의 산물이라고 말하고 있다. 흙으로 빚어 지음 받은 아담과 하와는 죄가 없는 선한 인간이었다. 성경은 그때 모습을 기록하지 않았다. 그러나 아담과 하와가 사탄의 유혹으로 죄를 짓고 난 후 모습은 기록하고 있다. 죄를 짓고 난 후 그들은 하나님을 두려워하며 하나님이 찾아오셨을 때 피하여 숨었다(창 3:8-10). 하나님은 누가 선과 악을 분별하는 열매를 따먹었는지 책임 소재를 밝히시려고 질문했을 때 하와는 "뱀이 나를 꾀므로 먹었다(창 3:13)"고 대답했다. 그들의 자녀 세대에서는 "분노와 살인"(창 4:6-8)이 일어났다. 하나님은 아담과 하와의 경우 '두려움, 유혹'을 죄와 연결시키지 않으셨고 그 대가만 언급하셨다. 그러나 가인과 아벨 사건의 경우에서 "분노와 살인"은 죄라고 말씀하셨다. 죄가 분노를 불러일으켰고, 죄가 살인하게 했다.

그러므로 인간의 기질 혹은 성격이라고 하는 요소들은 죄의 산물들이다. 죄는 마귀가 가진 전술적 무기들이다. 그 무기 중에는 치명적인 무기에서부터 아주 가벼운 무기까지 매우 다양하다. 오늘날 그리스도인들은 "예수를 믿으면 죄를 용서받았다"는 교리를 신봉하고 있다. 죄를 용서받았으면 더 이상 죄에 지배당하며 죄를 지어서는 안 된다. 여전히 죄를 짓고 있으며 죄의 지배를 받고 있다. 바울은 이들을 가리켜서 "누구든지 죄를 지으면 죄의 종이다(롬 6:16)"라고 단호하게 선언했다. 바울은 율법을 지켜 살기 위해서 온갖 심혈을 다 기울였다. 그러나 그의 삶은 죄로부터 자유롭지 못했다. 그는 그때 자신을 이방인과 동일하게 육체의 욕심을 따라 산 본질상 진노의 자녀였다고 정의했다.

심리학의 기질적 정의가 우리를 구원하지 못한다. 구원은 마귀가 죄를 통해서 나를 지배하는 상태에서 벗어나는 실제적인 사건이다. 성령님이 나를 통치하는 상태가 점점 확장되어가야 구원받은 존재임이 확인되는 것이다. 마귀가 나를 지배하는 것과 성령님이 나를 통치하는 것은 반비례관계이다. 마귀의 지배에서 벗어나지 못하면 성령님은 나를 통치할 수 없으시다. 예수를 믿으면서도 여전히 마귀의 지배를 받으며 사는 나를 돌아보아야 한다. 죄에서 벗어나야 한다. 그렇지 않으면 예수 그리스도를 믿으면서도 악한 영의 지배를 받아 사는 것이 된다.

과거에는 육체의 욕심을 따라 사는 자였다(3절 上)

바울은 에베소교회 성도들의 과거를 '죄'라는 포괄적인 한 단어로 정의하지 않았다. 허물과 죄, 세상의 풍조를 따름, 공중의 권세 잡은 자를 따름, 하나님의 진노의 대상, 본질상 진노의 자녀 등 다양하게 정의했다. 그 이유는 그들 자신의 모습을 보다 잘 이해할 수 있도록 돕기 위함일 것이다. "이 세상의 풍조"는 "하늘나라의 것"과 대비되어 있다. 하늘나라의 것에 관심이 있는 성도라면 예수님이 말씀하신 "하나님의 나라와 하나님의 의"에 관심을 가지고 살아간다. 그러나 에베소교회 성도들의 과거는 그리스도와 상관없었기 때문에 하늘의 것이 아니라 세상의 것에 관심을 가지고 살았다.

"**전에는 우리도 다 그 가운데서 우리 육체의 욕심을 따라 지내며 육체와 마음의 원하는 것을 하여 다른 이들과 같이 본질상 진노의 자녀이었더니**(3)", 에베소교회 성도들은 과거에 세상에 속한 것, 즉 육체의 욕심을 따라 살았었다. 바울이 말하는 육체의 욕심은 무엇일까? 그것은 육체가 원하는 것, 마음이 원하는 것을 하는 것이다. 바울은 거의 모든 서신에서 "육체의 소욕 혹은 욕심"을 언급한다. 음행, 더러운 것, 호색, 우상숭배, 주술, 원수 맺는 것, 분쟁, 시기, 분냄, 당 짓는 것, 분열함, 이단, 투기, 술취함, 방탕함 등이 그것에 속한다.

"다른 이들과 같이"는 앞의 내용인, 전에 육체의 욕심을 따라 살아서 육체와 마음이 원하는 것을 받았다는 것을 함축함과 동시에 뒤에 기록되는 본질상 진노의 자녀였음을 이어주는 말이다. 육체의 욕심을 따라 살았다는 것은 예수 그리스도를 믿기 전 모든 사람들의 일상생활에서 일어나는 일들임을 강조한 것이다. 바울은 에베소의 회당을 중심으로 먼저 유대인들에게 복음을 전했다. 일부 유대인들은 바울을 비방했다. 비방한 것은 분내고 시기하고 분쟁한 삶에 해당한다. 또 에베소는 아데미 우상 숭배의 본거지이다. 바울의 복음 전파로 인해 아데미 숭배자들이 큰 소동을 일으키기도 했다(행 19:23-41). 바울은 이 모든 일들을 염두에 두고 육체의 욕심을 따라 살았다고 말하고 있을 것이다.

바울은 육체의 욕심을 따라 산 부분에서는 앞에서 사용하고 있는 "너희들"이란 주어 대신에 "우리"란 주어를 사용했다. 에베소 교회 성도들만이 아니라 바울 자신도 마찬가지로 그렇게 살았다고 고백한다. 왜 바울은 이 부분에서 자신을 포함시키고 있을까? 이스라엘 사람인 바울은 율법을 기준으로 산 사람이다. 그런데 왜 육체의 욕심을 따라 살았다고 한 것일까? 에베소교회 성도들이 육체의 욕심을 따라 산 것을 강조하려는 일면이 있을 것이다. 또 한 면은 다음을 말하기 위한 포석일 수 있다. 자신이 기준으로 삼고 지키며 살았던 율법, 예수님은 이 율법을 어떻게 대하셨는가? 예수님은 "법조문으로 된 계명의 율법을 폐하셨다(2:15)". 바울은 이 사실을 말해야 할 것을 염두에 두고 너희들이란 인칭 대신에 우리란 인칭을 사용했다. 더 나아가 자신은 하나님이 모세를 통해서 주신 율법을 지키며 살았는데 예수님은 그 율법을 폐하셨으니 자신 또한 이방인과 다름없는 삶을 살았다고 본 것이다.

과거는 하나님의 진노의 대상이었다(3절 下)

"본질상 진노의 자녀이었더니"[3]는 독립된 한 문장은 아니지만 정동사

3 καὶ ἤμεθα τέκνα φύσει ὀργῆς

가 위치해 있어서 주문장이다. 앞에 "육체의 욕심을 따라 지내며", "육체와 마음에 원하던 것을 하여"에 두 동사가 사용되었지만 주동사가 아닌 보조동사들이다. 육체의 욕심을 따라 살고 육체와 마음이 원하는 것을 따라 산 삶의 결과가 진노의 자녀이기에 인과관계의 구문은 아니지만 그렇게 해석해도 좋을 듯하다.

마귀에게 순종하며 하나님께 불순종하는 모든 사람들은 하나님의 진노의 대상 아래 있다. 히브리서 기자는 아버지는 아들을 다 징계하는데 그 이유는 친아들이기 때문이라고 했다. 반대로 징계가 없으면 사생자요 친 아들이 아니라고 했다(히 12:7-9). 자녀가 죄를 짓는데 방관하거나 부추기는 아버지는 이 세상에 없다. 있다면 그는 자녀와 동일한 행실을 살기 때문에 그것에 대한 죄의식이 없기 때문일 것이다. 하나님의 자녀로서 이 세상을 살면서 죄악 중에 거할 때 하나님은 징계하신다. 죄악 중에 거하는데도 징계가 없다면 그는 자신의 신분에 대해 골똘히 생각하며 점검해 봐야 한다.

하나님의 진노 중에 가장 무서운 진노는 버려둠이다. 로마서는 하나님을 대적하며 죄를 짓고, 그것이 잘못된 것임을 알면서도 자신도 죄를 짓고 죄를 짓는 자들에게 괜찮다고 하는 무리들을 향해 "하나님께서 그들을 마음의 정욕대로 더러움에 버려 두사(롬 1:24)", "하나님께서 그들을 부끄러운 욕심에 내버려 두셨으니(롬 1:26)", "그들이 마음에 하나님 두기를 싫어하매 하나님께서 그들을 그 상실한 마음대로 내버려 두사…(롬 1:28)"라고 기록하였다. "버려둔다"는 것은 '전수하다, 전달하다, 전하다'란 의미이다. 즉 그들이 가진 마음의 정욕을 대대로 물려주고, 그들이 가진 부끄러운 욕심을 대대로 전달해주고, 하나님 두기를 싫어하는 상실한 마음을 대대로 전해준다는 뜻이다. 이 말은 돌이킬 기회를 주시지 않는다는 뜻이다. 하나님이 징계하신다는 것은 깨달을 기회를 주시는 것이다. 그러나 그들의 마음 상태대로 버려둔다는 것은 아예 깨달을 기회를 주시지 않는다는 것이다.

바울이 에베소교회 성도들의 과거를 언급하는 이유는 무엇일까? 그들의 부끄러움을 들추어내기 위함인가? 그것은 아니다. 내가 과거에 어떤 사람이었는가를 안다는 것은 현재의 나의 가치를 바로 알고 바르게 평가할 수 있는 기회가 된다. 과거 내가 악한 영들에게 지배당하면서 살던 사람이었는데 거기에서 벗어나서 하나님의 자녀가 된 은혜를 알게 된다. 어떻게 그렇게 되었을까를 알 때 은혜의 근원을 알게 된다. 바울은 아직 그 은혜의 근원이 무엇인지 드러내지 않고 있다. 현재 에베소교회 성도들이 과거에 그런 사람들이었음을 적나라하게 드러내고 있을 뿐이다.

09
현재: 구원받은 하나님의 자녀이다

에베소교회 성도들의 과거는 허물, 죄, 세상의 풍조를 따름, 공중의 권세 잡은 자를 따라 살았고 악한 영의 지배를 받는 삶이었다. 바울은 이것을 설명하면서 함축적 의미를, 수식에 수식을 거듭하는 문장을 사용하였다.

에베소교회 성도들의 현재는 긍휼, 사랑, 은혜 등으로 표현된 그리스도와 하나 되어 하나님의 자녀로 살아가는 삶이다. 이 부분에서는 목적어를 주어 앞에 위치시켜 둘을 동시에 강조하고 있다. 바울은 8절에서 '너희들'로 돌아가기 전에 계속해서 '우리'란 인칭을 사용하고 있다.

바울은 에베소교회 성도들의 "믿음"에 대해 전해 듣고 있었다. 그들이 믿는 믿음이 어떤 열매를 맺었는지를 자세하게 설명하고 있다. 그러나 믿음이란 용어를 직접 사용하고 있지 않다. 믿음은 다음 단락(8-10)에서 언급한다. 단지 하나님께서 그 일을 하셨는데 그 일의 근원지는 어디인지, 누구를 통해서 그 일을 했는지 간략하게 설명하지만 강렬하다.

하나님은 긍휼이 풍성하시다(4절)

과거 에베소교회 사람들은 하나님의 진노의 대상으로서(3) 죽은 자였다. 그러나 현재는 하나님의 진노가 더 이상 그들에게 미치지 않는다. 어떻게 이것이 가능했을까? 그 일이 일어날 수 있었던 것은 오직 하나님에게 있었다. 사람에게서는 전혀 찾아볼 수 없다. 진노의 대상을 진노의 대상으로 보지 않기 위해서는 특별한 시각이 필요했다. 바로 하나님 안에 있는 긍휼이다. 하나님은 원래 긍휼이 풍성하신 분이시다. '긍휼'은 '불쌍히 여김, 동정, 자비'로 해석되는 용어이다. 하나님은 진노의 대상인 에베소교회 사람들을 불쌍히 여기셨다. 모든 사람을 불쌍히 여기신 것은 아니다. 하나님은 아볼로, 바울이 전하는 복음을 영접한 자들에게만 그 은혜를 작동시키셨다. 하나님이 긍휼을 작동시키시니 그 안에서 사랑이 나타났다. 하나님은 자신에게 흘러넘치는 사랑으로 에베소교회 사람들을 대하셨다. 그러자 진노의 대상이 사랑의 대상으로 변화되었다. 이 일은 하나님 홀로 하신 일이 아니다. 하나님은 그리스도를 통해서 이 일을 하셨다. 바울은 4절에서 '긍휼'과 '사랑'이란 명사를, 5절에서 '은혜'란 명사를 사용했다. 이 세 단어는 분명히 동의어이지만 동일한 의미로 생각해서는 안 된다.

"긍휼"은 자비로 대치할 수 있는 용어로서 파멸과 불행한 자들과 관련한 표현이다. 긍휼은 최종적인 상태인 죽음에 담겨진 불행을 대상으로 나타나는 하나님의 마음이다. 원래 죄인은 하나님의 진노의 대상이다. 진노의 대상에서 하나님의 자녀로 옮겨짐에 필요한 첫 발걸음이 바로 '긍휼'이다.

"사랑"은 긍휼로 인해 나타난 하나님의 은혜의 마음이 사람에게 미치게 되는 실제 힘이다. 즉 사람의 죽은 목숨을 살아 있는 생명으로 움직이게 하시는 하나님의 마음이다.

"은혜"는 마지막에 언급되어 있지만 긍휼과 사랑 사이에 들어가는 것이 이해에 도움이 된다. 긍휼이 죽음의 상태에 빠진 사람의 불행을 향해 하나님이 첫 걸음을 떼신 것이라면, 은혜는 죽음의 상태로 사람을 빠뜨린 범죄를 향한 하나님의 마음이다. 하나님은 죄를 미워하신다. 그러나 그 죄에 빠져 사는 사람은 용서하실 맘이 크시다. 바로 그것이 하나님이 가진 은혜이다. 즉 죄에 빠져 사는 사람들이 무가치함에도 불구하고 불쌍히 여기시는 하나님의 마음이다. 용서하실 마음을 갖는 것이 하나님의 은혜이다.

현재는 살림 받았고(5절), 일으킴 받았고(6절), 앉힘 받았다

바울은 예수 그리스도의 부활과 승천을 설명할 때는 "…죽은 자들 가운데서 다시 살리시고 하늘에서 자기 오른 편에 앉히사(1:20)"라고 했다. 바울은 여기에 에베소교회 성도들이 받은 구원을 설명하면서는 "일으키다"를 더했다. 그 내용을 구분해야 할 필요성이 있었다. 그 이전에 먼저 생각해야 할 부분이 있다. 바울은 그것이 무엇을 의미하는지 전혀 설명하지 않았다. 또한 그는 상징을 담고 미적으로 표현하려 하지 않았다. 그는 사실을 사실대로 표현하는 데 집중한 것으로 보인다. 바울은 "그리스도와 함께…"라는 표현을 사용해서 한 편으로는 그리스도께 적용했고 다른 한 편으로는 성도에게 적용했다. 그는 이 두 영역을 한 영역으로 묶어 설명하면서 시간이나 어떤 개입도 용납할 틈을 주고 있지 않다. 하나님께서 그리스도와 함께, 에베소교회 성도들을 위해 세 가지를 이루셨다. 그런데 그것은 각각 차이점을 가지고 있다.

"**그리스도와 함께 살리셨다**(5)"는 것은 뒤에 "너희는 은혜로 구원을 받았다"[1]는 표현에 근거하면, 허물과 죄로 인해 죽어 마귀의 종으로 살던 자를 그리스도를 말미암아 하나님의 자녀로 삼았다는 의미로 보인다. 영혼을 중심으로 보면 죄로 인해 죽어 있던 영혼이 새 생명을 얻

1 개역개정역에서 이 부분을 괄호 안에 넣은 것은 어떤 사본에는 있고, 어떤 사본에는 없다는 의미이다.

어 살아났음을 의미하고 있다. 바울은 이 문장에서 허물로 '죽었다'라 할 때는 분사시제를, '살리셨다'는 부정과거 시제를 사용했다. 죽은 상태가 지속적임을 강조하고 있다. '살리셨다, 일으켰다. 앉히셨다'는 모두 부정과거 시제를 사용했다. 이는 하나님께서 그리스도로 말미암아 에베소교회 성도들 곧 구원받은 성도들에게 그 일을 행하신 역사적 사실을 강조하고 있다. 요한사도의 표현을 빌리면 "사망에서 생명으로 옮겼다"(요 5:24下)는 것을 가리킨다. 하나님은 정말 허물로 죽은 에베소교회 성도들을 살리셨고 일으키셨고 앉히셨다.

"**그리스도와 함께 일으키셨다**(6)"는 것 역시 부정과거 시제를 사용했다. 예수 그리스도께서 십자가에서 죽으실 때 무덤에서 자던 자들이 일어났고, 예수님이 부활하신 후 그들이 무덤에서 나왔다(마 27:52-53). 이것은 단회적인 사건이다. 무덤에 묻힌 자들이 일어나는 것(부활하는 것)은 종말론적 사건이 된다. 그러므로 이 사실은 아직 일어나지 않은 일이다. 그런데 부정과거 시제를 사용한 것은 '일으킴'이 역사적으로 반드시 일어날 일임을 강조하는 표현이다.

"**그리스도와 함께 앉히셨다**(6)"도 부정과거 시제를 사용했다. 예수님은 십자가에 죽으시고 장사지낸 바 되셨다. 하나님은 예수께서 사망에 매여 있을 수 없기에 그를 다시 살리셨다(행 2:24). 부활승천하신 예수님은 하나님 보좌 우편에 앉으셨다. 이 역사적 사실은 오직 예수 그리스도에게만 일어났다. 바울은 그리스도에게 일어난 이 역사적 사실이 믿는 자들에게도 반드시 일어날 것임을 확신하기에 부정과거 시제를 써서 역사적인 사실을 강조하고 있다. 바울은 에베소 교회 성도들이 아직 지상에 살고 있지만 종말론적으로 반드시 그리스도와 함께 앉게 될 것을 확신하며 그들이 그리스도와 함께 앉히셨다고 기록하고 있다.

바울은 "살리셨다", "일으키셨다", "앉히셨다"는 세 차례에 걸쳐 부정과거 시제를 사용하며 그 사실 자체를 강조하였다. "그리스도와 함께 살리셨다"는 다른 사본에 "너희는 은혜로 구원 받은 것이라(5下)"는 말씀이 기록되어 있다. 이 말씀은 세 차례에 걸친 부정과거 시제와 연결하여 완료시제를 사용했다. 바울은 역사적 사실을 강조하는 부정과거 시제를 세 차례 사용하였다. 그러므로 그것은 반드시 성취될 사실이므로 "구원받았다"를 완료시제로 사용하였다. 이 표현은 잘 이해해야 한다. 예수를 믿으면 무조건 구원을 받았다는 의미가 아니다. 종말에 이루어질 사건이기에 현재는 구원의 걸음을 뗐고 그 여정을 시작하였다. 구원을 성취할 때까지 참고 인내하고 목숨까지 버리며 그 길을 여전히 가야 한다. 그 마지막 결과로 구원받았다는 의미이다. 바울은 다음 단락에서 "믿음으로 말미암아 구원을 받았다(2:8)"고 전할 때도 완료시제를 사용했다. 여기에서 언급한 "구원받았다"는 세 차례 사용한 역사적 부정과거와 관련하여 구원을 강조한 것으로 이해해야 한다. 예수를 믿기만 하면 구원이 완료된 것으로 이해해서는 곤란하다. 구원은 예수 그리스도를 믿는 순간부터 믿음으로 성취를 위해 가는 여정이지 순간에 결정되는 것이 아니다.

바울은 에베소서 안에서 구원과 관련하여 현재시제를 사용하고 있다. 에베소서 안에 몇몇 증거들이 있다. 바울은 성자 예수님의 사역을 소개하며 "…그의 피로 말미암아 속량 곧 죄 사함을 받았느니라(1:7下)"고 기록했다. 이것의 한글 번역은 원문의 의미를 제대로 살리지 못했다. 개역개정역 "받았느니라"는 번역은 잘못되었다. "받는다"는 현재시제로 번역해야 한다. 이 단어는 두 개의 목적어를 동반한다. 하나는 "그의 피로 말미암아 속량(구속)을"이고 다른 하나는 "그의 풍성한 은혜를 따라 허물의 용서를"이다. 바울은 "예수 그리스도의 피로 구속을 받고, 그의 풍성한 은혜를 따라 허물의 용서를 받는다"고 하여 현재시제를 사용했다. 앞에서 구원에 사용한 완료시제와 짝을 이루려면 "받았다"도 완료시제를 사용해야 한다. 그러나 구속(구원)을 받는 것, 죄 용서를 받는 것을 현재로 표현했다.

바울이 "구원을 받았다"라고 완료시제를 사용한 것은 이 서신의 대상자들과도 관련이 있다. 에베소서의 수신자들은 "성도들(1:1)"이다. 이 성도들은 "그리스도 안에서 신실한 자들(1:1)"이다. 예수를 믿는다고 모든 사람이 신실한 자라고 평가받을 수 없다. 그들은 이미 온갖 시험을 통과하며 승리한 자들로서 인정받은 자를 가리킨다. 이런 대상들에게 "구원받았다"고 표현해도 무리가 없다. 그들은 지금까지 주님을 의지해서 살며 승리했던 것처럼 앞으로도 그렇게 살 것이기 때문이다.

구원의 목적은 하나님의 은혜를 알리기 위함이다(7절)

바울은 에베소교회 성도들이 받은 구원에 대하여 그들의 어떤 행위도 언급하지 않았다. 하나님은 긍휼이 풍성한 분으로서 그 긍휼에서 나타나는 사랑으로 인하여 죄 속에 들어가 죄를 지으며 사는 에베소교회 성도들을 그리스도와 함께 살리셨다. 그리스도와 함께 일으키셨다. 그리스도와 함께 앉히셨다. 하나님의 전적인 은혜로 에베소교회 성도들을 구원하셨다. 구원과 관련하여 에베소교회 성도들이 행한 어떤 일도 언급하지 않았다. 오직 하나님이 행하신 일만 강조하고 있다. 하나님은 에베소교회 성도들에게 왜 이와 같은 일을 하셨는가? 하나님이 베푸신 긍휼, 은혜, 사랑을 오는 모든 세대에 알리길 원하셨기 때문이다. 그리스도인의 복은 하나님께 받은 것을 모든 사람에게 나눠주는 것이다. 이것이 성도를 구원하신 하나님의 목적이다.

성도가 물질의 복, 명예의 복, 건강의 복, 출세의 복 등을 누리는 것이 구원받은 목적이 아니다. 에베소서가 전하는 구원의 목적은 현대교회가 강조하고 있는 것과 다르다. 하나님이 베푸신 구원의 은혜를 오는 여러 세대에 전하는 것이 구원받은 목적이다.

10
믿음으로 구원을 받았다

바울은 에베소교회 성도들이 과거에 어떤 사람들이었고 현재 어떤 사람이 되었는지 앞 단락에서 설명했다. 본 단락은 다시 한 번 핵심을 요약하고 있다. 특징이라면 앞 단락에서는 하나님의 긍휼, 은혜, 사랑이란 용어를 사용했고, 그리스도와 함께란 표현을 썼지만 믿음이란 단어를 사용하지 않았었다. 그러나 본 단락에서는 믿음이란 용어를 사용하여 구원을 설명하고 있다.

믿음으로 구원을 받았다(8절)

"**믿음으로 구원을 받았다**", 바울은 앞 단락에서 에베소교회 성도들의 과거와 현재의 신분을 정의하면서 믿음이란 용어를 전혀 사용하지 않았다. 하나님이 행하신 구원에 집중하여 설명했다. 바울은 앞서 언급하지 않았던 구체적인 과정을 믿음으로 말미암아 구원을 받았다고 압축하고 있다. "구원받았다"는 앞 단락 5절에서 언급했던 것을 이어받으며 완료분사 수동태를 사용했다. 이것의 주어는 "너희는"이다. 주어와 주어에게 미치는 동작의 시제가 완전히 다르다. 주어인 "너희는"은 직설법 현재 시제를 사용했고 그들에게 미치는 동작인 "구원받았다"는 완료분사시제를 사용했다. 보다 직역에 가깝게 번역하면 "너희는 믿음으로 말미암아(하나님에 의해) 구원받은 자이다(구원되었다)"는 뜻이다. 즉 구원의 주체는 하나님으로서 그 분의 구원의 행위는 완료되었다. 하나님이 구원하신 동작은 완료되었지만 분사시제이므로 지금도 지속되고 있다. 예수 그리스도의 십자가 죽으심과 부활을 기준으로 하여 구원을 이루셨고 지금도 계속되고 있다. 에베소교회 성도들은 지속되고 있는 이 구원에 바울이 전한 복음을 듣고 참여하였다. 오늘날도 마찬가지이다. 하나님이 이루신 구원은 오늘까지 지속되고 있고 예수 그리스도를 믿는 자들은 그 순간에 구원에 참여하는 것이다. 바울은 현재 시제의 주어인 "너희는"과 완료분사시제인 "구원받았다"를 절묘하게 조화시키고 있다. 바울은 이제 그들이 어떻게 믿음을 가지게 되었는가를 다룬다.

"너희는 그 은혜에 의하여", 에베소교회 성도들이 믿음을 가지게 된 근원이다. 바울은 '그 은혜'로 인해 믿음을 가지게 되었다고 설명한다. 앞 단락을 지시하고 있다. 과거에 본질상 진노의 자녀였었는데 하나님의 긍휼, 은혜, 사랑으로 인해 구원을 받은 그 은혜를 말한다. 은혜는 하나님이 계획하시고 성취하신 구원에 참여할 수 있는 유일한 길이다. 하나님께서 은혜를 베풀지 않으시면 어느 누구도 구원의 길에 들어올 수 없다. 죄인인 인간은 세상의 풍조를 따라 살고, 공중의 권세 잡은 자를 따라 살고 있다. 그들이 사는 길에서 하나님의 특별한 은혜가 아니면 돌아설 수 없다. 하나님은 그들이 살고 있는 죽음의 길에서 돌아설 수 있도록 은혜를 베푸셔서 믿음이란 기능을 사람들에게 주셨다. 죄인은 하나님이 베푸신 그 은혜로 인해 하나님의 구원계획을 이해하고 믿음으로 구원에 참여하게 된다. 바울은 이어서 구원이 누구에게서 났는가를 설명한다.

"**이것이 너희에게서 난 것이 아니요 하나님의 선물이라**", 에베소교회 성도들이 믿음으로 말미암아 구원을 받은 것이 그들 자신에 의해서 된 것이 아니다. 그것은 오직 하나님의 선물일 뿐이다. 오늘날 성도들은 은혜는 하나님의 선물이지만 믿음은 사람의 것이라는 생각을 한다. 전혀 그렇지 않다. 믿음은 사람에게서 나오지 않는다. 믿음은 하나님의 구원하시는 은혜에서 나오는 것이다. 하나님이 믿음과 관련된 여러 요소를 준비하셔서 사람에게 선물로 주신다. 그 사람은 자신도 모르는 사이에 그 선물을 받아서 하나님의 존재와 하신 일들에 대해 믿음으로 반응하기 시작한다. 그것이 자라고 발전되어 믿음이 성숙하게 되는 것이다.

10 구원은 성도들을 드러내지 않는다(9절)

"**행위에서 난 것이 아니니**"는 "너희 자신들로부터 난 것이 아니다"란 뜻이다. 구원에 사람의 의지는 전혀 가미되지 않았다. 이는 특별한 의미를 함축하고 있을 가능성이 있다. 사람이 마음으로 생각하는 모든 것은 죄일 뿐이다. 인간의 생각과 계획은 구원과 관련하여 도움 될 만한 것이 하나도 없다. 하나님이 기뻐하실 만한 것이 아무 것도 없다. 누구든지 행위에서 오는 구원을 주장하게 되면 하나님의 은혜를 반감시키거나 배제시키는 것이 된다. 하나님이 구약교회에 주신 삶의 윤리인 율법을 다 지켜도 의롭다 함을 얻을 수 없다(롬 3:20). 그러므로 구원은 사람의 행위에서 날 수 없다. 하나님이 이렇게 정하신 것은 특별한 목적을 가지고 있다.

"**이는 누구든지 자랑하지 못하게 함이라**"에는 부정과거 시제를 사용하였다. 구원이 사람의 행위에서 난다면 인간은 교만에 빠져 자신을 자랑하기 바쁠 것이다. 하나님은 이러한 일이 일어나지 않도록 하기 위해서 사람의 행위와 구원을 완전히 분리하셨다. 사람은 어떤 종류의 자랑이든 삼가야 한다. 자기 자랑은 교만의 근원지이다. 하나님은 교만한 자를 대적하신다. 하나님을 믿어 구원을 받았는데 자신을 자랑하고 내세우는 것은 여전히 하나님을 대적하고 스스로 믿음을 부정하는 것이다. 그러므로 이러한 하나님의 계획 속에는 영혼을 사랑하며 끊임없이 은혜를 부어주시려는 하나님의 뜻이 담겨 있는 것이다. 바울은 특별한 논리로 구원을 자랑할 수 없음을 설명해 나간다.

하나님은 성도를 만드신 분이시다(10절)

"**우리는 그가 만드신 바라**", 바울은 하나님이 성도를 창조하신 분이라고 말한다. 이는 하나님과 사람 사이의 관계를 아주 분명하게 선을 긋고 있는 것이다. 하나님은 사람을 존재하게 하신 분이시다. 하나님이 아니시면 인간은 존재할 수 없었다. 존재론적 측면에서 볼 때 사람은 구원에 관하여 자랑할 것이 없다. 거기에 더하여 사람은 죄를 지어 더 나쁜 궁지에 몰렸다. 하나님의 은혜를 은혜로 알지 못하고 스스로 높아지려다가 죽음에 빠졌다. 하나님은 그 가운데서 그리스도 예수를 통해서 죄인들을 건져 자녀로 삼아주셨다. 즉 구원해주셨다. 사람이 구원을 받은 이후 또 자신을 드러내며 자랑하게 되면 첫째 아담과 같이 또 죄에 빠지게 될 것이다. 그래서 하나님은 죄인인 인간을 구원하시며 그들의 행위를 완전히 차단하셨다. 바울은 자신을 자랑하는 행위는 피조물이 창조주를 대적하는 것으로 그의 은혜를 부정하는 것임을 분명히 하고 있다.

하나님은 선한 일을 위해서 성도를 구원하셨다(10절)

하나님은 성도를 구원하실 때 목적을 정하셨다. 구원의 목적은 "그리스도 예수 안에서 선한 일을 하게 함"이다. 선한 일은 "그리스도 예수 안"에 의해 제한받는다. 그리스도 예수 안이란 문맥 속에서 보면 하나님이 사람을 구원하신 일을 가리킨다. 넓게 생각해도 복음전파와 구원이다. 일반적으로 생각하는 선한 일은 도덕적이고 윤리적인 측면이 강하다. 교회는 이것을 강조해왔다. 도덕적이고 윤리적인 선이 강조되는 것은 구원의 목적이 아니다. 그것을 통해서 복음이 전해지고 구원의 역사가 지속되어야 구원의 목적이 달성되는 것이다. 바울은 구원받은 성도의 본분이 복음전파임을 강조하고 있다. 이것은 단지 바울의 생각이 아니다.

구원의 목적이 복음전파인 것은 하나님이 전에 예비하신 계획이다. 하나님은 처음부터 이러한 계획을 가지고 구원의 은혜를 베푸신 것이다. 때문에 하나님은 구원받은 성도들이 끊임없이 복음을 전하는 일을 실천하길 원하신다.

II

서로 사랑하여 하나됨을 힘써 지키라

2:11-6:20

2부

서로 사랑하여 하나됨을 힘써 지키라

2:11-6:20

2부는 편지글의 본론과 인사 그리고 축도를 포함하고 있다. 2장 전반부(1-10)는 과거 에베소교회 성도들의 신분이 믿음으로 말미암아 현재 어떤 신분으로 변화되었는가를 알려준다. 2장 후반부(11-23)는 "에베소교회가 어떤 과정을 거쳐서 하나가 되었는가"를 자세하게 말해준다. 3장은 에베소교회가 어떤 방법으로 하나 됨을 더 돈독하게 할 것인가를, 4-6장은 하나 됨을 힘써 지키라는 큰 권면 아래 교회 공동체의 하나 됨을 해치는 요소들과 사랑으로 하나 되는 방법들을 설명해준다.

1:15	이로 말미암아 주 예수 안에서 너희 믿음과 모든 성도를 향한 사랑을 나도 듣고		
예언적 선포	행 20:29	내가 떠난 후에 사나운 이리가 여러분에게 들어와서 그 양떼를 아끼지 아니하며	
	행 20:30	여러분 중에 제자를 끌어 자기를 따르게 하려고 어그러진 말을 하는 사람들이 일어날 줄을 내가 아노라	
2장	11–13	둘이 가까워짐 (유대인과 이방인이)	본론
	14	둘을 하나로 (막힌 담을 허셔서)	
	15	둘로 한 새 사람을 (서로 화평하게 됨)	

2장	16		둘을 한 몸으로 (하나님과 화목하기 위해)	본론
	18		둘이 한 성령 안에서 (아버지께 나아감)	
	19–22		건물마다 서로 연결됨 (함께 지어져 감=하나 됨)	
3장	1–13		에베소교회 1,2세대 성도들을 권면하다	본론
	14–20 마지막 기도		속사람을 강건케 하여 사랑에 뿌리를 내리고 그것에 굳게 서라	
	21		마지막 송영	
4장	1–16		첫 번째 권면	본론
		1–6	성령이 하나되게 하신 것을 힘써 지키라	
		7–12	양육하고 양육받아 하나됨을 지킬 준비를 하라	
		13–16	장성한 성도는 하나됨을 지킨다	
	4:17–6:9		두 번째 권면	
		17–24	첫 번째 권고: 영이 새롭게 되어야 새사람이 된다	
		25–32	두 번째 권고: 서로 용서하고 사랑하며 살라	
5장		1–14	세 번째 권고: 빛의 자녀로 살라	본론
		15–20	네 번째 권고: 성령충만을 받아라	
		21	피차에 복종하라 = 하나가 되기 위하여	
		22–33	하나 됨의 실례1: 부부의 하나 됨	
6장		1–4	하나 됨의 실례2: 부모와 자녀의 하나 됨	본론
		5–9	하나 됨의 실례3: 상사와 직원의 하나 됨	
	6:10–20		세 번째 권면	
		10–20	하나됨은 영적전투의 승리로 완성된다	
	기록동기	21–22	두기고를 보내 사정을 알리겠다	
		23–24	마지막 인사와 축도	인사와 축도

11
현재 유대인과 이방인은 가까워졌다

바울은 2장을 시작하며 에베소교회 성도들의 과거 삶을 언급했다(2:1-3). 그때는 에베소교회 성도들이 과거에 하나님 앞에서 어떤 자들이었는가를 말했다. 그들은 허물과 죄로 죽은 자들이었고, 세상의 풍조를 따르는 자들이었다. 그들은 공중의 권세 잡은 자 곧 불순종의 아들들 가운데 역사하는 영을 따랐었고, 육체의 욕심을 따라 지내며 육체와 마음이 원하는 것을 하며 살았었다. 그래서 그들은 본질상 진노의 자녀들이었다. 바울은 다시 에베소교회 성도들의 과거의 신분을 유대인과 관련하여 언급한다.

과거 그들은 이방인이었다(11절)

"**그러므로 생각하라 너희는 그 때에 육체로는 이방인이요**(11上)", 이방인(gentile)은 외국인 거주자로서 이스라엘에서 살았던 유대인이 아닌 사람들이나 언약 공동체 일원이 아닌 사람들을 가리킨다. 또 이스라엘 사람의 관점에서 볼 때는 유대인 외의 모든 민족들을 가리킨다. 하나님은 아브라함과 언약을 맺으시고 아브라함의 자손과 다른 민족을 구별하셨다. 하나님은 잡혼을 금지하셔서 그 구별을 유지할 것을 명하셨다(출 34:15-16; 신 7:1-5). 구별의 기준은 음식규례와 다른 법(레 11장; 신 4장) 등이었다. 1세기 유대인들도 이 법에 의해 자신들의 오염을 막고 있었다(행 10:1-29). 구별에 대한 강조에도 불구하고 구약시대는 적대감을 가지고 이방인들을 보지는 않았다. 이방인들도 유대인들과 같은 법 아래서 살 수 있었다(출 12:49). 오히려 구약의 율법은 이스라엘에 거주하는 이방인들의 권리들을 보호했다(출 12:43-48). 선지자들의 예언서에도 언약의 백성들을 통하여 이방인들이 축복을 받을 것임을 선포하고 있다(사 2:2-4; 51:4-5). 그러나 신약시대 유대인들은 이방인들의 우상숭배와 비도덕성을 멸시하였고 부정한 사람들로 간주하여 그들과 상종하지 않았다. 베드로가 이방인 백부장 고넬료의 집에 가서 한 말에서 그 정도를 엿볼 수 있다.

> "이르되 유대인으로서 이방인과 교제하며 가까이 하는 것이 위법인 줄은 너희도 알거니와…(행 10:28)"

신약시대 유대인들은 이방인을 극히 혐오하여 아예 교제하지 않았고 가까이 하지 않았다. 바울은 과거 에베소교회 성도들이 하나님의 언약에서 제외된 아주 불쌍하고 불행한 사람들이라고 강조하고 있다.

과거 그들은 무할례자였다(11절)

"손으로 육체에 행한 할례를 받은 무리라 칭하는 자들로부터 할례를 받지 않은 무리라 칭함을 받은 자들이라(11下)", 하나님은 아브라함을 선택하시고 약속을 제안하여 언약을 맺으셨다(창 12:1-3). 그 언약을 맺은 지 24년 후에 여러 민족의 아버지가 될 것이라고 말씀하시며 아브람을 아브라함으로 개명해주셨다(창 17:4-5). 하나님은 아브라함과 맺은 언약이 그의 후손에게도 적용되는 영원한 언약을 맺으시길 원하셨다(창 17:7). 하나님은 그 방편으로 할례를 받으라고 명령하시며 "이것이 나와 너희와 너희 후손 사이에 지킬 내 언약이다(창 17:10)"라고 말씀하셨다. 이 언약에는 아브라함이 직접 낳은 자손뿐만 아니라 집 안의 모든 남자, 심지어 돈으로 산 이방인 종들에게까지 참여의 문이 개방되었다. 신약시대에 들어와서 유대인들은 이방인들이 유대교에 입교하기 위한 조건 중 하나로 할례를 제시했다. 유대인들은 할례 받지 않은 무리들을 유대교에 반하며 자신들을 대적하는 무리로 이해하여 적대시하였다. 바울은 과거 에베소교회 성도들이 이런 사람들이라고 밝혔다. 바울은 할례 부분을 언급하면서 "할례 받은 자들이 너희를 할례 없는 자들"이라 했다고 기술했다. 이는 유대인들이 할례 받지 않은 이방인들을 어떻게 생각하는지 보여주고 있는 것이다. 하나님이 할례에 부여한 의미는 그와 같은 의미가 아니지만 유대인들은 할례를 자신들에게만 주어진 하나님의 특별한 은혜로 생각해서 할례 받지 않은 자들을 멸시하며 적대시했다. 바울도 예수님을 만난 후 할례의 진정한 의미를 알았고 후일 "육신의 할례가 할례가 아니기에 할례는 마음에 해야 한다(롬 2:29)"고 가르쳤다. 하나님이 직접 부여한 의미는 아니었지만 유대인들은 자신들의 관점에서 할례를 이해했고 그 기준으로 모든 민족을 판단하였다. 바울은 에베소교회 성도들이 과거에 할례 받지 않은 자들이었고, 하나님의 구원계획 안에 전혀 없었음을 기억하라고 메시지한다. 그들의 현재 신분과 과거의 신분을 비교하면 하나님이 그들을 위해서 하신 일이 얼마나 크고 그 베푸신 은혜가 얼마나 위대한 것인가를 알 수 있다(1:18). 그렇게 되어야 자기를 더 이상 내세우지 않고 자기중심적인 삶에서 벗어나 하나님의 뜻 아래서 하나님 중심으로 살 수 있다.

과거 그들은 그리스도 없이 산 사람들이었다(12절)

"그때에 너희는 그리스도 밖에 있었고(=그리스도 없이 있었다, 12上)", 바울은 이것을 말하며 미완료시제를 사용했다. 이는 13절의 부정과거로 역사적 사실로 강조하는 "이제는 그리스도의 피로 가까워졌다"를 염두에 두고 있다. 에베소교회 성도들은 한때 가장 비통한 가운데 있었는데 이러한 상태의 삶이 끝나고 완전히 다른 경지에 들어가게 된 것을 말해준다. "그리스도 밖에 있었다"는 "그리스도 없이 살았다"는 의미이다. 시간적으로나 공간적으로 그리스도 예수와 연결되어 있지 않았다는 것이다. 13절의 "그리스도 예수 안에서"와 대조되는 표현으로 "없이"(χωρίς)와 "속한"(ἐν)이 과거와 현재를 적나라하게 드러내고 있다.

에베소에는 유대인 회당이 있었던(행 19:8) 것으로 보아 그곳에도 유대인들이 살았음을 알 수 있다. 그들 중 일부는 아볼로와 바울의 복음전도를 듣고 개종하였으나 대다수 유대인들은 그렇지 않았고 오히려 개종한 그리스도인들을 적대시했다(행 19:9). 유대인들도 거의 대부분이 그리스도 예수 없이 살고 있었다. 그런 유대인일지라도 그들은 하나님의 구원제도를 접촉하고 있었다는 점이 이방인과 달랐다. 예수님조차도 유대인 중심의 사역을 했다. 예수님이 두로와 시돈 지방을 방문했을 때 수로보니게 여인이 예수께 "나를 불쌍히 여기소서, 내 딸이 흉악하게 귀신들렸습니다(마 15:22)"고 도움을 요청했다. 제자들은 아무런 말씀이 없는 예수님께 무엇인가 해주실 것을 기대했다. 그러나 예수님은 아주 냉정하게 "나는 이스라엘 집의 잃어버린 양 외에는 다른 데로 보내심을 받지 않았다(마 15:24)"고 말씀하셨다. 이 사실 한 가지만 보더라도 유대인들이 이방인과 얼마나 큰 차이가 있는지 알 수 있다. 바울은 이런 사실을 염두에 두고 이방인으로 그리스도 없이 산 과거 에베소교회 성도들은 슬프고 비참한 삶이었음을 떠올리고 있다. 그리스도 예수가 없는 삶은 새 생명과 관계없는, 영원히 죽을 인생으로 산 것을 의미한다. 에베소교회 성도들이 과거 자신들의 처참함을 알아야 현재 그들이 누리고 있는 은혜가 더 큰 것임을 알 수 있게 된다.

과거에 그들은 이스라엘과 소원한 관계에 있었다(12절)

"**이스라엘 나라 밖의 사람이라 약속의 언약들에 대하여는 외인이요**(12中)", "이스라엘 나라 밖의 사람이었다"와 "약속의 언약에 대하여는 외인이었다"는 한 개의 동사에 두 개의 서술부가 딸린 문장이다. 즉 "~밖의 사람이었다"와 "~에 대하여는 외인이었다"는 한 동사에 귀속된 문장인데[1] 한글역은 서로 다르게 각각의 동사가 있는 것처럼 번역했다. 동사는 완료분사 구문을 이끄는데 수동태시제로 사용되었다. 때문에 과거 에베소교회 성도들은 이스라엘 나라 사람들과 아주 소원한 관계로 지냈다. 과거 에베소교회 성도들은 하나님의 법에 의해 이스라엘 나라와 원수가 되어 살았고, 약속의 언약에 대해서는 아주 낯선 상태로 살았다.

"이스라엘 나라 밖의 사람이었다"는 것은 첫 번째 서술부 문장이다. 이 번역은 본래의 의미를 아주 약화시킨 번역이다. "이스라엘 나라와 소원한 관계에 있었다" 혹은 "이스라엘 나라와 원수관계로 살았다"로 이해하는 것이 좋다. 단순히 이스라엘 나라 밖의 다른 땅에서 살았다는 의미가 아니다. 친구도 다 같은 친구가 아니다. 아주 가까이 지내는 친구가 있는 반면에 말도 섞지 않는 친구도 있다. 과거 에베소교회 성도들과 이스라엘 나라는 후자의 관계에 있었다. "이스라엘 나라"는 유대민족으로 구성된 나라라고 생각하면 본문을 이해하기 어렵다. 그것은 구약교회의 성도들을 지칭하는 것으로 이해해야 한다. '이스라

1 ἀπηλλοτριωμένοι τῆς πολιτείας τοῦ Ἰσραήλ,
이스라엘 나라와 (관계가) 먼 상태로 있었다,
καὶ ξένοι τῶν διαθηκῶν τῆς ἐπαγγελίας,
그리고 약속의 언약들에 대해서도 낯선 상태로 있었다.

엘'은 하나님과 다투어 이긴 조상 야곱에게 주어진 이름이다(창 32:26-28). 그 이름은 믿음으로 주어진 것이다. '나라'로 번역된 폴리테이아(πολιτεία)는 '시민조직'을 의미한다. 이 시민조직은 당시에 특권층을 가리킨다. 일정한 자격 조건을 갖추고 들어가게 되면 모든 것을 누릴 수 있는 모임을 가리킨다. 그러므로 '이스라엘 나라'는 특권층으로 하나님을 믿는 구약교회 성도들을 가리킨다. 과거 에베소교회 성도들은 이방인으로 살았기 때문에 구약교회 성도들로 구성된 이스라엘 나라와 동일한 혜택을 누릴 수 없었다. 숭배의 대상이 전혀 다른 민족끼리 하나가 되고 친해질 수 없다. 서로 적대적인 관계를 유지하며 원수로 지내는 것은 당연지사이다. 바울은 이러한 에베소교회 성도들의 과거 상태를 "이스라엘 나라 밖에 있었다"로 기술했다.

과거에 그들은 약속의 언약에서 소외된 자들이었다(12절)

"**약속의 언약들에 대하여는 외인이요**(12中)", 두 번째 술부 문장으로서 "약속의 언약들이 주는 여러 복은 누리지 못하게 되었다"는 의미이다. 이는 하나님이 직접 주는 복, 하나님이 율법을 통해서 주시는 모든 종류의 복과 권한을 박탈당한 삶을 살았다는 뜻이다. "언약들에 대하여"는 제2격으로서 소유격이 아닌 탈격으로 사용되었다. 그러므로 "약속의 언약들에 대하여"보다는 "약속의 언약으로부터"라고 번역하는 것이 좋다. 과거 에베소교회 성도들은 약속의 언약으로부터 소외된 자들이었다. "약속의 언약"은 하나님이 아브라함에게 주신 언약부터 모세를 통해 전달한 율법에 속한 모든 언약을 의미한다.

그들은 아브라함 언약의 후손이 받는 복에서 소외된 자들이었다. 그들은 율법을 통해서 하나님과 관계를 맺는 모든 복에서도 소외된 자들이었다. 당시의 유대교는 자신들이 받은 약속의 언약에 주어진 축복을 이방인들에게 개방하지 않았다. 바울은 그리스도 예수를 만난 후

할례는 "아브라함이 무할례시에 믿음으로 의롭다 함을 얻은 것을 인친 것이다(롬 4:11)"라고 해석하며 "이것은 믿는 모든 자의 조상이 되어 그들도 의로 여기심을 받게 하기 위함이다(롬 4:11下)"라고 해석했다. 하나님은 할례 언약이나 유월절 언약 그리고 모세의 율법을 주시면서 특정 사람을 제외시키지 않으셨다. 단지 자신이 구별하여 선택하신 백성들과 관계를 위해서 지켜야 할 것과 버려야 할 것을 구분해 주신 것이다. 그런데 유대인들은 이것을 자신들만의 특혜로 여겼고 이방인들에게 개방하지 않았다. 과거 에베소교회 성도들은 유대인들에 의해 약속의 언약으로부터 소외당한 채 살았다. 그래서 바울은 동사를 완료분사 수동태로 표기했다. 하나님이 이방인을 약속의 언약에서 제외시킨 것이 아니다. 과거 에베소교회 성도들이 스스로 약속의 언약을 거부한 것도 아니다. 유대인들이 이방인들을 약속의 언약에서 배제시켰고 그들은 약속의 언약에서 배제된 채로 살았다.

과거 그들은 아무런 소망도 없는 사람들이었다(12절)

약속의 언약에서 소외된 자로 산 결과는 두 가지 형태로 나타났다.

"**세상에서 소망이 없고**(12下)", 한 가지가 바로 아무런 소망 없이 살게 된 것이다. 에베소교회 성도들이 과거에 소망이 없는 사람일 수밖에 없었던 것은 처음부터 소망에 대한 기초가 전혀 없었기 때문이다. 그들은 그리스도 예수 없이 산 사람들이었고, 이스라엘 나라와 소원한 관계로 산 사람들이었고, 약속의 언약들에서 소외된 자들이었다. 이런 상황에서 어떻게 소망을 가질 수 있겠는가? 인간에 있어 소망은 하나님의 약속에 근거한다. 즉 하나님의 약속이 사람의 유일한 소망의 기초가 된다. 하나님이 아브라함에게 하신 약속의 언약이 그에게 소망이 되었다. 그는 그 소망을 붙들고 부모와 친척과 아비 집을 떠났다. 야곱은 4세대 후에 다시 돌아올 하나님의 약속의 언약을 붙들고 이집트 땅까지 내려갈 수 있었다. 하나님은 그 약속의 언약을 유대인들에게 주셨다. 그들은 이것을 자신들의 전유물로만 여겼고 이방인들에게 전혀 개방하지 않았다. 그래서 그들은 하나님의 약속의 언약이 무엇인지 알 수도 없었고, 그것을 근간으로 한 소망을 가질 수도 없었다. 그들이 꾸는 꿈은 모두 헛된 것이었을 뿐 아무런 소망도 못 되었다.

과거 그들은 하나님도 섬기지 않는 자들이었다(12절)

"**하나님도 없는 자이더니**(12下)", 약속의 언약에서 소외된 자로 산 두 번째 결과는 하나님 없이 산 것이다. 그들은 하나님을 섬기는 대신에 공허하고 죽은 우상과 존재하지 않는 수많은 신들을 숭배하며 살았다. 오직 하나님만이 약속의 언약을 충실하게 이행할 수 있다. 약속의 언약을 통해 주신 소망을 온전히 성취할 수 있다. 그렇지만 그것을 받은 유대인들이 하나님의 참된 의도를 왜곡시켰고 또 자신들만의 것으로 소유했다. 그것으로 주변 이방인들을 판단하고 정죄할 뿐이었다. 유대인들은 주변 이방인들이 자신들이 가진 약속의 언약 안으로 들어올 수 있도록 문을 열지 않았다. 때문에 과거 에베소교회 성도들은 어느 것 하나도 얻을 수 없었다. 그들은 약속의 언약에서 제외된 채로 소망도 없고, 하나님 없는 삶을 살 수밖에 없었다.

바울은 이러한 비교를 통하여 에베소교회 성도들은 과거에 슬프고 비통한 존재였다고 밝힌다. 소망이 없을 뿐만 아니라 죽음의 영역에 속하여 산 존재들이라고 말한다. 이러한 진단은 영적으로 소생한 후에라야 이해할 수 있는 것이다. 유대인이 아니어도, 할례자가 아니어도, 그리스도와 이스라엘 나라 밖에 있어도, 약속의 언약들을 누리지 못하는 자여도 잘 살고 있는 사람들이 수없이 많다. 호흡을 하며 살고 있는 것을 기준으로 할 때 이들은 아주 잘 살고 있는 것이다. 그러나 영적 생명이 있음을 깨닫고 알고 보면 그들은 비참하기 그지없는 인생들이다. 존재감 없이 살아도 후일에 하나님 나라에서 존재감을 드러내며 살 수 있다. 이 땅에서 권세자로 살지 못했어도 후일에 하나님 나라에서 권세자로 살 수 있다. 그러나 에베소교회 성도들의 과거 삶은 이런 소망이 전혀 없는 삶이었다. 그들의 삶은 지옥을 기다리는 삶이었고 영원한 죽음을 기다리는 비참한 삶이었을 뿐이었다.

현재 에베소교회 성도들은 유대인들과 가까워졌다(13절)

과거 에베소교회 성도들은 "그리스도 없이"산 사람들이었다. 인간적 생각이 없고, 육적인 삶이 없고, 세상을 따르는 모습이 없다면 그것은 하나님 보시기에 참 좋은 일이다. 그러나 그들은 그리스도 없이 살았다. 아주 슬픈 이야기이다. 그 삶의 과정은 살아있다 하나 죽음이요 그 마지막은 지옥이다. 이렇게 슬픈 이야기가 큰 기쁨의 이야기로 전환한다.

현재 에베소교회 성도들은 "그리스도 안에" 있는 자들이다. 육신적인 소욕 안에 있고, 세상의 풍조를 따르는 삶 속에 있다면 그것은 기쁜 이야기가 될 수 없으나 그들은 현재 그리스도 안에 사는 사람들이다. 세상의 모든 것을 잃어도 자신의 목숨을 얻고 하나님 나라를 얻어 천국에서 살 소망이 넘치는 성도가 되었다. 바울은 다시 한 번 그들의 과거와 현재의 삶을 기억하게 해준다.

"**이제는 전에 멀리 있던 너희가**(13上)", 앞 두 절의 내용을 함축하고 있다. 전에는 유대인과 분리되어 살았고, 그리스도 없이 살았기에 소망이 없는 삶을 살았다. '멀리'란 말은 공간적인 의미가 아니다. 멀리 떨어진 거리에서 살았다는 의미가 아니다. 그들은 유대인과 전혀 교제하지 않는 삶을 살았었다. 유대인들과 전혀 교제하지 않는 삶을 살았기에 그리스도 없이 살았다. 에베소교회 성도들의 과거가 유대인들과 교제하지 않은 삶이 왜 멀리 있는 삶이 되었는가? 유대인들은 늘 하나님 가까이 있었다. 하나님은 그들에게 선지자들을 통해서 늘 자신의 계획을 알리셨다. 유대인들이 하나님의 메시지를 듣고 제대로 깨닫지 못하긴 했어도 그들은 하나님의 계시 가까이 있었다. 엄격하게 말하면 대부분의 유대인들은 과거 에베소교회 성도들과 마찬가지로 그리스도 없이 살았다. 그들 중 지극히 일부만이 그리스도 안에 있었다. 그리스도 없이 산 그들이지만 교회 가까이 있었고, 약속된 메시아 가까이 있었고, 구원에 가까이 있었다. 그러나 과거 에베소교회 성도들은 하나님과 그의 교회로부터 멀리 있었다. 약속된 메시아로부터 멀리 있었다. 그의 구원으로부터 멀리 있었다. 바울은 과거 에베소교회 성도들이 이렇게 멀리 있었다는 점을 강조한다. 과거에는 그랬는데 현재는 어떤가?

"**그리스도 안에서 그리스도의 피로 가까워졌느니라**(13下)", "가까워졌다"는 표현은 드러나 있지 않지만 최소한 두 대상을 함축하고 있다. 이방인으로 살았던 에베소교회 성도들과 유대인들이 그들이다. 그들은 과거에 아무런 교제 없이 소원한 관계로 지냈다. 그러나 현재는 서로 가까워졌다. 단순히 거리가 가까워진 것이 아니다. 유대인들이 소유하였던 모든 것을 이방인 에베소 성도들도 소유하게 되었다. 그들은 그리스도 안에 있는 자들이 되었다. 그들은 하나님을 섬기는 자들이 되었다. 그들은 약속의 언약을 누리며 소망 있는 자가 되었다. 그들은 유대인들과 더 이상 원수 관계가 아닌 형제로 지내게 되었다. 그들은 이방인으로 마귀의 자식이 아니라 하늘나라의 시민이 되었다. 마음에 할례를 받아 하나님의 권속이 되었다. 에베소교회 성도들이 어떻게 이러한 삶을 누리게 되었는가?

"그리스도 안에서"란 말은 그리스도와의 연합을 강조하는 표현이다. 유대인들과 이방인들은 서로 연합이 불가능하다. 유대인들은 율법의 조문을 근거로 생활했다. 그들은 그것으로 자신들을 구별하는 제한으로 삼았다. 동시에 그들은 이방인과 관계를 단절시키는 도구로 율법조문을 활용했다. 그들은 자신들처럼 살지 않는 이방인들을 정죄하였다. 그래서 유대인과 이방인은 가까이 살았지만 서로 반목했다. 그들은 서로 교제하지 않았다. "그리스도의 피"는 예수님의 십자가 사건을 가리킨다. 유대인들은 그리스도 예수의 십자가 사건을 믿음으로 하나님의 아들들이 되었다. 이방인 에베소 사람들도 예수의 십자가 사건을 믿음으로 하나님의 아들들이 되었다. 그들은 전에 멀리 있었으나 이제는 동일한 방법으로 하나님의 자녀가 되었다. 그리스도 없이 지내던 유대인들도 그리스도와 더불어 살게 되고, 그리스도 없이 지내던 이방인들도 그리스도와 더불어 살게 되었다. 그리스도와 더불어 신앙생활 하는 두 무리들이 그리스도를 정점으로 연합하고 서로 가까워진 관계가 되었다. 지금 에베소교회 안에는 유대 그리스도인들과 이방 그리스도인들이 함께 신앙생활하고 있다. 전에는 상종도 하지 않으며 멀리 지내던 그들이 지금은 그리스도를 믿음으로 한 공동체 안에서 서로 교제하며 가까이 지내고 있는 것이다. 과거 그들은 서로 적대적인 관계로 산 사람들이었으나 현재는 형제 관계로 사는 사람들이 되었다.

바울은 과거 에베소교회 성도들의 신분을 유대인과 대조해서 서술했다. 에베소교회 성도들이 과거에 하나님 앞에서 어떤 사람이었는가(2:1-3)를 설명하는 것으로 충분한데, 왜 유대인과 대조시킨 그들의 과거 신분을 언급한 것일까? 이방인 에베소 사람들과 유대인들은 원수관계로 살았다. 그런데 왜 지금 그리스도 안에서 그리스도의 피로 가까워졌다고 강조하는가? 바울은 에베소교회 안에서 분쟁이 일어나 파당이 형성될 가장 큰 요인을 교회 공동체를 구성하고 있는 유대 그리스도인과 이방인 그리스도인에 주목하고 있는 것이 아닐까? 그는 자신의 예언적 선포 후(행 20:30) 약 5년 동안 에베소교회를 위해서 끊임없이 기도하며 성령님으로부터 받은 분열의 원인 중 하나가 바로 이 두 교회 구성원에 내재 되어 있음을 알게 된 것이고, 그로 인해서 두 구성원이 그리스도 안에서 그리스도의 피로 가까워졌음을 밝히고 있는 것이 아닐까? 그 중에서 교회 구성원의 절대 다수를 차지하는 이방인 에베소 사람들이 소수의 유대인들을 차별함으로 일어날 분쟁을 내다보고 그들의 과거를 알고 현재의 신분에 감사함으로 하나님 앞에 서서 서로 사랑하여 유대인들을 포용하고 하나가 될 것을 강조하고 있는 것으로 이해된다.

12
서로 화평하게 되니 하나님과도 화목하게 되었다

바울은 앞서 하나님 앞에서 에베소교회 성도들의 과거를 규명했었다(2:1-3). 지금은 유대인과 관련지어 이방인 에베소교회 성도들의 과거를 언급하고 있다. 특이한 점은 전제하는 내용을 '둘'과 '하나'로 표현하고 있다. "둘"과 "하나"(14), "둘"과 "한 새 사람"(15), "둘"과 "한 몸"(16). "둘"과 "한 성령"(18) 등으로 자신이 목표하는 바를 풀어낸다. '둘'은 과거의 관계 혹은 상태를 가리키고, '한'은 현재 그리스도로 말미암아 누리는 복을 가리킨다. 바울은 그 둘이 어떻게 하나가 되었으며 하나님과 화목하게 되었는지를 자세하게 알려준다.

육체로 막힌 담을 무너뜨렸다(14절)

에베소교회 성도들은 과거에 이방으로 살았었고 무할례자로 살았다. 그때에는 그리스도 없이 살았고, 이스라엘 나라와 소원한 관계로 지냈고, 약속의 언약에서 배제 된 삶을 살았다. 그 결과로 세상에서 소망이 없었고 하나님도 모르며 살았다. 과거 에베소교회 성도들은 참 서글프고 처참한 삶을 살았다. 현재의 그들은 유대인이 누리는 복을 함께 누리며 사는 복된 자들이 되었다. 그 복은 그리스도의 피로 누리게 되었다. 바울은 앞 단락(11-13)에서 그리스도께서 하신 일을 통해서 에베소교회 성도들이 누리게 된 복에 초점을 맞췄다. 본 단락(14-18)에서는 그리스도께서 하신 사역이 집중 조명되면서 그 결과로 나타난 열매를 "둘"과 "하나"로 설명한다. 그리스도는 어떤 일을 하셨고 어떤 열매를 주셨는가?

"그는 우리의 화평이신지라", '그는'은 피로 둘을 가깝게 하신 분을 가리킨다. 즉 그는 예수 그리스도시다. 둘은 유대인과 이방인들을 가리킨다. 이방인들은 거리상으로는 유대인들과 가까운 곳에 위치해 살았다 할지라도 그들의 관계는 아주 멀었다. 이 둘의 먼 관계를 가깝게 하신 그리스도는 우리의 화평이시다. 유대인과 이방인 둘은 서로 앙숙으로 지냈다. 그리스도는 그 앙숙들을 화평하게 만드신 분이시다. 어떻게 원수를 화평한 관계로 삼으셨는가?

II.

서로
사랑하여
하나됨을
힘써
지키라

"원수 된 것 곧 중간에 막힌 담을 자기 육체로 허시고"[1]에서 실제로 헬라어 성경 14절에 속하는 말씀은 "중간에 막힌 담을 허시고" 뿐이다. "원수 된 것 곧"과 "자기 육체로"는 본래 15절에 속한 말씀으로, 개역개정역 번역자가 자신이 생각한 의도에 맞추기 위해 구절을 분해하여 순서를 바꾼 것이다. 개역개정역 번역자는 "원수 된 것"이 곧 "막힌 담"이라고 생각했고, 예수께서 자기 육체로 "헐었다"는 것을 강조하기 위한 생각에서 그렇게 한 것으로 보인다. 그러나 결과적으로는 헬라어 성경의 의도를 훼손한 것이 되었다. 헬라어 성경을 기록한 성경의 원 저자는 개역개정역 번역자와 전혀 다른 의도를 가지고 있었다. 원래 헬라어 성경 그대로 말씀을 생각해 보겠다.

"중간에 막힌 담을"에서 "막힌 담"은 누가 만들었고 무엇을 의미하

1 14 Αὐτὸς γάρ ἐστιν ἡ εἰρήνη ἡμῶν, ὁ ποιήσας τὰ ἀμφότερα ἓν, καὶ τὸ μεσότοιχον τοῦ φραγμοῦ λύσας· 15 <u>τὴν ἔχθραν ἐν τῇ σαρκὶ αὐτοῦ,</u> τὸν νόμον τῶν ἐντολῶν ἐν δόγμασιν καταργήσας· ἵνα τοὺς δύο κτίσῃ ἐν αὐτῷ εἰς ἕνα καινὸν ἄνθρωπον, ποιῶν εἰρήνην·

는가? 막힌 담은 유대인들이 만들었다. 하나님께서 유대인들에게 율법과 율법의 규칙들을 주셨다. 그 이유는 유대인들을 다른 민족과 구별하여 보호하시고 복 주시기 위해서였다. 그러나 유대인들은 하나님이 주신 율법과 율법의 규칙들을 근거로 살며 밖으로 영향력을 드러내지 못했다. 오히려 그것들로 자신을 둘러 아무도 접근하지 못하도록 성을 쌓아 자신들 안으로 들어오지 못하게 했다. 성주는 튼튼하게 성을 쌓는다. 이유는 모든 외세들의 침략을 막아 성안의 자기 백성들을 보호하기 위해서이다. 튼튼하고 견고하면 할수록 백성들은 안전해진다. 유대인들은 하나님이 주신 모세의 율법과 그 규칙들을 마치 튼튼한 성벽과 같이 만들어 버렸다. 아무도 그 안으로 들어오지 못하게 하고 그것으로 이방인들을 판단하고 정죄했다. 신약시대에 들어와서 유대인들은 이방인들을 개라고 생각했고 천하고 부정한 사람으로 생각했다(마 15:26; 계 22:15). 이 과정에서 배척과 멸시를 받은 이방인들 또한 유대인들을 적대시했다. 원수 곧 막힌 담은 이런 과정을 통해서 만들어진 관계를 말한다.

“허시고”는 앞 13절의 “그리스도의 피”와 연결되는 말씀이다. 그리스도의 피는 예수의 십자가 사건을 함축하고 있다. 예수님의 육체가 찢어질 때 막힌 담도 허물어졌다. 유대인들이 수천 년 동안 견고하게 쌓고 쌓았던 담이 일순간에 허물어졌다. 그 과정으로 인해 원수 관계가 깨어지고 ‘화평’의 관계로 회복되었다. 그 결과는 어떻게 나타났을까?

“둘로 하나를 만드사”는 자기 육체로 막힌 담을 헌 결과이다. 바울은 그 결과를 문장의 앞에 위치시켰다. 그것을 앞에 두는 것은 내용의 흐름으로 본다면 말이 안 되는 구조이다. 그것은 둘을 하나로 만든 후에 중간에 막힌 담을 자기 육체로 헐었다는 순서가 된다. 그러나 바울은 강조하려는 문장을 앞에 위치시켰다. 한글역에는 드러나지 않지만 바울은 또 한 가지 특별한 문장구조를 취했다. 헬라어 구문에서 동사 앞에 관사를 붙이지 않는 것이 보통이다. 그런데 바울은 '만들다'는 동사 앞에 관사를 붙였다.[2] 이런 경우는 동사가 주어와 동격의 역할을 한다. 앞의 "그는 우리의 화평이다"는 구문에서 주어 '그는'은 동사 '만들다'와 연결되어 '그가 만들다'란 의미를 갖게 된다. 즉 그가(예수 그리스도) 유대인과 이방인 둘을 하나로 만드셨다.

유대인들은 수천 년 동안 하나님이 주신 율법과 규칙을 가지고 막힌 담을 만들었지만 하나님은 예수 그리스도의 육체로 한 순간에 그것을 허무셨다. 유대인들과 이방인들은 그리스도 안에서 하나가 되었다.

율법을 폐하여 둘을 한 새 사람으로 지으셨다(15절)

개역개정역 15절은 "법조문으로 된 계명의 율법을 폐하셨으니"로 시작하여 헬라어 본문 시작부분을 생략하고 있다.[3] 헬라어 성경 15절은 "자기의 육체로 원수 된 것을, 법령에 속한 계명의 율법을 폐하셨다"로 시작한다. 개역개정역은 15절 시작하는 말씀인 "자기의 육체로 원수 된 것을"을 둘로 찢은 후, "원수된 것을"이란 말씀은 14절의 "중간에 막힌 담을" 앞에 붙이고, "자기의 육체로"란 말씀은 "중간에 막힌 담을" 뒤에 붙여서 "원수된 것 곧 중간에 막힌 담을 자기 육체로 허시고"라는 원문과 완전히 다른 문장을 만들었다. 개역개정역이 "자기의 육체로 원수된 것을"이란 문장을 임의대로 분리시켜 14절에 위치시킨 것은 옳지 않다. 그 의도가 예수께서 자기 육체로 "원수 된 것 곧 중간에 막힌 담을 헐었다"는 것을 강조하기 위함이라 할지라도 말이다. 개역개정역이 그렇게 한 결과로 법조문으로 된 계명의 율법을 폐지한 주체가 없어져버렸다. '자기 육체로 원수 된 것'은 법령에 속한 율법을 폐한 주체이다. 그러면서 앞 절의 '둘을 하나로 만들고 담을 헐어버린 자'를 수식하

2 Αὐτὸς γάρ ἐστιν ἡ εἰρήνη ἡμῶν, ὁ(관사) ποιήσας(동사) τὰ ἀμφότερα ἓν,

3 τὴν ἔχθραν ἐν τῇ σαρκὶ αὐτοῦ, τὸν νόμον τῶν ἐντολῶν ἐν δόγμασιν καταργήσας· ἵνα τοὺς δύο κτίσῃ ἐν αὐτῷ εἰς ἕνα καινὸν ἄνθρωπον, ποιῶν εἰρήνην·

고 있다. 헬라어 성경은 막힌 담이 곧 법조문인 계명의 율법이란 의미를 강조하고 있는데 개역개정역은 그 의미를 지워버렸다.

“**자기의 육체로 원수 된 것**(**개역개정역이 두 부분으로 나눠서 14절에 붙인 문장**)”에서 “자기 육체”는 예수 그리스도의 몸을 가리킨다. “원수 된 것”은 내용상으로는 뒤이어 나오는 법조문으로 된 계명의 율법이지만 그것이 상징하고 있는 바는 유대인과 이방인의 관계이다. 율법은 하나님이 자기 백성들을 위해서 주신 법조문으로서 객관적인 메시지이다. 하나님은 유대인들에게 구별의 삶을 위해서 좋은 뜻으로 주셨지만 유대인들은 그것을 자신들의 특권으로 악용했고 이방인을 정죄하는 수단으로 이용했다. 그 결과물이 원수 관계를 만든 것이다. 에베소교회는 과거에 원수 관계로 있던 두 민족으로 구성원을 이루고 있다. 바울은 예수님이 자신의 육체로 이 원수 되었던 관계를 허물어 버렸다고 말하는 특별한 의도는 무엇일까?

유대인들과 이방인들은 관계가 원만하지 못하다. 이 두 민족들은 항상 문제를 일으킬 가능성을 안고 있다. 바울이 에베소교회 성도들에게 서신을 보내면서 이 문제를 다루는 것은 교회를 구성하고 있는 두 부류의 구성원 사이에 일어날 어떤 가능성을 보고 있기 때문이 아닐까? 바울은 3차 선교사역 말미에 밀레도에서 에베소교회 장로들을 만났을 때 “분리”의 가능성을 선포했었다. 바울이 말하고 있는 유대인과 이방인은 일반적인 사람들을 대상으로 하고 있지만 그 관심은 에베소교회를 구성하고 있는 두 민족에 관심을 집중시키고 있다. 분리의 가능성은 그들에게 있기 때문이다.

“**법조문으로 된 계명의 율법을 폐하셨으니**”에서 율법은 유대인과 이방인을 원수관계를 만든 원인을 제공하였다. 바울은 예수께서 자기 육체로 이 법조문을 폐했다고 기록했다. 율법에는 ‘해야 한다. 하지 말아야 한다’는 많은 조항들이 있다. 바울은 예수께서 십자가를 통하여

이 모든 조항을 폐했다고 말한다. “폐했다”는 문자적으로 “풀어서 내려놓다”라는 의미이다. 이 단어는 예수께서 대제사장 가야바에게 심문당하실 때 거짓 증인 두 사람이 예수께서 “성전을 헐라(마 26:61)” 했다며 거짓 증언 할 때 ‘헐라’는 의미로 사용했다. 그리고 사람의 몸이 죽을 때에 해체되는 것을 말할 때(고후 5:1) 사용되었다. 이 용어는 ‘무너뜨리다’, 즉 ‘헛되게 하다. 성공을 박탈하다’라는 의미로 확대 해석할 수 있다. 바울이 ‘폐하다’는 표현을 썼으나 예수님은 “율법을 폐하러 온 것이 아니라 완전하게 하려 왔다(마 5:17)”고 하셨다. 해당 맥락에서는 “폐하다”가 “이루다”와 반대되는 것으로 설정되어 있다. 그리스도는 폐하기 위해 오신 것이 아니라 이루기 위해 오신 것이다. 그리스도께서 율법을 “폐했다”는 표현을 이해해야 한다. 예수께서는 율법을 존중하고, 사랑하고, 순종하고, 결실을 맺었다. 그분은 자신에 관한 율법의 예언적 발언들을 성취했다(눅 24:44).

율법은 완전한 행함을 요구한다. 율법의 종류가 만 가지라고 했을 때 단 한 가지만 지키지 않아도 율법은 그 사람을 범법자로 단죄한다(갈 3:10). 이것은 율법이 완전한 행함, 완전한 순종을 요구한다고 정의할 수 있다. 그리스도께서 이 율법의 요구를 충족시켜 십자가에서 대속의 죽음을 죽으셨다(갈 3:13). 즉 예수께서 율법의 요구를 완성하신 것이다. 율법은 여전히 존재하고 있다. 율법은 예수님께 더 이상 아무것도 요구할 수 없다. 더더구나 예수님을 범법자로 단죄하지 못한다. 예수를 그리스도로 믿는 자들에게도 이 은혜가 적용된다. 예수께서 죄 없는 몸으로 대속의 죽음을 죽으셨기 때문이다. “율법을 폐했다”는 것은 그것이 존재하나 더 이상 예수님과 그를 믿고 따르는 자들에게는 기능할 수 없다는 의미로 보는 것이 좋겠다. 율법은 예수님과 그를 믿고 따르는 자들을 물끄러미 쳐다볼 뿐 어떤 힘을 발휘하여 영향력을 행사할 수 없는 존재가 되었다는 의미로 이해하는 것이 좋다.

그러므로 율법은 폐해진 것이 아니라 그것이 원래 가지고 있던 목적이 온전하게 이루어진 것이다. 또한 "폐했다"는 것은 바울의 신앙 혹은 신학 속에서 새롭게 해석되어진 것으로 봐야한다. 두어 가지 예를 들어보자. 바울은 할례에 대하여 새로운 해석을 내놓았다. 하나님이 할례를 주신 목적은 아브라함이 믿음으로 얻은 의를 인치기 위해서 주신 것이고, 그것은 유대인이든 이방인이든 믿음으로 구원을 얻게 하려는 하나님의 계획이라고 서술했다(롬 4:11이하). 할례는 구약에서는 난지 팔 일 만에 사내아이의 중요 부위의 포피를 자르는 것이다. 바울은 할례는 육체에 하는 것이 아니라 마음에 하는 것이며, 육체의 포피를 자르는 것이 아니라 영으로 하는 것(롬 2:28-29)이라고 밝혔다. 이러한 측면에서 보면 "폐했다"는 것은 일정 부분 새롭게 해석되고 적용된 것을 의미할 수 있다.

하나님은 율법을 통하여 음식 법, 절기 법, 초하루와 안식일 법 등을 주셨다. 유대인들은 이것을 철저하게 지켰다. 그러나 바울은 이것들은 장래 일의 그림자로서 그리스도가 그 몸체 곧 실체라고 했다(골 2:16-17). 이것에 기초해 보면 "폐했다"는 것은 모형으로 존재하며 원형을 기다렸는데 그리스도께서 오셨기 때문에 그 모형은 수명을 다했다는 의미이다. 이 예는 사도들의 첫 회의를 거쳐 확정되었다. 바울의 복음전도는 유대인 그리스도인들에게 의문을 불러일으켰다. 바울은 예수 그리스도만 믿으면 하나님의 자녀가 된다고 설파했다. 그러나 유대 그리스도인들 중 어떤 자들은 그리스도 예수를 믿어도 할례를 해야 한다고 생각했다. 이 문제로 큰 변론이 일어났고 예루살렘회의가 소집되었다. 성령 안에서 긴 변론을 거쳐서 "요긴한 네 가지 곧 우상의 제물, 피, 목매어 죽인 것, 음행은 멀리하고 다른 것에 대한 짐은 지지 않아도 된다(행 15:28-29)"는 결론을 도출했다. 하나님이 주신 율법의 대부분의 내용이 그림자로서, 몸이신 그리스도가 나타나자 사라졌다. 바울은 율법이 폐해졌다고 묘사할 때 이 부분을 생각했을 것으로 보인다.

"이는 이 둘로 자기 안에서 한 새 사람을 지어"는 율법이 온전해진 측면을 보여주고 있다. "이 둘"은 유대인과 이방인을 가리킨다. "자기 안에서"는 "그리스도의 피(13)", "자기 육체(15, 개역개정역은 14절)", 뒤에 기록되는 "십자가(16)"를 함축하고 있다. 종합적으로 그리스도 예수의 십자가로 말미암아 이루어진 사실을 가리킨다. "한 새 사람을 지어"는 예수님이 자기 안에서 둘을 새로운 모습으로 창조해내셨다는 뜻이다. 구약교회 시대는 율법을 기준으로 둘이 나뉘어져 있었다. 또한 혈통으로도 나뉘어져 있었다. 그러한 그들은 십자가를 통해서 새 사람으로 탄생했다. 그들은 더 이상 율법을 판단의 기준으로 삼지 않는다. 그들은 이제 그리스도 안에서 얻는 새 생명과 사랑으로 인하여 사고방식이 달라졌고 마음 씀씀이가 달라졌고 삶의 양식이 완전히 바뀌어 서로 용납하고 존중하는 사람이 되었다. 예수 그리스도의 십자가는 유대인도 이방인도 믿는 자들에게 그와 같은 새 생명을 주셨다. 예수 그리스도의 십자가가 옛 사람을 새 사람으로 창조한 것이다.

바울은 고린도교회에 보내는 편지에서 "그런즉 누구든지 그리스도 안에 있으면 새로운 피조물이라 이전 것은 지나갔으니 보라 새 것이 되었도다(고후 5:17)"라고 선포했다. 새 것이 되고 있는 중이 아니다. 새 것이 되었다. 완료시제를 사용했다. 그리고 새 것이 된 그 영향력을 계속 드러내고 있다.

"화평하게 하시고"는 14절의 "그는 우리의 화평이시다"는 말씀을 재 진술한 것이다. 예수 그리스도가 화평이시기 때문에 그분은 유대인과 이방인 그리스도인들에게 화평을 주신다. 주님으로부터 화평을 부음 받은 유대 그리스도인들이 가졌던 자신들에 대한 선별의식이 사라졌다. 이방인들에 대한 정죄의식과 부정하게 여겼던 마음도 사라졌다. 그들에게 용납과 받아들임, 사랑하는 삶이 싹텄다. 주님으로부터 화평을 부음 받은 이방인 그리스도인들 또한 그들이 유대인들을 향해 가졌던 적대의식, 자신들이 행하던 부정한 섬김 등을 버리고 유대인들을 용납하고 받아들이고 이전하게 되었다. 둘 사이를 갈라놓았던 율법이 폐해지니 원수 관계가 풀린 것이다. 아무도 모르게 그리스도 안에서 원수 관계가 무너지고 능동적으로 서로 화평하게 되는 역사가 일어났다.

예수님은 십자가 사건으로 율법이 가지고 있던 본래의 기능을 온전하게 회복하셨다. 그 결과 원수 된 것 곧 막힌 담이 완전히 허물어져 둘이 하나가 되고 화평함이 회복되었다. 바울은 우리를 다른 차원의 구원에 집중하게 한다. 유대인들과 이방인들 사이에 죄가 존재하고 있었다. 십자가 사건이 이들 사이의 죄를 제거해버리니 원수 관계가 화평의 관계로 회복된 것이다.

둘이 한 몸이 되어 하나님과 화목하게 된다(16절)

그리스도의 첫 번째 역사는 원수로 지내던 유대인과 이방인 에베소 사람들을 한 새 사람으로 지은 후 그들 서로 간에 화평의 관계를 회복하여 누리는 것이다. 이것은 예수께서 '자기의 육체'로 이루신 일이다. 앞서 '그리스도의 피'로 이룬 것은 둘이 가까워진 것이었다. 바울은 이 두 원수들이 서로 가까워지고, 화평의 관계를 회복한 것에서 머물지 않는다.

"또 십자가로"는 바울의 세 번째 말씀 전개 요소이다. 첫 째는 "그리스도의 피", 다음은 "자기 육체" 그리고 "십자가"이다. 앞의 두 요소들은 세 번째 요소인 십자가를 함축하고 있음을 볼 수 있다. 순리대로 언급한다면 '자기 육체, 십자가, 그리스도의 피' 순으로 이해하는 것이 좋겠다. 예수께서 이 땅에 육체의 몸을 입고 오셨고, 고난 받으시고 십자가에 죽어 물과 피를 다 쏟으셨다. 그러나 바울은 이성적 이해 순서보다는 '그리스도의 피'와 '십자가'를 앞뒤에 위치시키고 그 중앙에 '자기 육체'를 위치시킨 후 자신이 하고자 하는 메시지를 전했다. 그리스도의 피를 강조하고 있다. 많은 그리스도인들이 십자가 목걸이를 하고 다닌다. 한낱 장식품에 지나지 않는다. 그 십자가는 아무런 영향력을 끼치지 못한다. 그러나 그리스도의 피는 생명이다. 하나님은 피에 생명이 있다고 하셨다(창 9:4). 고난 받으심과 십자가는 그리스도의 피를 대변하고 있다.

"**십자가로 이 둘을 한 몸으로**"에서 바울이 강조하고자 하는 면을 보게 된다. 반복되는 메시지이지만, 유대인과 이방인은 적대적인 원수 관계로, 소원한 관계로 지냈다. 유대인들은 자신들이 받은 율법을 내세우며 분리를 책동했고 다른 민족을 이방인이라 부르며 멸시했다. 이방인들 또한 하나님을 대적하며 자신들의 신을 섬겼고 유대인들을 박해했다. 바울은 지난날 이 둘이 원수였었는데 그리스도 예수의 십자가로 그들이 '한 몸'이 되었다는 것을 강조한다. 13절에서는 "전에 멀리 있던 너희가 가까워졌다"고 했고, 14절에서는 "둘을 하나로 만들었다"고 했으며, 15절에서는 "둘을 한 새 사람으로 지었다"고 했고, 지금 16절에서는 "둘을 한 몸으로 삼았다"고 발전시키며 강조하고 있다. 바울은 왜 그들이 가까워졌고, 하나가 되었고, 한 새 사람으로 거듭났고 한 몸이 되었다고 강조하고 있을까? 그들은 더 이상 둘이 되어서는 안 된다. 둘이 된다는 것은 분리된다는 뜻이다. 그렇게 되면 에베소교회는 바울이 선포했던 예언적 메시지대로 장로들이 자기 패거리를 만드는 일이 일어나고 교회는 서로 사랑하는 관계가 깨어지게 될 것이다. 바울은 이 일이 일어나서는 안 되기 때문에 가까워짐, 하나 됨, 한 새 사람이 되었음, 한 몸이 되었음을 점진적으로 표현하며 강조하고 있음에 틀림없다.

"**하나님과 화목하게 하려 하심이라**"에서 바울은 유대인과 이방인이 한 몸이 되었고, 그들 사이에 서로 화평한 관계 회복이 이루어졌다고 선포한다. 바울은 그들이 서로 화평한 관계를 회복한 것에서 메시지를 끝내지 않았다. 그들의 관계 회복은 그들과 하나님 사이의 관계를 지향하고 있다. 우리가 이해하고 있는 신앙은 하나님과 나 사이의 관계만 회복되면 된다. 그러나 바울은 사람 사이의 관계 회복 이후 하나님과 사람 사이의 관계 회복이 가능한 것임을 밝히고 있다. 나와 사람 사이에 불화가 존재하는 한 하나님과 나 사이의 관계도 화해가 불가능한 것이다. 내가 미워하고 아주 싫어하는 사람이 나와 한 교회에 다니고 있다. 그 사람이 늘 내 곁에 있다. 내 마음이 닫혀 있기에 하나님과 온전한 화해가 이루어질 수 없다. 사람과 사람, 사람과 사건, 사람과 환경 사이에 화평함을 깨뜨리는 무엇인가가 존재하고 있다. 그 존재의 정체는 무엇일까?

이사야 선지자는 "오직 너희 죄악이 너희와 하나님 사이를 갈라놓았고 너희 죄가 그의 얼굴을 가리어서 너희에게서 듣지 않으시게 함이니라(사 59:2)"고 계시했다. 그리스도께서 십자가를 지신 궁극적인 목적은 대속이다. 그리스도의 대속은 그를 믿는 자에게는 죄 용서를, 마귀에게는 죄를 통해서 지배하던 사람을 놓아주어야 하는 일이 일어나게 했다. 마귀의 손아귀에서 벗어난 믿는 자는 죄가 갈라놓았던 하나님과의 관계를 다시 회복하게 되었다. 그래서 바울은 십자가로 둘을 한 몸으로 만든 것은 하나님과 화목하게 하기 위함이라고 정의했다.

"**원수 된 것을 십자가로 소멸하시고**"는 너무 부드러운 번역이다. 헬라어 원문은 "그것으로 적을 죽였다"이다. 앞에 십자가를 지시대명사로 받았기에 "십자가로 적을 죽였다"고 번역해도 좋다. 하나님과 사람의 사이를 갈라놓은 것은 마귀의 유혹으로 인한 죄이다. 유대인과 이방인을 원수 관계로 만든 것은 마귀의 궤계이긴 하지만 하나님이 주신 율법을 잘못 해석하고 적용한 유대인들이다. 예수 그리스도의 십자가 사건은 이 모든 것을 죽였다. 마귀를 죽인 것도 아니고 유대인을 죽인 것도 아니다. 마귀가 역사하는 통로인 죄를 죽였다. 이렇게 표현을 해야 하나 실제는 죄가 죽은 것이 아니라 죄에 대하여 믿는 그리스도인이 죽었다. 바울은 "…죄에 대하여 죽은 우리…(롬 6:2)"라고 정의했다. 죄가 죽은 것이 아니라 그리스도인이 죄에 대하여 죽었다. 결과적으로 십자가는 죄를 죽인 것이다. 또한 십자가는 유대인이 만들었던 자신들만을 위한 특권, 적대시하던 이방인에 대한 시각, 마음 등을 죽였다. 그리스도 안에서 모든 민족 모든 사람이 동일한 은혜 중에 있음을 알게 했다. 십자가는 모든 적을 죽인 것이다.

그리스도는 십자가로 평안을 주신다(17절)

그리스도의 피로 유대인과 이방은 가까워졌다. 그리스도께서 막힌 담을 허시고 둘을 하나로 만드셨다. 그리스도께서 자기 육체로 법조문으로 된 계명의 율법을 폐하시고 둘을 한 새 사람으로 지으셨다. 그 둘 사이는 화평한 관계가 되었다. 그리스도께서 십자가로 원수 관계를 청산하고 이 둘을 한 몸으로 만들어 하나님과 화목하게 되길 바라셨다. 원수 관계로 지내던 두 민족이 화평한 관계를 회복하자 하나님과 화해가 이루어졌다. 바울은 그것을 이론적으로만 설명하지 않았다. 하나님과 화해가 이루어진 것은 실제 생활 영역에서 확인할 수 있다. 그것은 바로 '평안'을 누리는 것이다.

한글 개역개정역은 그리스도께서 오셔서 전해주신 복을 '평안'이라고 번역했다. '화평'과 '평안'은 동일한 단어요 동일한 의미이다. 아마도 개역개정 역자는 둘의 관계적인 면을 고려해서 '화평'(14, 15)으로, 둘의 관계가 아닌 민족 각자가 받은 것을 생각하며 '평안'으로 번역한 것으로 보인다. 현재 누리게 된 '화평'을 말하는 것은 과거에 '증오, 대적, 원수' 상태였음을 함축하고 있다. 동시에 그리스도의 피, 육체, 십자가로 주어진 현재의 화평은 앞으로도 지속되어야 함을 간절히 바라는 것이다. 왜냐하면 그 화평은 언제든지 깨어질 가능성을 가지고 있기 때문이다. 바울은 이것에 대해 밀레도에서 에베소교회 장로들을 불러 엄중 경고했었다(행 20:30).

"또 오셔서"는 그리스도께서 정말 오신 것을 가리킨다. 먼저는 유대인들에게 오셨고 다음에는 이방인들에게 오셨다. 바울이 지금 메시지하는 맥락에서 보면 유대인과 이방인 사이에 있던 증오, 대적, 원수의 함정이 가로놓여 있는 막힌 담에 오신 것이다. 유대인들도 그리스도께 나아가는 것이 절대 불가하다. 하물며 이방인들이 어떻게 그리스도에게 나아갈 수 있겠는가? 그들을 결코 그리스도에게 나아갈 수 없다. 그리스도께서 그들에게 찾아오셔야만 만남이 이루어진다. 죄는 하나님과 사람 사이를 나누었고(사 59:2), 죄를 범한 모든 사람은 하나님의 영광에 이를 수 없다(롬 3:23). 그리스도께서 인간을 찾아오셔야만 했기에 하나님이신 그분이 사람으로 몸을 입고 직접 찾아오신 것이다.

"먼 데 있는 너희에게 평안을 전하시고"에서 "먼 데 있는 너희"는 과거 에베소교회 성도들이 이방인으로 있을 때를 가리킨다. 13절에 이미 과거 이방인으로 살던 에베소교회 성도들을 지칭해서 "전에 멀리"란 표현을 썼다. 그리스도께서 찾아오셔서 '평안'을 전해주셨다. 보통은 '복음을 전하다'라고 표현한다. 바울은 여기서 복음을 빼고 '평안을 전하다'라고 한 것은 위에서도 언급했지만 유대인들과의 사이에 있었던 증오, 적개심의 치유와 회복을 염두에 두고 있는 것으로 보인다. 바울은 로마서에서 "하나님의 나라는 먹는 것과 마시는 것이 아니요 오직 성령 안에서 의와 평강과 희락이라(롬 14:17)"고 했다. 그리스도께서 오셔서 유대인과 이방인에게 '평강'을 주신 것은 하나님 나라의 삶이 그들에게 나타나기를 기대한 것이다.

"가까운 데 있는 자들에게 평안을 전하셨으니"에서 '가까운 데 있는 자들'은 멀리와 대비되어 유대인들을 가리킨다. 유대인들은 자신들이 하나님의 선택을 받고 율법을 전해 받은 아브라함의 자손이라는 자

부심을 가지고 있었다. 그들은 당연히 천국시민이라고 생각했다. 그러나 그들에게도 평안은 없었다. 상대적으로 이방인들보다 박탈감은 적었을 수 있다. 그러나 그들이 생각하는 그들의 신분에는 착시 현상이 컸고, 그들의 삶에는 평안이 전혀 없었다. 그들이 하나님을 섬겼고 율법을 가졌지만 진정한 평안은 없었다. 평안은 그리스도를 통해서만 주어질 하나님의 선물이기 때문이다. 그리스도께서 오셔서 자기 민족에게 이 평안을 선물하셨다.

바울이 에베소교회 성도들에게 밝히는 그리스도의 십자가는 미래의 구원만을 이야기하지 않는다. 현재의 구원을 강하게 드러내 보여준다. 그것이 바로 '화평, 평안'이다. 이 평안은 구원받은 성도들이 이 땅에서 누리며 살아야 할 구원의 요소라고 볼 수 있다. 개인적이면서 동시에 구원자들과 관계 면에서도 누려야 할 삶이다. 개인적으로 화평한가? 가족 구성원의 관계에서도 화평한가? 믿는 이웃과의 관계도 화평한가?

화평은 아버지께 나아가게 한다(18절)

바울은 유대인과 이방인이 그리스도의 피로 가까워진 것에서 시작하여 둘이 한 몸을 이루어 하나님과 화목하게 된 사실을 소개했다. 더 나아가 그들이 실제 삶에서 관계 회복으로 인해 누리고 있는 평안을 보게 했다. 바울은 이제 에베소교회 성도들이 나아가야 할 최종적인 목표를 밝힌다. 이 최종적 목표에는 삼위 하나님이 전부 등장한다.

"이는 그로 말미암아"에서 '이는'은 평안을 지칭한다. 유대인들과 에베소교회 성도들에게 평안을 주신 분은 그리스도시다. 그리스도는 평안을 주신 데서 사역을 끝내지 않으셨다. 그래서 '그로 말미암아' 곧 '그리스도로 말미암아'란 의미이다. 그리스도는 그들을 또 다른 목적지로 인도했다.

"우리 둘이 한 성령 안에서"는 그리스도께서 유대인과 이방인들을 인도한 목적지이다. 바로 '성령 하나님'이 그 목적지 되신다. 그리스도께서 자기 육체로 유대인과 이방인들 사이를 막았던 담인 계명의 율법을 폐하시고 그들을 하나님과 화목한 관계로 회복시키고 그들에게 평안을 선물로 주셨다. 그리스도는 자신을 "내가 곧 길이요 진리요 생명이다(요 14:6)"고 밝히셨다. 그리스도는 아버지께 나아가는 유일한 길이시다. 그렇지만 하나님 아버지는 그리스도는 길의 역할을, 그 길을 걸어서 자신에게로 오는 인도자의 역할은 성령 하나님에게 맡기셨다. 그래서 그리스도는 하나님과 화목하게 된 유대인과 이방인들을 성령 하나님께 인도했다. 바울은 '둘'과 '한'을 대조시키고 있다. 유대인과 이방인들은 서로 다른 길을 통해서 하나님 아버지께로 가지 않는다. 오직 한 길을 통해서 간다. 성령 하나님은 그 둘을 자신 안에서 이제 최종목적지까지 인도하신다.

"아버지께 나아감을 얻게 하려 하심이라"는 그리스도께서 성령님께 인도한 유대인과 이방인들이 나아가야 할 최종 목적지이다. 바로 하나님 아버지시다. 18절은 "그를(그리스도) 통하여", "한 성령 안에서", "아버지에게"라는 표현을 통해서 삼위 하나님의 역할을 알게 해준다. 우리는 그리스도의 절대적인 도움 아래서 신앙의 첫 발을 뗄 수 있다. 그 이후에는 철저하게 성령 하나님의 도우심과 인도하심을 받아야 한다. 그리고 우리가 안착해야 할 최종 목적지는 하나님 아버지의 품 안이다. 유대인으로서 이방인으로서 에베소교회를 구성하고 있는 모든 성도들의 최종적이고 유일한 목표는 하나님 아버지께 나아감이다. 심지어 그 길을 만드신 그리스도조차도 그것을 넘보지 않으신다. 성령님은 성도를 하나님 아버지께 인도하시는 역할을 충실히 감당하신다. 에베소교회의 어떤 누구도 이 역할을 대신할 수 없다. 바울은 4-5년 전에 예언적인 선포를 했었다.

> "여러분들 중에도(에베소교회 장로들) 제자들을 끌어 자기를 따르게 하려고 어그러진 말을 하는 사람들이 일어날 줄을 내가 아노라(행 20:30)"

만일 장로들이 어그러진 말을 하여 자기를 따르게 한다면 성령 하나님이 하시는 역할을 가로채는 것이다. 목회자는 성도를 하나님 아버지께 인도하는 역할만 하면 된다. 자신을 따르게 하는 어떤 말이나 행동을 해서는 안 된다. 성도의 참되고 유일한 복, 복된 신앙생활은 하나님 아버지께로 나아가는 것이다. 하나님 아버지께 나아가지 못하게 하는 모든 것은 축복이 아니라 성도가 가는 길에서 이탈시키는 저주이다. 성도들은 잘 살펴보아야 한다. 지금 눈에 좋아 보이고 맘에 즐거운 것일지라도 하나님 아버지께 나아가는 길에서 이탈시키거나 지체시키는 어떤 것도 유익한 것이 아님을 알아야 한다.

13
성도는 하나님이 거하실 처소이다

이 부분은 앞의 네 가지 '하나'로부터 이끌어낸 결론이다. 현재 에베소 교회 성도들의 신분을 말하고 있다. 그들의 현재 신분이 어떻게 그들에게 주어진 것인가를 역사적 측면에서 서술한다. 그 역사적 서술과 그리스도를 연결시킨다. 새로운 소재, 곧 '집'이란 소재를 가지고 들어와 글을 전개한다. 성도의 본분은 아버지께 나아가는 것이다. 바울은 18절의 '아버지'의 개념에서 '집'이란 소재로 발전시켜 집의 기초와 집의 존재 목적을 밝히며 성도가 나아가야 할 목표를 제시한다.

현재는 하나님의 가족이다(19절)

"**그러므로 이제부터**(ἄρα οὖν)"에서 '그러므로'는 바울이 사용하는 특별 관용구이다. "아라 운"은 문장이나 구절 사이의 일치를 나타낼 때 사용된다. '알맞게, 따라서'의 의미를 가지고 있다. '이제부터'는 '더 이상~는 아니다, 이제는 ~아니다'란 부정부사이다. 그러므로 "따라서 더 이상 외인이 아니다"란 뜻이다. 그리스도로 말미암아 둘이 한 성령 안에서 아버지께 나아감을 얻기 때문에 더 이상 외인(손님)이 아니란 주장이다.

“**너희는 외인**(손님)**도 아니요 나그네도 아니요**”에서 전자는 한 도시에 거주하는 자로서 다른 민족을 가리킨다. 곧 이방인들을 가리키는 말이다. 원래 문자적으로는 다른 사람 곁에서 사는 자 혹은 이웃을 의미한다. 후자는 단순한 여행자를 가리킨다. 이것은 가장 쉽게 이해할 수 있도록 설명하는 말이다. 이방인 에베소교회 성도들 옆에도 외인 같은 사람, 나그네 같은 사람 등이 있다. 그들이 어떤 상태로 살아가는지, 어떤 마음으로 살고 있는지, 그들이 무엇을 동경하는지 잘 알고 있을 것이다. 바울은 유대인과 에베소교회 성도들 사이가 지금 그들이 알고 있는 외인도, 나그네도 아니란 것을 말한다.

“**오직 성도들과 동일한 시민이요**”에서 ‘성도들’은 유대 그리스도인들을 가리킨다. 에베소교회 성도들은 유대인 그리스도인들과 동일한 하나님 나라의 시민이다. 유대 그리스도인들이 가진 혜택과 권리를 그들도 가지고 있음을 의미한다. 에베소교회 성도들은 1:1의 바로 그 성도들이다. 바울이 성도들을 유대 그리스도인들로 보았다면 그리스도 안에서 신실한 자들은 이방인 에베소교회 성도들일 수 있을 가능성도 있다. 미리 염두에 두고 그렇게 표현했을 수도 있을 것이다. 물론 헬라어문법에 준한다면 한 관사에 성도들과 그리스도 예수 안에서 신실한 자들이 같이 연결되어 있기 때문에[1] 성도들이 곧 그리스도 예수 안에서 신실한 자들이다. 이 논리가 가능한 것은 이방인 에베소교회 성도들이 유대 그리스도인 성도들과 전혀 다른 것이 없는 동일한 시민이기 때문이다. 유대 그리스도인이 하나님의 나라에서 누릴 권한이 무엇일까? 그들이 누릴 권한이 무엇이든 간에 이방인 에베소교회 성도들 또한 그것을 누릴 권한을 가졌다.

“**하나님의 권속이라**”는 도시나 나라 이미지에서 가족 이미지로 방

1 τοῖς ἁγίοις (τοῖς οὖσιν ἐν᾽Εφέσῳ) καὶ πιστοῖς ἐν Χριστῷ᾽Ιησοῦ·

향을 전환하고 있다. 외인, 나그네는 도시 이미지를 보여준다. 성도들과 시민은 하나님 나라 이미지를 대변하고 있다. 바울은 18절에서 유대인과 이방인이 한 성령 안에서 아버지께 나아간다고 했었다. 바로 그 '아버지'에서 '권속'이란 개념으로 발전시키고 있다. 즉 집안 혹은 가족 개념으로 발전시키고 있다. 아버지는 하나님이시다. 그분은 그의 모든 자녀의 아버지시다. 바울이 도입하고 있는 소재 '권속'[2]은 이어지는 '집'을 위해 징검다리 역할을 하고 있다. 바울의 머릿속에 들어있는 이방인 에베소교회 성도들의 현 신분에 대한 역사적 기초를 말하고 그들이 도달해야 할 목표를 제시하기 위한 전 단계이다.

현재는 하나님이 과거부터 계획하신 것이다(20절 上)

이방인 에베소교회 성도들의 과거는 유대인에 의해 이방인으로, 무할례자로 정죄되었다. 그들은 그리스도 없이 살았고 이스라엘 나라와 적대적인 관계로 지냈다. 하나님이 주신 약속의 언약들에는 배제된 자들이었다. 그래서 그들은 소망 없이 불경건한 자 곧 하나님을 믿지 않는 자로 살았다. 이렇게 살던 사람들에게 외인도 아니고 나그네도 아닌 복이 주어졌고 더 나아가 성도들과 동일한 시민이 되었다. 하나님을 아버지로 모시고 사는 가정의 식구가 되었다. 에베소교회 성도들은 아볼로와 바울로부터 복음을 듣고 믿어 신앙생활을 시작했지만 이러한 사실을 피부로 느끼지 못할 수도 있다. 바울은 이 은혜가 어떻게 그들에게 임했는지를 설명한다.

"**너희는 사도들과 선지자들의 터 위에 세우심을 입은 자라**", 에베소교회 성도들이 지금의 신분을 어떻게 얻게 되었는가를 말해준다. 그들이 현재 누리는 은혜는 하루 아침에 하늘에서 뚝 떨어진 것이 아니다.

'사도들의 터 위에 세워졌다'는 것은 바울 자신의 복음전파로 에베

2 갈라디아서 6:10에서는 '가정'이라고 번역했다.

소교회 성도들이 신앙생활을 시작한 것임을 함축하고 있다. 예수 그리스도께서 제자들을 선택하시고 그들에게 십자가 복음전파 증인의 사명을 맡기셨다. 에베소교회 성도들은 이들에 의해 복음을 전해 듣고 믿어 지금의 신분을 소유하게 되었다.

'선지자들의 터 위에 세우심을 입었다'는 것은 쉽게 정의하기 어렵다. 구약시대의 선지자를 의미하지는 않을 것 같다. 예수님 시대에 활동하던 선지자들을 가리킬 것이다. 이들은 이방 지역 안디옥에서 복음이 전파되고 그들이 예수 그리스도를 믿게 되자 예루살렘에서 내려와서 도왔다(행 11:27-30). 바울은 이들과 함께 안디옥교회를 섬겼고, 후일 안디옥교회 파송을 받아 선교사역을 시작했다. 아마도 바울은 이러한 역사적 맥락 속에서 이방인 에베소교회 성도들에게도 동일한 시각으로 메시지하고 있는 것으로 보인다. 특이한 점은 바울이 사도들과 선지자들의 터 위에 세워졌다고 말한 점이다. '터'는 일차적으로 집을 의미하고 있다. 18절에서 아버지, 19절에서 하나님의 권속(가정)으로 글을 확장시키며 하나님 자녀로서의 정체성을 강조하고 있다. '터'는 이 메시지를 더욱 확고히 하는 요소이면서 다음 강조하고자 하는 메시지를 함축하고 있다. 가정은 터 위에 지은 집을 중심으로 존재한다. 집에서 가장 중요한 것은 무엇일까?

"그리스도 예수께서 친히 모퉁잇돌이 되셨느니라", 집에서 가장 중요한 것은 모퉁잇돌이다. 바울은 그리스도 예수께서 가정을 존재하게 하는 집에서 가장 중요한 존재라고 밝힌다. 동시에 그 역할의 중요성을 드러내 보여준다. 한국식으로 모퉁잇돌을 이해해서는 곤란하다. 한국은 모퉁잇돌을 집터 네 모퉁이에 박힌 주춧돌 개념으로 이해한다. 그러나 바울이 언급한 모퉁잇돌은 1세기 로마식 건축 양식에서 이해해야 한다. 모퉁잇돌은 건물에 들어갈 때 입구를 생각하면 쉽게 이해할 수 있다. 건물 입구는 좌우에서 벽돌을 타원형으로 쌓아 올려 문 중앙에서 서로 연결된다. 모퉁잇돌은 바로 좌우에서 올라 온 돌을 이어 주는 역할을 하는 것이다. 바울은 이 용어를 통해서 두 가지 메시지를 동시에 하는 것으로 보인다. 하나는 집이란 건물이 존재하도록 입구를 서로 이어주고 온 가족들이 그것을 중심으로 서로 연결되어 있음을 말하고 있다. 다른 하나는 맥락에서 볼 때 유대인과 이방인이 모퉁잇돌 되신 그리스도를 중심으로 서로 연결되어 하나 되었음을 알려주고 있는 것이다. 바울은 이방인 에베소교회 성도들이 사도들과 선지자들의 터 위에 세움을 받았는데 그것은 곧 모퉁잇돌 되신 그리스도 위에 세워진 것임을 드러내고 있다. '집'은 건물을 의미하며 동시에 그리스도인 한 사람 한 사람을 가리킨다. 건물은 무엇을 위해 존재하고 있는가?

13 건물은 서로 연결되어 성전이 되어야 한다(21절)

성도는 하나님이 거하실 처소이다

바울은 이방인 에베소교회 성도들의 신앙생활의 목표를 제시하기 위해서 유대인과 이방인의 대적 관계, 원수로 지낸 지난날을 글 전개의 소재로 도입했다. 그들은 그리스도의 피로 가까워졌고(13), 그리스도께서 막힌 담을 허시고 둘을 하나로 만들었고(14), 자기 육체로 계명의 율법을 폐하셔서 둘을 한 새 사람으로 지어 서로 화평하게 하셨고(15), 십자가로 원수된 것을 소멸하고 둘을 한 몸으로 하나님과 화목하게 했다(16). 그리스도로 말미암아 둘이 한 성령 안에서 아버지께 나아감을 얻게 하심이 그 모든 것의 목표임을 밝혔다(18).

바울은 이방인 에베소교회 성도들에게 초점을 맞춰 다시 한 번 중요한 메시지를 던진다. 그것은 그들의 현재 정체성이다. 그와 같은 복을 얻었기에 외인도 아니고 나그네도 아니다. 오직 성도들과 동일한 시민이고 하나님의 권속(가정)임을 알린다. 가정을 소재로 도입하며 터, 건물의 중요성을 부각시키며 성도의 존재 이유를 다시 확장시켜 나간다. 건물은 왜 존재하는가? 즉 성도는 왜 존재하는가?

"그의 안에서 건물마다 서로 연결하여", 건물은 건축가에 의해 지어진다. 그러나 성도로서 건물은 그리스도 안에서 지어진다. 다른 어떤 것으로도 건축이 불가능하다. 집이 한 건물을 온전하게 이루려면 서로 연결되어야 한다. 대문, 툇마루, 여러 개의 방들, 부엌, 거실 등이 서로 연결되어 조화를 이루어야 집으로서 가치가 있다. 건물을 이루는 각 요소는 쓰임새가 다르다. 성도들 또한 하나님이 주신 각 달란트를 가지고 있다. 그 달란트는 연합하여 각각 제 기능을 발휘할 때 큰 역사를 일으킬 수 있다. 그러기 위해서는 건물이 연결로 조화를 이뤄야 하듯이, 성도들 또한 서로 연결되어야 한다. 바울은 이 서로 연결을 둘로 하나, 둘로 한 새 사람, 둘로 한 몸 등으로 강조했었다. 성도가 존재하는 이유는 서로 연결되는 것이다. 무엇을 위해서 서로 연결되어야 하는가?

"주 안에서 성전이 되어 가고", 건물이 건물로 존재하는 것은 성도 각자가 성도 각 개인으로 존재하는 것이다. 바울은 구약의 성전 이미지를 소재로 가지고 들어온다. 왜 가지고 들어오는가? 구약의 성전은 하나님이 자기 백성을 만나는 장소이다. 또 그곳에서 자기 백성들에게 하실 말씀을 하신다(출 25:21-22). 바울은 구약의 성전 개념을 소재로 도입하여 성도의 존재 목적을 밝힌다. 성도가 존재하는 목적은 하나님이 오셔서 거하시는 장소가 되어야 하고, 하나님이 오셔서 말씀하는 바를 듣고 그 말씀대로 살기 위해서이다.

하나님은 내 안에 거하시는가? 하나님은 내게 말씀하시고 계시는가? 나는 하나님의 말씀을 듣고 그 말씀대로 순종하여 살고 있는가? 오늘날 신학은 하나님의 음성을 듣고 신앙생활 하는 성도들을 신비주의자로 정의하고 있다. 조금 더 나아가면 이단으로 취급한다. 이런 상황에서 성도는 하나님이 거하시는 처소가 될 수 없다. 지식적으로 그렇다. 성도의 실제 삶의 측면에서 보면 하나님은 더욱 자신의 백성과 함께 하실 수 없다. 왜냐하면 하나님은 거룩하신 분이신데 성도는 성도란 이름은 가지고 있지만 전혀 죄에서 벗어나고 있지 않기 때문이다. 이는 하나님이 거하실 처소로 전혀 준비되고 있지 않음을 보여주고 있다. 바울은 성전 개념을 도입하여 구체적으로 성도가 존재하는 이유를 밝히고 있다.

성전으로서 성도는 하나님이 거하실 처소이다(22절)

앞 절에서 성전은 "그의(예수 그리스도의) 안에서, 주 안에서" 지어져 간다고 말했다. 그리고 본 절에서 "성령 안에서, 그리스도 예수 안에서" 지어져 간다고 밝혀 성령님의 역할을 새롭게 등장시켜 강조하고 있다.

"너희도 성령 안에서"는 성도가 하나님이 설정하신 목표인 하나님의 처소로 지어져 가는데 필요한 새로운 방법이다. 바울은 성도가 그리스도 안에서 하나님의 처소로 지어져 간다고 강조하는 중에 성령님의 역할을 새롭게 제시하고 있다. '성령 안에서'라는 말은 성령님의 성도에 대한 다양한 사역을 의미한다. 성령 하나님은 성도들을 인도하시는 분이시고(롬 8:14) 그들을 진리의 말씀으로 인도하셔서 하나님이 전해주시는 말을 들려주시고 장래 일도 알게 해주신다(요 16:13). 그리고 예수님이 가르친 것을 생각나게 해주시고 알려주신다(요 14:26). 더 나아가 성령 하나님은 죄에 대해서 책망하시고(요 16:8), 몸의 행실을 죽이도록 도우신다(롬 8:13). 성도가 하나님의 처소로 지어져 가는데 필요한 것은 그리스도와 관련된 말씀이다. 그 말씀을 성도에게 영향을 미치도록 도우시는 분은 성령 하나님이시다. 그래서 바울은 '성령 안에서'란 새로운 기능을 도입하였다.

"하나님의 거하실 처소가 되기 위하여"는 성령님이 성도를 위하서 사역하시는 목표를 알려주는 말씀이다. 성령님이 다양한 역할로 성도를 도우시는 것은 각 성도를 하나님이 거하실 처소로 삼기 위해서이다. 바울은 '하나님의 처소'를 자신이 쓴 고린도서에서는 하나님의 성전(고전 3:16), 성령의 전(고전 6:19)이라고 표현했다. 그러므로 하나님이 거하실 처소로서 성도는 곧 성령님이 거하실 처소라는 의미이다. 성령님이 왜 성도를 처소 삼아서 내주하시는가? 성령님이 성도를 위해서 하시는 특징적인 일 한 가지는 하나 되게 하는 일이다. 바울은 에베소서 4장에서 "성령이 하나 되게 하신 것을 힘써 지키라(4:3)"고 권면하였다. 에베소교회 성도 개개인이 하나님의 처소 곧 성령이 거하실 처소가 되어야 하고, 에베소교회 공동체가 성령이 거하실 처소가 되어야 한다. 왜냐하면 성도들과 교회 공동체가 하나님의 거하실 처소가 된다는 것은 성령님이 거하는 처소가 된다는 뜻이고, 성령님이 거하셔서 통치하시면 영원히 서로 사랑하여 하나 됨을 유지하고 발전시켜 갈 수 있기 때문이다.

"예수 안에서 함께 지어져 가느니라"는 이미 앞에 언급한 목표인 '하나님이 거하실 처소'를 지을 수 있는 유일한 방법이 무엇인가를 알려준다. 에베소교회 성도들 한 사람 한 사람은 예수 안에서 함께 하나님이 거하실 처소가 되기 위해서 지어져가고 있다. 어떤 성도는 지어져 가고 어떤 성도는 안 지어져가도 되는 것이 아니다. 모든 성도들 곧 유대인 성도뿐만 아니라 이방인 성도까지 하나님의 거하실 처소가 되기 위하여 오늘도 지어져 가고 있는 중이다. 그렇지 않다면 예수 안에서 함께 지어져 가지 않는 사람으로 인해 분리가 일어나게 될 것이다. 그들로 인해 서로 사랑에 금이 가게 되고 결국 하나됨은 붕괴될 위험에 처하게 될 것이다. "예수 안에서 함께 지어져 가는 것"은 예수의 십자가 사건을 통해서 이루신 앞 단락의 '둘'이 '하나'가 되는 사상을 달리 묘사한 것으로 볼 수 있다. 에베소교회는 유대인 성도와 이방인 성도가 함께 지어져 하나가 되어야 한다. 그리고 성도 개개인이 예수와 함께 지어져 하나님이 거하실 처소가 되어야 한다. 그래야 믿음의 굳건한 반석 위에 서서 영원토록 서로 사랑하며 하나 된 신앙생활을 유지해 나갈 것이기 때문이다. 바울은 이것을 4장에서 보다 실천적인 관점에서 풀어나간다.

에베소서 3장 해설

에베소서를 기록하게 된 내적 동기는 세 가지이다. "믿음"과 "서로 사랑"(1:15), 그리고 "궁금한 사정"(6:21-22) 등이다.

2장에서 "믿음"에 대해 깊이 있는 메시지를 전했다. 에베소교회 성도들의 과거를 밝히며 현재 그들이 누리고 있는 구원을 설파했다(2:1-10). 이때는 하나님 앞에서 이방인 에베소 사람들의 과거와 현재의 모습이었다. 후반부(2:11-22)는 유대인으로부터 이방인으로, 무할례자로 낙인찍힌 상태에서 서로 원수로 지냈으나 그리스도의 피, 육체, 십자가로 가까워지고, 한 몸이 되고, 한 새 사람이 되고 성전으로 준비되고 있는 현재의 모습을 밝히며 하나 됨을 강조했다.

바울은 3장에 들어오면서 에베소교회 성도들이 궁금해 하는 자신에 대해 짧게 메시지하기 위해서 글을 시작했다. 문득 다른 대상이 생각나 글을 이탈하게 된다(2-12). 에베소교회 구성원들 중에는 바울에게 직접 가르침 받고 양육 받은 성도들이 있다. 바울이 에베소교회를 떠난 후 막 새신자가 된 사람들도 생겨났다. 바울은 1세대 그리스도인들에게 자신의 사정을 메시지하려다가 2세대 그리스도인들이 생각났다.

그들을 위해서 뭔가를 전해야 할 필요성을 느끼고 간략하게 설교했다.

그리고 바울은 1세대 성도들에게는 자신의 환난에 대해 낙심하지 말라는 격려로 마무리 한다(13).

바울은 3장 마지막 부분에서 에베소교회 성도들을 위해서 하나님께 올리는 두 번째 간구를 기록하며(14-19) "서로 사랑"에 대해 말한다.

그리고 3장 마지막에 다시 송영(3:20-21)을 기록하고 있다. 바울은 삼위 하나님을 메시지하며 세 차례 송영을 기록했었다(1:6, 12, 14).

14
1세대에서 2세대로 나아가다

본문은 내적 기록동기 두 번째 부분(6:21-22)[1]을 간략하게 서술하기 위해서 글을 시작했다. 그러나 바울은 글을 마무리 하지 못한 채 잠시 글을 중단하고 멈추어 섰다. 2-12절까지는 에베소교회 2세대 성도들을 위해서 기록한 삽입 메시지이다. 바울은 13절에 내적 기록동기 두 번째 부분을 간략하게 메시지하고 넘어가고 있다.

첫 번째 왜냐하면(1절)

3장은 바울의 특별한 생각이 담겨 있다. 왜냐하면 두 개(1,14)의 "그것 때문에=이러므로"[2]라는 특수 구문으로 문장을 구성하였기 때문이다. 바울은 "그것 때문에"(지시대명사와 전치사)란 특별 용어를 선택해 자신의 의도와 목적을 전달하고 있다. 첫 번째 것은 에베소교회 성도들이 궁

1 에베소교회 성도들은 자신들의 스승인 바울이 로마의 감옥에 갇힌 것으로 인해 어떤 사정 가운데 있는지 궁금해 하며 한편으로 걱정근심 했다. 바울은 3장을 시작하며 이것에 대해 설명하려 하다가 줄여서 간단하게 언급하는 것으로 보이며(3:13), 자세한 사정은 두기고를 보내서 설명할 것을 약속하며 위로한다.

2 Τούτου χάριν(투투 카린)이란 특수관용구를 사용했다.

금해 하는 바울 자신의 사정을 짧게 설명하기 위해 설정된 부분이다. 두 번째 것은 바울의 에베소교회 성도들을 위해 하나님 앞에 올리는 또 다른 간구가 소개되고 있다.

개역개정역 1절은 "이러므로 그리스도 예수의 일로 너희 이방인을 위하여 갇힌 자 된 나 바울이 말하거니와"이다. 헬라어 성경을 새롭게 번역한 후에 의미를 찾아보도록 하겠다.

"이것 때문에 나 바울은 그리스도 예수의 일로 너희 이방인을 위하여 죄수가…", "이러므로"는 직역하면 "이것 때문에"이다. 이는 앞 1-2장의 내용을 통째로 받고 있다고 생각하면 된다. 성삼위 하나님에 대한 집약적인 설명, 에베소 교회 성도들의 신앙생활에 대하여 들은 소식, 그것으로 인해 감사하며 하나님께 간구한 내용 등을 포함하고 있다. 더 나아가서 에베소교회 성도들의 과거와 현재의 모습, 유대인들과 관계적인 면에서의 과거와 현재의 모습을 생각하고 있는 접속사이다. 헬라어 성경에는 "이것 때문에" 다음에 바로 "나 바울"이 나온다. 바울은 편지를 쓰고 있는 자신을 강조하고 있다. 바울은 자신이 왜 갇히게 되었는지 두 가지 측면에서 설명한다.

하나는 "그리스도 예수의 일"로 갇혔다. 바울은 에베소교회 성도들에게 자신의 사정을 "그리스도 예수의 일"이란 범주 안에서 설명하고 싶다는 뜻이다. '그리스도'는 어휘적인 면에서는 '기름부음 받은 자'란 의미이나 구세주, 메시아란 의미를 가지고 있다. '예수'는 영이신 하나님이 인간의 육체를 입고 오신 후의 이름이다. 물론 그 이름에는 주의 사자가 설명했듯이 "자기 백성을 그들의 죄에서 구원할 자"란 의미가 담겨 있다. 바울은 메시아의 구원을 전하기 위해서 일하는 사역자이다. 바울과 에베소교회 성도들의 관계는 그리스도 예수의 일 안에서만 성립된다.

다른 하나는 "이방인을 위하여 죄수"[3]로서 감옥에 갇히게 된 사실을 말하고 있다. 왜냐하면 바울과 죄수는 동격이기 때문이다. 즉 바울이 죄수이고, 죄수가 바울이다. 그러나 바울이 감옥에 갇힌 죄수가 된 것은 죄를 지었기 때문이 아니다. 하나님의 아들로서 구원자 되신 그리스도 예수의 일을 에베소교회를 비롯한 이방인들에게 전하다가 감옥에 갇혔음을 강조하고 있다. 바울은 에베소교회 성도들에게 메시지하기 위해 자신이 감옥에 갇히게 된 이유를 설명하다가 말꼬리를 흐린 후, 자신이 쓰려던 내용을 중단했다(무엇 때문에 중단했는가는 2절에서 살펴보겠다).

에베소교회 성도들은 로마의 감옥에 있는 바울이 자신들과 상관이 없는 일이라고 생각했을 수 있다. 그들이 바울의 갇힘을 염려했지만 거기까지 생각하지 못했을 수 있다. 바울은 자신의 사정을 궁금해하는 에베소교회 성도들에게 자신의 갇힘의 의미를 되새겨 준 것이다. 압박감을 주기 위해서가 아니다. 그들에게 주님의 사역의 목표를 일깨워주고 깨어 기도하며 그 사명을 감당할 것을 촉구하는 것이다. 그러면서 동시에 자신의 갇힘은 그들이 걱정할 일이 아니라 그들이 하나님께 감사해야 할 일임을 알리려 하고 있다. 더 나아가서 자신이 로마의 감옥에 갇혀 있는 상황만 보고 걱정하지 말고 주님의 뜻 안에서 자신의 갇힘을 생각할 수 있도록 이끌고 있는 것으로 보인다.

개역개정역은 "**말하거니와**"를 작은 글씨로 적었다. 이는 헬라어 성경에 없는 말을 적었다는 뜻이다. 헬라어 성경은 1절 말씀에 동사를 사용하지 않았다. 실제 헬라어 문장은 "이것 때문에 나 바울은, 그리스도 예수의 죄수, 너희 이방인을 위하여…"[4]라고 알리며 바울이 말끝을 맺지 않고 무언가를 생각하며 문장을 중단하고 있음을 보여준다. 무엇

3 개역개정역은 '갇힌 자'로 번역했다. 이는 곧 죄수를 가리킨다.

4 Τούτου χάριν ἐγὼ Παῦλος ὁ δέσμιος τοῦ Χριστοῦ Ἰησοῦ ὑπὲρ ὑμῶν τῶν ἐθνῶν·

인가가 바울로 하여금 쓰던 글을 멈추게 만들었다. 바울이 문장을 계속 잇지 못하고 멈추게 된 이유는 2절 이하에서 말해주고 있다.[5]

걱정하지 말라고 권면하며 위로하다(13절)

바울은 1절에서 로마의 감옥에 갇힌 자신의 사정을 궁금해 하는 에베소교회 성도들에게 글을 쓸 생각으로 얼굴을 한 명 한 명 떠올렸을 것이다. 그는 3년 동안 밤낮 에베소교회 성도들을 위해서 눈물로 기도하며 양육했었다(행 20:31). 그는 자신이 있을 때 전도하여 양육한 성도들은 다 떠올렸다. 그런데 갑자기 떠올릴 수 없는 얼굴들이 있었다. 바울이 에베소교회를 떠난 지 7년여가 지났다.[6] 바울에게 전도 받고 양육받은 1세대 그리스도인들이 전도하여 양육한 2세대들, 그들에 대한 소식은 들었으나 얼굴을 본 적이 없었다. 그 얼굴들이 떠오른 것이다. 그는 쓰던 글을 잠시 중단하고 그들을 위해서 뭔가 해야 할 것을 느꼈다. 2-12절 말씀은 바로 2세대들을 위한 메시지다. 그들을 위한 메시지를 끝내고, 바울은 1세대 그리스도인들에게 처음 하려던 말을 간결하게 한 절로 정리해서 적었다. 물론 2세대들도 포함될 것이다. 13절은 12절에 이어지는 것이 아니라 1절에 이어지는 말씀이다.

"그러므로 너희에게 구하노니", "그러므로"는 앞서 이야기한 모든 것을 총괄해서란 의미이다. "구한다"는 중간태로서 말하는 사람의 말을 강조하고 있다. 바울은 1절에서 "너희를 위하여 죄수가 되었다"고 했었다. 이방인 에베소교회 성도들을 포함한 모든 이방인을 위해서 갇힌 바울은 그 자격으로 충분히 그들에게 말할 자격이 있다는 의미를 전달하고 있다.

5 다음 장에서 2절을 살펴볼 때 설명하겠다.

6 바울은 53년에 3차 복음전도 사역을 시작했다. 에베소에서 3년을 사역을 하고 55년 말 경에 떠났다. 에베소서를 쓰고 있는 현재는 62년경이다. 56-62년은 약 7년이다.

"너희를 위한 나의 여러 환난에 대하여", 아마도 에베소교회 성도들은 현재 바울이 로마의 감옥에 갇힌 것부터 그 이전에 당한 여러 환난이 자신들을 위한 것이라고 전혀 생각하지 못했을 것이다. 바울은 아주 당당하게 자신이 전에 당했고 현재 당하고 있는 환난이 자신의 잘못 때문이 아니라 이방인들과 에베소교회 성도들을 위해서 당하는 환난이라고 밝힌다. 바울에게 있어서는 당연한 표현이지만 에베소교회 성도들에게는 쉽게 와 닿지 않는 말일 것이다. 바울은 주님께로부터 사도로 세움을 받았다. 바울은 그 사명을 감당하며 수많은 고난을 당했다. 그 마지막 고난으로 지금은 로마 감옥에 죄수로 갇혀 있다. 주님이 자신을 특별히 이방인의 사도로 세우셨으니 자신이 겪은 모든 환난은 이방인을 위한 것이었다. 바울은 주님과 이방인 사이에 선 자신의 사명을 근거로 "너희를 위한 나의 여러 환난"[7]이라고 말하고 있다. 에베소교회 성도들 또한 바울의 관점이라면 그의 말을 이해할 것이다.

"낙심하지 말라", 사실 감옥에 갇혀 있는 사람이 자유의 몸으로 사는 사람을 향하여 할 수 있는 말은 아니다. 자유의 몸으로 사는 에베소교회 성도들은 바울의 옥살이로 인해 염려하고 있다. 하나님이 왜 지켜주지 않느냐고 불평할 수도 있다. 그런데 바울은 오히려 그들을 권면하며 위로하고 있다. 에베소교회 성도들은 스승 바울이 로마 감옥에 있는 상황만 보고 보인 반응이기에 낙심할 수밖에 없었다. 그러나 바울은 자신의 상황을 본 것이 아니라 주님이 자신에게 맡기신 사명 감당 입장에서 자신의 갇힘을 바라보고 있기에 오히려 기뻐하며 즐거워하고 있다. 주님이 맡기신 이방 전도사역의 대단원의 막이 곧 내릴 것이기 때문이다. 바울은 서신의 말미(6:19-20)에 로마 황제 가이사의 재판이 가까이 왔음을 짐작하고 에베소교회 성도들에게 중보기도를 부탁하는 장면이 기록되어 있다. 바울은 재판의 판결에는 전혀 관심이

7 바울은 고린도후서 11장 23-29에서 자신이 당한 환난을 일목요연하게 정리했다.

없었다.[8] 바울은 재판 과정의 심문에서 전할 진리의 복음 증거에만 관심이 있었다. 상상을 해보라. 어떤 그리스도인이 로마 황제 가이사를 만나 복음을 전할 기회가 있겠는가? 주님은 바울을 죄수로 둔갑시켜 황제 가이사에게 재판을 받을 기회를 주셨고, 바울은 그 기회를 받아서 황제에게 복음을 전하는 것이다. 주님께서 자신에게 맡기신 마지막 사명을 감당할 기회가 왔다. 여기에는 낙심이 아니라 환희와 뿌듯함이 있다. 그래서 바울은 에베소교회 성도들에게 낙심하지 말라고 위로한다.

"이는 너희의 영광이니라", 바울은 데살로니가교회에 보내는 편지에서 "우리의 소망이나 기쁨이나 자랑의 면류관이 무엇이냐 그가 강림하실 때 우리 주 예수 앞에 너희가 아니냐, 너희는 우리의 영광이요 기쁨이니라(살전 2:19-20)"고 언급했다. 바울과 그의 동역자들은 주님 강림하실 때에 면류관을 받을 것이다. 무슨 근거로 면류관을 받을까? 바울과 그의 동역자들은 복음을 전했고 회심하여 하나님의 자녀들이 된 데살로니가교회 성도들이 면류관을 받을 근거가 되었다. 그래서 바울과 그의 동역자들은 주님 강림하실 때 너희들이 우리의 면류관이라고 당당하게 말했다. 그러면서 그들이 자신들의 영광이요 기쁨이라고까지 했다. 에베소서에서는 데살로니가전서와 반대로 표현하고 있다. 바울이 로마의 감옥에 갇힌 것이 낙심할 상황이 아니라 에베소교회 성도들에게 영광이라고 말하고 있다. 바울은 자신이 주님 앞에서 받을 영광을 에베소교회 성도들의 영광이라고 표현하고 있다. 바울은 자신과 에베소교회 성도들을 분리시키고 있지 않다. 자신과 성도들을 일체로 보고 있다.

8 바울은 재판의 결말을 이미 알고 있었다(빌 2:24). 재판에서 무죄 석방될 것을 응답받고 있었다.

15
2세대 성도들:
자신이 누구인지 잘 알아야 한다

1절은 완성하지 못한 문장이었다. "이러므로 나 바울은 그리스도 예수의 일로 너희 이방인을 위하여 죄수가…" 바울은 써야 할 동사를 사용하지 않았다. 보통 동사를 사용하지 않은 문장의 경우에는 전치사와 명사를 이어서 서술형식을 취한다. 그러나 1절은 그런 형태를 취하지도 않았다. 1절과 14절은 동일한 접속사[1] '이것 때문에'로 시작한다. 동일한 문장 구조를 보여주는 14절은 "무릎 꿇고 기도한다(캄프토)"는 동사를 사용했다. 바울은 1절에서 의도를 가지고 동사를 생략했다. 바울은 글을 쓰다가 더 이상 진행하지 않고 멈추어 서서 말을 잇지 않고 있다. 그러다가 2절을 시작하며 "적어도 ~일 것이다"란 말로 문장을 시작하여 흐름을 끊은 이유를 엿보게 한다.

바울은 2세대 성도들을 직접 양육하지 못했다(2절)

"너희가 들었을 터이라"는 **"적어도 너희가 들었을 것이다**(εἴ γε)"이다.

1 1 Τούτου χάριν ἐγὼ Παῦλος ὁ δέσμιος τοῦ Χριστοῦ Ἰησοῦ ὑπὲρ ὑμῶν τῶν ἐθνῶν·
14 Τούτου χάριν κάμπτω τὰ γόνατά μου πρὸς τὸν πατέρα,

개역개정역은 "적어도(심지어)~일 것이다"[2]란 말을 약화시켜 번역했다. 1절에서 글을 시작하다가 더 이상 전개하지 않고 "…너희 이방인을 위하여 죄수…"라는 글의 진행 흐름에서 멈춰 선 이유를 짐작하게 하는 표현이다.

바울이 3장을 시작하면서는 자신의 사정을 궁금해 하는 에베소교회 성도들에게 간략하게 사정을 설명하려고 했던 것으로 보인다.[3] 바울은 에베소에서 약 3년 동안 복음전도와 양육을 했다(행 19-20장). 아볼로가 에베소에서 먼저 전도활동을 했었다(행 18:24-28). 바울은 아볼로를 통해서 복음을 듣고 신앙생활 하는 사람들 중 일부를 만났다. 그들에게 "너희가 믿을 때에 성령을 받았느냐?"란 질문을 했고 성령의 세례를 받도록 도왔다(행 19:1-7). 바울은 이들을 비롯해서 두란노서원을 설립하여 약 2년 동안 복음을 전하며 양육했다. 이들은 에베소교회 1세대 성도들이 되었다. 바울이 에베소교회를 떠난 후 1세대 성도들이 복음을 전했고 그들에 의해 새로운 성도들이 태어났다. 에베소교회 2세대 그리스도인들이다. 바울을 1세대 그리스도인들의 얼굴을 한 명 한 명 떠올리면서 자신의 사정을 설명하려고 글을 시작했다. 1세대 그리스도인의 얼굴을 다 떠올린 후 정체를 알 수 없는 얼굴들이 떠오르기 시작했다. 바울은 에베소교회를 떠나 있는 7년 동안 1세대 성도들이 전도하여 어떤 사람들이 회심했다는 소식을 들었다. 갑자기 그들의 얼굴이 떠오르기 시작한 것이다. 그래서 바울은 시작하던 글을 멈췄다. 2세대 그리스도인들이 1세대 성도들에게 잘 배웠겠지만 바울은 자신이 직접 그들을 짧게라도 가르쳐야 할 필요성을 강하

2 2절은 에이(εἴ)란 종속접속사로 시작한다. 그리고 게(γε)란 불변화사를 뒤에 위치시켰다. "적어도(심지어)~일 것이다(했을 것이다)"란 의미이다.

3 2-12절을 감추고, 1절과 13절을 이어보면 충분히 그럴 가능성이 있음을 알 수 있다. 바울은 에베소 교회 성도들이 자신의 사정을 궁금해 하는 것에 대해 "낙심하지 말라"고 권면하고 있다. 오히려 자신의 갇힘이 에베소 교회 성도들에게 영광이라고 설명한다.

게 느낀 것으로 보인다. 그래서 동사를 사용하지 않고 말미를 흐린 것으로 보인다. 2절 첫 머리에 기록된 “적어도 ~했을 것이다”란 문장이 그 가능성을 보여준다. 살려서 번역하면 “적어도 너희가 하나님의 은혜의 경륜을 들었을 것이다”이다.

바울이 글을 쓰는 대상이 1세대 그리스도인들이라면 “적어도... 들었을 것이다”라고 표현해야 할 이유가 없다. 자신이 1세대 그리스도인들에게 가르친 내용을 너무나 분명하게 알고 있기 때문에 “너희가 분명히 들었다”라고 단정해 말했어야 한다. 그런데 “적어도 ~했을 것이다”라고 추측하고 있는 것은 자신이 직접 가르친 적이 없는 에베소교회 성도들을 대상으로 삼고 있음을 알 수 있다.

“너희를 위하여 내게 주신”, “너희”는 바울이 직접 가르치거나 양육한 적이 없는 에베소교회 2세대 성도들을 가리킨다. 여기에서 바울의 꼼꼼함과 한 명이라고 더 확실하게 하나님의 뜻을 알기를 바라는 간절한 마음을 읽을 수 있다. 자신이 가르친 적이 없는 에베소교회 성도들이 생각났더라도 그냥 지나칠 수 있다. 그러나 그는 그들의 영혼을 생각한 끝에 그들이 꼭 알아야 할 말씀을 짧게라도 전하길 원했다. “내게 주신”은 바울이 이방인들을 위하여 전해야 할 복음의 내용을 함축하고 있다. 그것은 곧 그가 전해야 할 사도적 직무를 포함하고 있다. “하나님 그 은혜의 경륜”은 바울이 받는 직무의 내용이다. 그러므로 “적어도 너희는 내게 주어진 직무상의 일에 대해 들었다”는 말씀이 된다.

“하나님의 그 은혜의 경륜을”, 3절에 의하면 “계시로 알게 된 비밀”이다. 비밀 계시의 내용은 “복음”이다. 바울은 복음을 “죄와 죽음으로부터 인간을 구원하시려는 하나님의 뜻을 따라 죽기까지 복종하신 그리스도의 은혜로 말미암아 성도를 부르시는 하나님의 복된 소식”이란 의미로 사용한다. 바울은 이것을 에베소에 머물며 전파했다. 1세대 성도들은 이 복음을 2세대 성도들에게 가르쳤다. 바울은 복음이 가져다

준 은혜를 세 가지 측면으로 나누어 6절에서 설명하고 있다.

"그들은 그리스도 예수 안에서 함께 상속자가 되고, 함께 지체가 되고, 함께 약속에 참여하는 자가 되었다(6)"

바울이 받은 직무는 계시로 주어진 것이다(3절)

"곧 계시로 내게 비밀을 알게 하신 것은", "곧"은 "호티"란 헬라어를 번역한 것이다. 이 단어는 바울의 직무와 일에 담긴 가장 밑바닥에 흐르는 보이지 않는 내용을 담고 있다. 헬라어 성경의 순서를 살려 번역하면 "곧 나에게 그 비밀을 알게 하신 계시로써"가 된다. 직무와 계시가 함께 결부되어 있다. 즉 바울이 사도로 부름을 받은 것과 바울이 알게 된 '비밀'로 정의하고 있는 계시가 한 문장에 속해 있다. 비밀은 6절에 설명되어 있다. 유대인과 이방인이 교회에서 동등하게 용납되었고, 유대인들과 동등한 것을 상속하고, 유대인들과 동등하게 약속에 참여하게 된 것을 의미한다.

"내가 먼저 간단히 기록함과 같으니", 바울은 이 비밀을 먼저 간단히 기록했다고 언급한다. 6절을 의미하지는 않는다. 먼저 언급한 것은 어디에 기록했을까? 가장 짧게는 2:19-22이 이에 해당할 것이다. 또 성삼위 하나님에 관한 기록을 의미할 수도 있다(1:3-14). 길게 보면 1:3-2:22까지 모든 내용이 포함될 수도 있다.

그 비밀은 주님의 거룩한 사도들과 선지자들에게 성령으로 나타내신 것이다. 다른 세대 사람들에게는 알리지 않은 것이다. 다른 세대에는 복음과 이방인의 관계를 밝히 드러내지 않았다. 사도들과 특별한 선지자들에게만 드러낸 것이다. 그 비밀의 내용은 이방인이 그리스도 예수 안에서 함께 상속자가 되고, 함께 지체가 되고, 함께 약속에 참여하는 자가 된다는 것이다(6).

바울은 제한된 상태로 있던 비밀을 깨달았다(4-5절)

바울이 깨달은 비밀은 전 세대에서는 드러나지 않은 것이다. 그래서 바울은 '다른 세대에서는 사람의 아들들에게 알리지 아니하였다'고 표현했다. 비밀은 "이방인들도 상속자가 된다"는 것이다.

"**그것을 읽으면 내가 그리스도의 비밀을 깨달은 것을 너희가 알 수 있으리라**(4)", "그것을 읽으면"은 바울이 먼저 간단히 기록한 것(3)을 가리킨다. 바울은 에베소교회 2세대 그리스도인들이 자신에 대해 알기를 바랐다. 바울과 에베소교회 2세대 성도들은 서로에 대해 간접적인 교제만 있었다. 바울은 에베소교회를 떠난 후 2세대 성도가 탄생한 소식을 인편을 통해 들었고, 2세대 성도들 또한 1세대 성도들로부터 바울에 대해 들었을 뿐이다. 바울은 자신을 드러내기 위해서 2세대 성도들이 자신이 어떤 사람인가를 알게 되기를 원하는 것이 아니다. 바울 자신이 그들에게 설명하려는 복음을 그들이 잘 깨닫고 신뢰하는 계기가 되기를 바람에서이다. 바울은 에베소교회 2세대 성도들이 "바울은 그리스도의 비밀을 깨달은 분이다"는 것을 알게 되기를 바란다. 그래야 바울이 하는 메시지를 2세대 성도들이 권위 있는 말씀으로 받아들여 지킬 것이기 때문이다. 바울은 비밀이 드러나게 된 방편을 말한다.

"**이제 그의 거룩한 사도들과 선지자들에게 성령으로 나타내신 것 같이**(5上)", 바울자신과 사도들 그리고 선지자들이 받은 계시의 출처는 성령 하나님이시다. 바울은 이미 2:20에서 사도들과 선지자들을 언급했었다. 이방인 에베소교회 성도들이 유대인과 동일한 시민이고 하나님의 권속이 된 것은 갑자기 하늘에서 뚝 떨어진 것이 아니다. 오래전부터 하나님의 계획 속에 있었고 때가 되어 사도들과 선지자들의 터 위에 세움을 받은 것이다. 바울은 사도들과 선지자들을 언급하면서 '거룩한'이란 제한을 사용했다. 모든 사도들, 모든 선지자들에게가 아니라 거룩한 사도들과 선지자들에게 계시를 주셨고, 그들을 통해서 비밀이 밝히 드러난 것이다.

성령은 어떻게 계시를 전달했을까? 성령님은 성도를 진리로 인도하시는 분이시고(요 16:13上), 성령님은 보혜사로서 말씀을 가르쳐 주시고 생각나게 해 주시는 분이시다(요 14:26). 성령님은 스스로 말하지 않으시고 오직 듣는 것을 말하실 뿐만 아니라 장래 일을 알려 주시는 분이시다(요 16:13下). 성령님의 역할을 보면 충분히 그분이 계시를 알려주실 분임을 알 수 있다.

"다른 세대에서는 사람의 아들들에게 알리지 아니하셨으니(5下)", "다른 세대"는 구약시대로 이해해야 한다. 바울이 전개하고 있는 메시지의 핵심은 성령으로 말미암아 계시된 비밀이 이방인들에게 알려졌다는 것이다. 구약시대에도 그 비밀이 전혀 알려지지 않는 것은 아니다. 알려지기는 했지만 분명하게, 광범위하게 알려지지 않았었다. 바울은 "사람의 아들들"이란 용어를 자신의 어떤 서신에서도 사용한 적이 없다. 오직 이곳에서만 사용했다. 바울은 이 용어를 자신이 주로 표현하는 '이스라엘의 아들들'과 대조시킨 표현으로 보여진다. 구약시대 모든 사람을 가리킨다고 보면 무난할 것 같다. 하나님께서 일부 거룩한 사도들과 선지자들에게 성령으로 비밀을 알려주셨을 뿐임을 강조하는 표현이다. 신약시대는 구약시대와 달리 이방인을 위한 구원계획이 온전하게 드러났다.

비밀이 완전히 드러났다(6절)

"이방인들이 복음으로 말미암아 그리스도 예수 안에서 함께", 앞부분 "이방인들이 복음으로 말미암아"는 2:11-22에 이미 언급한 내용을 한 문장으로 요약하고 있다고 볼 수 있다. 뒷부분 "그리스도 예수 안에서 함께"는 에베소교회 성도들 외에 다른 대상이 있음을 보여준다. 바울은 에베소서에서 그 대상을 유대인으로 설정하고 있다. 바울은 그리스도 예수의 십자가 사건으로 이방인과 유대인이 하나가 되어 화목하게 되었고, 한 성령 안에서 아버지 하나님께 나아간다(2:13-18)고 밝혔다. 이방인인 에베소교회 성도들과 유대인들이 함께 상속자가 된다. 이방인과 유대인이 하나라면 에베소교회에 속한 성도들이 하나가 되는 것은 너무나 당연한 것이다. 어느 누구도 교회를 분리시킬 자격은 없다. 그 자격은 마귀만 가지고 있다. 마귀는 교회 대표자들을 부추겨서 분리를 조장할 것이다. 현재 진행 중인 서로 사랑을 깨뜨리려고 도전할 것이다. 바울은 밀레도에서 에베소교회 장로들에게 자기 패거리를 만들 것이라고 했었다. 이는 반드시 그렇게 된다는 뜻이 아니다. 자칫 잘못하면 그렇게 되므로 조심해야 한다는 강력한 경고였다. 에베소교회 2세대 성도들은 다음 세 가지 은혜를 누리고 있음을 꼭 알아야 한다.

"상속자가 되고"는 '후사'를 의미한다. 하나님은 아브라함을 불러 "큰 민족을 만들어주겠다"(창 12:2)고 약속하셨다. 아브라함은 이것을 받아들여 하나님의 말씀을 따라 본토 친척 아버지 집을 떠났다. 이후부터 아브라함은 시도 때도 없이 하나님께 상속자 이야기를 한다. 아브라함은 그돌라오멜 연합군이 조카 롯과 재산을 탈취해 갔다는 소식을 듣고 추격하여 조카 롯을 구해온 후 두려움에 사로잡혀 있었다. 하나님이 그에게 나타나셔서 "두려워하지 말라 나는 네 방패요 너의 지극히 큰 상급이다"(창 15:1)라고 위로해주셨다. 아브라함은 하나님의 위로에는 아무런 관심을 보이지 않았다. 그는 즉각 하나님께 "나는 무자하오니 나의 상속자는 이 다메섹 사람 엘리에셀입니다"(창 15:2)고 말했다. "상속자"란 아버지의 대를 이을 자를 가리키고, 아버지의 모든 것을 물려받을 자를 가리킨다. 바울은 에베소교회 성도들이 하나님 아버지의 것을 유대인과 같이 물려받을 상속자임을 밝힌다. 그리스도 예수를 믿는다는 것은 이렇게 놀라운 복을 받는 것이다.

"지체가 되고"는 바울이 처음 사용하는 용어인 것으로 보인다. 바울 이전의 헬라 문학에서는 이 단어가 나타나지 않는다(폴크스). 바울은 47년경에 첫 복음전도 사역을 시작한다. 51년경에 데살로니가전서를 가장 먼저 기록하고[4] 약 4년 후인 55년경에 고린도전서를 기록한다. 에베소서는 그로부터 약 6, 7년 후인 61-62년 사이에 기록한다. 바울이 지체란 용어를 특별히 성경에 가지고 들어온 배경이 있을 것이다. 복음전도를 시작하고서 약 8년 후, 성경을 기록하기 시작한 후 약 4년 후에 고린도교회는 분쟁하고 있었다(고전 1:11). 고린도 지역에서 사역했던 사람들 중심으로 예수파, 바울파, 아볼로파가 형성되고 심지어 베드로파까지 있었다(고전 1:12). 고린도교회는 분쟁뿐만 아니라 음행의 문제, 송사의 문제, 결혼과 이혼의 문제, 우상의 제물 문제, 우상숭배의 문제, 성만찬의 문제, 은사 문제, 부활 문제 등을 가지고 있었다. 그리스도 예수를 믿으면서도 세상에서 일어나는 모든 문제를 그대로 가진 교회였다. 바울은 고린도전서 6장에서 음행과 송사의 문제를 다룬 후 "지체"란 용어를 처음으로 사용했다(고전 6:15). 바울은 그리스도 예수 안에서 모든 것이 가능하나 모든 것이 유익하지 않다고 제시한 후 고린도교회 성도들의 몸은 "그리스도의 지체이다"(고전 6:15)라고 정의했다.

그러므로 지체란 성도 한 사람 한 사람을 가리킨다. 그 지체는 그리스도의 몸에 붙어 있다. 몸이 없는 지체는 존재 자체가 불가능하다. 가지들은 땅에 깊게 뿌리내린 나무에 붙어 있으면서 영양을 공급받는다. 성도 또한 마찬가지이다. 몸인 그리스도에게 붙어 있으면서 생명을 공급받아 성도로서 살아가게 된다. 그리스도 안에 있는 생명을 공급받기에 그리스도께서 가진 품성, 삶이 나타나게 된다.

4 갈라디아서 기록 연대는 두 주장이 상충한다. 전기 기록연대설은 예루살렘 공의회 전이거나 직후에 기록되었다는 49-50년 기록설이다. 후기 기록연대설은 56-57년 기록설이다. 전기 기록연대설을 따르면 첫 번째가 아니라 두 번째 저작이다.

"함께 약속에 참여하는 자가 됨이라"는 이미 언급된 내용이다. "그 때에 너희는 그리스도 밖에 있었고 이스라엘 나라 밖의 사람이라 약속의 언약들에 대하여는 외인이요 세상에서 소망이 없고 하나님도 없는 자이더니(2:12)", 그리스도 안에 있는 성도에게 주어지는 가장 큰 약속은 무엇일까? 그것은 바로 구원이다. "언약"은 하나님과 아브라함 사이에 맺어진 약속이다. 그 언약은 이삭, 야곱, 모세, 다윗 등으로 이어졌다. 성도들은 하나님이 아브라함에게 약속하신 복을 계승하여 누린다. 바울은 갈라디아서에서 "이는 그리스도 예수 안에서 아브라함의 복이 이방인에게 미치게 하고 또 우리로 하여금 믿음으로 말미암아 성령의 약속을 받게 하려 함이라(갈 3:14)"고 기록하여 이방인들도 믿음으로 아브라함의 복을 받는다고 했다. 구약성경의 이 복은 그리스도 예수 안에서 구원을 얻는 것으로 이해된다. 바울의 이 해석은 유대인들이 주장하는 육적 이스라엘에 국한시키지 않고 영적으로 이해했음을 보여준다. 바울은 하나님이 아브라함에게 주신 복이 복음이라고 해석하였다(갈 3:8). 그러므로 유대인들이나 이방인 중 예수 그리스도를 믿는 자들은 아브라함에게 주신 복, 즉 복음이란 복을 받게 된다.

16

2세대 성도들: 바울이 누구인지도 알아야 한다

바울은 앞부분에서 이방인 에베소교회 성도들이 알게 된 비밀, 그들이 누리게 된 중요한 복 세 가지를 메시지했다. 앞 장에서 바울은 자신을 포함한 거룩한 사도들과 선지자들에게 성령으로 그 비밀을 알게 되었다고 적었다. 이제 바울은 2세대 성도들에게 하나님 앞에서 자신이 어떤 사람인가를 설명한다.

바울은 하나님의 은혜로 일꾼이 되었다(7절)

바울은 예수 그리스도를 믿는 자들을 박해한 핍박자였다. 하나님이 그를 부르셨고, 그에게 사명을 주셨다(행 9장). 그는 다메섹이란 지역에 그리스도인들이 왕성하게 활동한다는 소식을 접했다. 그는 공회원에 그리스도인 체포영장을 신청해서 발부받았다. 그가 다메섹 근처에 이르렀을 때 홀연히 하늘로부터 빛이 그를 둘러 비추었다. 그는 그 빛 앞에 서 있을 수 없어 땅에 쓰러졌다. 그때 하늘에서 울려 퍼지는 "사울아 사울아 네가 어찌하여 나를 박해하느냐(행 9:4)?"란 소리를 들었다. 이로 인해 그는 눈이 멀었고 사흘 동안 금식하며 지냈다. 주님은 아나니아를 보내 사울을 안수하게 했다. 사울은 눈을 회복하여 보게 됨과 동시에 성령충만을 받았다. 직후에 세례도 받았다. 바울은 자신의 고백처럼 전적인 하나님의 은혜로 말미암아 그리스도 예수의 일꾼이 되었다.

"이 복음을 위하여 그의 능력이 역사하는 대로", "복음"은 죄와 죽음으로부터 인간을 구원하시려는 하나님의 뜻을 따라 죽기까지 복종하신 그리스도의 은혜이다. 이 은혜는 유대인과 이방인들에게 값없이 주어진 복된 소식이다. "능력"은 절대적인 힘 또는 속성으로서 힘을 뜻한다. 헬라어 두나미스(능력)는 어떤 물체를 흔적도 없이 없애버린다는 의미를 가지고 있다. 하나님의 전능하신 힘으로 이해하면 좋겠다. "역사"는 초자연적인 힘이 실제로 사람에게 미치는 힘을 뜻한다. 즉 하나님이 소유하신 초자연적인 능력이 사람에게 직접 나타나게 되는 것을 말한다. 하나님의 초자연적인 능력이 박해자 바울에게 미쳐 그 행위를 중단시켜버린 힘을 가리킨다.

"내게 주신 하나님의 은혜의 선물을 따라 내가 일꾼이 되었노라", 바울이 받은 직분을 설명하는 말이다. 핵심 용어는 "일꾼"이다. 보통 세상에서 일꾼은 자신의 노력으로 얻는 결과물이다. 그러나 하나님의 일꾼은 자신의 노력으로 얻을 수 없다. 그것은 하나님의 섭리에 의해 결정된다. 바울은 자기 노력으로 열심히 학습한 대가로 주님의 일꾼된 것이 아니다. 그는 주님의 대적자였다. 주님은 그런 바울에게 은혜의 선물을 베푸셨다. 하나님은 그를 구원으로 부르시고, 또한 그를 사역을 위한 일꾼으로 부르셨다.

바울이 일꾼이 된 것은 이방인에게 복음을 전하기 위함이다(8절)

8절은 7절과 내용상 동격이다. 세 가지 근거 때문이다. 8절에는 접속사가 없다. 7절에서 사용한 모이(μοι나에게)를 8절에서는 에모이(ἐμοι나에게)로 강조해서 사용했다. 그리고 은혜라는 용어를 동일하게 사용한다.

"모든 성도 중에 지극히 작은 자보다 더 작은 나에게 이 은혜를 주신 것은", 바울이 주님 앞에서 발견한 자신의 모습을 정의한 것이다. 헬라어는 최상급과 비교급을 이중형식으로 사용했다. 신약성경에서는 이곳에서만 사용한 용법이다. 이 용법을 통해 바울은 자신이 복음의 일꾼이 되기에 가장 부적합했다는 사실을 강조하고 있다. 바울이 이렇게 자신을 정의한 것은 그가 실제로 다른 성도들이나 사람보다 못하다는 뜻이 아니다. 이전에 교회와 성도들을 핍박했던 자신에 대한 하나님의 무한한 은혜에 비춰본 신앙적 인식의 발로이다. 그는 자신이 그리스도를 믿는 모든 성도들 중에 가장 보잘 것 없는 존재라고 말한다.

"측량할 수 없는 그리스도의 풍성함을 이방인에게 전하게 하시고", "측량할 수 없다"는 것은 문자적으로 발자국이 없다는 뜻이다. "측량할 수 없는 그리스도의 풍성함"은 감히 인간의 이성으로는 파악할 수 없는 그리스도의 고난과 죽으심, 그리고 부활과 승천에서 명백하게 드러난 하나님의 구원의 역사를 뜻한다. 하나님은 이 은혜를 이방인들에게 전하시려고 바울을 일꾼으로 삼으셨다. 바울은 자신이 받은 은혜대로 목숨을 바쳐 사역했다. 그 결과 감춰졌던 비밀이 바울을 통해 이방인들에게 드러나게 되었다.

바울은 비밀의 경륜을 드러냈다(9절)

9절은 하나님이 바울을 일꾼 삼은 목적을 기록하고 있다. 즉 8절의 "측량할 수 없는 그리스도의 풍성함"은 하나님 속에 감추어졌던 비밀의 경륜의 내용이 된다.

"영원부터 만물을 창조하신 하나님 속에 감추어졌던 비밀의 경륜이"에서 "경륜"은 집의 관리자 혹은 지배자란 뜻이다. 바울은 창조와 경륜을 연결시키고 있다. 창조는 하나님의 원대한 계획 속에 있었다.

그것이 실제로 모습을 드러냈을 때 하늘에 있는 것들과 땅, 그리고 바다에 있는 것들이 하나씩 보이기 시작했다. 마찬가지로 "비밀의 경륜"도 하나님의 계획 속에 있었다. 그것은 그리스도의 오심, 고난 받으심, 십자가 죽으심과 부활 그리고 승천을 포함하고 있다. "감추어졌던"은 분사 완료 수동태로서 하나님이 철저하게 꼭꼭 숨기신 것을 의미한다. 이에 반하여 "드러내다"는 부정사 과거 능동태로서 바울이 껍질 벗기듯이 그것을 하나씩 하나씩 드러냈음을 강조하고 있다.

"어떠한 것을 드러내게 하려 하심이라"는 비밀의 경륜이 유대인들에게만 해당하는 것이 아니라 이방인들에게도 동일하게 주어진 것임을 알리는 말이다. 즉 바울은 하나님 속에 감춰진 것을 이방인들에게 드러냈다. 그것은 한 마디로 복음이다. 바울은 태양이 빛을 비추어 대낮을 만드는 것 같이 이 복음을 이방인들에게 밝히 드러내었다. 하나님이 바울을 일꾼으로 세우신 목적이다.

바울이 드러낸 경륜은 누군가가 알아야 한다(10절)

10절은 바울이 감추어졌던 비밀을 드러냈는데 그것을 누군가가 이어받아 지속적으로 그 사역을 감당해야 하는 것과 그 드러난 비밀이 어떤 영역에까지 미쳐야 하는가를 알려주고 있다.

"이는 이제 교회로 말미암아"에서 "이는"은 바울이 설명한 앞 절의 내용을 의미한다. "이제"는 바울이 감당했던 사역이 다른 누구에게로 전환되어야 할 시점이 된 것을 가리킨다. 하나님이 특별히 세운 바울이 감당하여 드러낸 복음은 이제 한 개인이 아닌 교회 공동체에게 위임되었음을 알린다. 교회 공동체가 존재하는 본질이 무엇이어야 하는가를 보여준다. 교회는 성도 개인이 받을 복 이전에 이 복음의 비밀을 전하고 또 전해야 하는 사명을 띤 곳이다.

"하늘에 있는 통치자들과 권세들에게"는 바울이 드러낸 복음을 알려야 하는 영역이 어디까지 인가를 보여준다. "하늘에 있는 통치자"는 선한 천사들을 의미한다. "권세들"은 타락한 천사들을 일컫는데 "정사들"이라고도 한다. 복음의 비밀을 전해야 할 대상들은 하늘의 선한 천사와 타락한 천사들까지이다. 왜 이들에게 알려야 하는 것일까? 선한 천사든 타락한 천사든 그들이 할 일은 지배하는 일이다. 선한 천사와 타락한 천사는 그가 가진 권세로 지배한다. 그들이 가진 지식이 과거의 것에만 제한되어 있으면 과거의 것으로만 지배하게 된다. 그들은 새로운 지식을 전해야 한다. 그들은 이제 교회로부터 지식을 습득해야 한다. 그리스도 안에서 하나 된 교회의 위상이 그만큼 높다는 것을 말하고 있다.

"하나님의 각종 지혜를 알게 하려 하심이니"는 하늘에 있는 두 존재들이 구체적으로 획득해야 할 내용이 무엇인가를 말해준다. "하나님의 각종 지혜"는 유대인과 이방인 모두에 대한 구원계획을 그리스도 안에서 성취시켜 나가시는 하나님의 무한하고 다양한 능력을 의미한다. 바울은 로마서에서 "깊도다 하나님의 지혜와 지식의 부요함이요. 그의 판단은 측량치 못할 것이며 그의 길은 찾지 못할 것이로다(롬 11:33)"라고 선언했다. 교회의 존재이유와 목적은 하나님의 구원의 지혜와 지식을 온 천지에 전하는 것이다. 당시 유대인들은 천사를 숭배해야 할 존재로 생각하고 믿었다. 히브리서가 그것을 말하고 있다. 교회가 천사를 숭배해야 할 것이 아니라 교회는 천사들에게 십자가의 지혜를 가르쳐야 할 존재이다. 아마도 그것은 성도 각자가 천사들을 부릴 때 성취될 것이다.

바울은 하나님이 예정하신 경륜을 드러냈다(11절)

11절은 바울이 하나님의 일꾼이 되어 감추어졌던 비밀을 드러낸 것의 근본이 어디인가를 말해준다.

"**곧 영원부터**"는 단순한 시간적인 의미를 나타내지 않는다. 9절의 영원은 시간적 의미를 내포하고 있으며 그리스도와 함께 끝이 난다. 그러나 여기서는 원래 세대들을 의미한다. 이 단어는 뒤의 "예정하신 뜻"과 연결되어 모든 세대들을 아우르는 뜻을 가리킨다. 각각의 세대가 존재한다. 그 각각의 세대에 일관되게 주어진 뜻이 있었다는 의미이다.

"**우리 주 그리스도 예수 안에서 예정하신 뜻대로 하신 것이라**"에서 "예정하다"는 결정하다란 의미로 보는 것이 좋겠다. 1장 9, 11절에 사용된 예정하다의 의미와는 다르다. 바울이 드러낸 감추었던 비밀은 하늘에서 뚝 떨어진 것이 아니라 각 세대에 걸쳐 드러나도록 하나님이 그리스도 예수 안에서 결정하신 것이다. 바울이 자신의 사역에 대하여 역사적 의미를 부여하고 있다고도 볼 수 있다. 바울은 예수님의 부름을 받고 함께한 제자가 아니다. 그는 부활의 주님에 의해 직접 부름을 받았다. 그로 인해 그의 사도직은 많은 도전을 받았다. 바울은 자신이 드러낸 비밀이 하나님의 결정에 의한 것임을 강조하고 있다.

믿는 자는 하나님께 나아감을 얻는다(12절)

바울은 하나님의 영원하신 구원계획이 이루어졌고 그것을 받은 교회가 해야 할 사역이 정해졌다고 선포했다. 이제 그것을 누릴 방법을 설명한다.

"**우리가 그 안에서 그를 믿음으로 말미암아**", 하나님의 계획은 예수 그리스도 밖에서는 아무것도 있을 수 없다. 예수 그리스도 안에서만 누릴 수 있다. 왜냐하면 하나님이 예수 그리스도 안에서 모든 것을 이루실 계획을 하셨기 때문이다. 예수 그리스도 안에서는 곧 그를 믿는 것이다. 하나님이 바울을 통해서 드러낸 하나님의 경륜 즉 예수 그리스도의 십자가를 통한 구원계획은 그 사실을 믿음으로 얻을 수 있다. 다른 어떤 방법으로도 얻을 수 없다. 믿음으로 구원을 받는다는 것이 이론에 머물러서는 안 된다.

“**담대함과 확신을 가지고 하나님께 나아감을 얻느니라**”, 믿음으로 구원받는 성도가 누리게 될 복이다. “담대함”은 본래 언론의 자유를 가리킨다. 이것이 복음 안에서 두려움과 부끄러움이 없는 자유로운 상태로 발전하였다. 하나님의 계획을 믿고 그리스도와 연결되어 있으면 더 이상 악한 영들의 지배 가운데 머물러서는 안 된다. 거기에서 벗어나 하나님께 나아가야 한다. 요한 사도는 “진리를 알지니 진리가 너희를 자유롭게 하리라(요 8:32)”라고 했다. 믿음을 가진 성도는 하나님과 말씀을 배우고 그 말씀을 기초로 살아가게 된다. 그것은 마귀의 지배로부터 벗어난다는 뜻이고 동시에 하나님께 나아가는 행위이다.

“확신”은 당당하게, 거리낌 없음을 뜻한다. 그리스도를 믿어 구원을 누리게 되면 자유롭게 전혀 거리낌 없이 하나님 아버지께 나아가게 된다. 바울은 로마서에서 “모든 사람이 죄를 범하였으매 하나님의 영광에 이르지 못하더니(롬 3:23)”라고 했다. 그리스도를 믿음으로 죄에서 벗어나게 되면 더 이상 마귀에게 얽매이지 않고 하나님 아버지께 나아가게 되는 것은 지극히 정상적인 삶이다.

바울은 자신이 직접 복음을 전하고 양육하지 않았던 에베소교회 2세대들에게 짧지만 강력하게 복음을 선포했다. 이제 바울은 원래 1세대들에게 하려고 했던 권면으로 돌아간다. 그런데 단 한 절로 권면을 마무리했다(앞에서 이미 다루었다).

17
속사람: 사랑으로 강건하게 하라

이 본문은 바울이 에베소교회 성도들을 위해서 하나님께 드리는 두 번째 기도이다. 첫 번째 기도에서는 바울이 에베소교회 소식을 들으면서 감사하고 하나님께 간구하였다(1:16). 그때는 네 가지 내용을 간구했다. 하나님을 잘 알게 하옵시고, 부르심의 소망을 알게 하시며, 기업의 풍성한 영광을 알고, 하나님이 행하신 크신 능력을 잘 알도록 기도했었다. 두 번째 간구는 첫 번째 간구와는 차원이 다르다.

아버지께 간구한다(14-15절)

바울은 3장을 시작하면서 "이러한 이유 때문에"[1]란 관용구를 사용했었다. 그는 또 다시 그 관용구를 사용하며 두 번째 기도를 한다. 즉 이러한 이유 때문에 두 번째 기도한다는 것이다. 1절의 "이러한 이유 때문에(개역개정: 이러므로)"는 앞 2장 11-22의 내용을 받았다면 14절의 관용구는 3장 2-12의 내용을 받는다. 앞 내용을 요약하는 것이 14절의 "이러한 이유 때문에"라는 말을 보다 잘 이해할 수 있겠다.

1 Τούτου χάριν (투투 카린)

2세대 성도들은 복음으로 말미암아 그리스도 예수 안에서 함께 상속자가 되었고 함께 지체가 되었고 함께 약속에 참여한 자가 되었음을 말했다(6). 바울은 감춰진 비밀을 드러내 에베소교회 성도들에게 전했다. 하나님은 에베소교회와 성도들을 통해서 그 비밀을 하늘에 있는 통치자들과 권세들에게 하나님의 각종 지혜를 알리길 원하신다고 선포했다(10). 이와 같은 일을 감당하기 위해서 선행되어야 할 일이 있다. 바로 예수 그리스도를 믿는 일이다. 예수 그리스도를 믿을 때 에베소교회 성도들은 흔들리지 않고 믿음으로 담대함과 확신을 가지고 하나님께 나아가게 될 것이다(12). 바울은 "이러한 이유 때문(14)"에 에베소교회 성도들을 위하여 두 번째 기도를 하나님 아버지께 드린다.

3장 2-12은 어떤 위험성을 안고 있는가? 바울에게 서신으로 양육받고 있는 이들은 에베소교회의 새 가족들이다. 믿음에서 떨어진다면 누가 이탈하게 될까? 그리스도의 사랑을 알고 그것을 실천하기에 부족한 자는 누구일까? 바로 이들일 것이다. 그래서 바울은 1세대들을 위해서 먼저 아버지 하나님께 간구했고(1:17-19), 이제 그들과 2세대들을 포함하여 다시 간구하고 있다. 어떻게 보면 서신의 본론 시작에서 기도했고, 이제 서신의 본론 교리부분을 마치는 시점에서 다시 간구하고 있는 것이다. 즉 서신의 교리편(1-3장)을 기도로 시작해서 기도로 마치고 있다. 바울의 기도를 들으시고 응답하실 하나님은 어떤 분이신가?

"하늘과 땅에 있는 각 족속에게 이름을 주신 아버지 앞에 무릎을 꿇고 비노니"라고 기도한다. "하늘에 있는 족속"은 믿음으로 하나님의 나라에 있는 성도들을 가리킨다. "땅에 있는 족속"은 현재 믿음으로 하나님의 자녀가 된 성도들을 가리킨다. 바울은 왜 이 제한을 설정하고 있을까? 하늘에 있는 성도들과 현재 땅에 있는 성도들은 바울의 기도를 들으시고 응답하실 하나님을 믿었고 믿고 있는 산 증인들이다. 즉 바울의 간구와 응답을 보증하는 증인들이라고 할 수 있다. 바울이 기도한 대상인 "이름을 주신 아버지"는 어떤 분을 가리키는가? 이름은 사람 그 자체를 의미한다. 존재론적 의미에서 생각했을 때 그 하나님은 인간을 창조하신 창조의 하나님이시다. 또한 인간을 이 땅에 존재하게 하신 기원 혹은 근원의 하나님이시다. 유대인들도 이 하나님으로 인해, 이방인들도 이 하나님으로 인해 존재하게 되었다. 바울은 창조주 하나님, 기원의 하나님께 기도한다. 그는 이 하나님이 자신의 기도에 반드시 응답해 주시리란 확신을 가지고 기도하고 있다.

바울이 전하고자 하는 기록동기와 연결해 생각해 볼 수 있다. 바울은 장로들에게 사사로이 자신을 따르게 하려고 어그러진 말을 하는 자들이 일어나게 된다고 선포했었다(행 20:30). 그 일이 일어난다는 것은 아직도 그들이 마귀의 지배를 받고 있다는 뜻이다. 하나님이 하늘과 땅의 모든 족속에게 이름을 주신 분이라는 것은 바로 인간은 이 하나님으로부터 났고 현재도 그분과 연결되어 있는 존재임을 드러내고자 한 것이다. 그리스도의 십자가 사건으로 유대인과 이방인이 서로 화평하게 되었다. 이들은 하나님과 화해하게 되었다(2:14-16). 유대인과 이방인이 하나 되었고 지금은 하나님과 화해한 하나님의 가족임을 의미하고 있다. 하나님은 바울 자신과 에베소교회 성도들의 통치자시다. 그 통치자이신 하나님께 기도한다.

두 번째 기도도 첫 번째 기도와 마찬가지로 네 가지 내용으로 구성되어 있다.

속사람을 강건하게 하옵소서(16절)

첫 번째 기도는 "**너희 속사람을 능력으로 강건하게 하시오며**"이다. 바울이 기원이신 하나님께 에베소교회 성도들의 속사람을 능력으로 강건하게 해 달라고 기도한다. 오늘날 교회처럼 물질의 복을 달라거나 명예의 복, 잘 되게 해 달라고 기도하지 않았다. 바울은 에베소교회 성도들의 겉으로 보이는 일면을 위해서 기도하지 않고 그들의 내적존재인 속사람의 강건함을 위해서 간구하고 있다.

"**속사람**"은 개혁주의 신학에서 깊이 다루지 않는 영역이다. 보통 영혼이란 말로 모든 것을 대치시켰다. 베드로 사도는 속사람을 "마음에 숨은 사람(벧전 3:4)"이라고 불렀다. 바울은 본문에서처럼 주로 속사람(롬 7:22; 고후 4:6)으로 묘사했다. 또한 "신령한 몸, 영의 몸(고전 15:44)"이라고도 했다. 속사람이란 영(靈)을 뜻하는 말로서 하나님의 영이신 성령에 의해 거듭난 영적인 생명을 가리킨다. 사람은 눈으로 볼 수 있는 겉사람이 있는가 하면 눈으로 볼 수는 없지만 겉사람과 거의 동일한 속사람(영의 몸)이 있다. 육의 사람에 대한 영의 사람, 옛 사람에 대한 새 사람, 죄와 죽음에 대한 해방과 자유의 사람 등으로 이해하는 것이 좋겠다.

"**그의 영광의 풍성함을 따라**", 이 문장은 속사람을 수식하고 있다. 바울은 "영광"이란 단어를 아주 다양한 의미로 사용하고 있다. 맥락에 따라서 해석한다면 "지혜"를 가장 먼저 생각해야 할 것이다. 왜냐하면 14절을 시작하며 "이러한 이유 때문에"라는 관용구를 사용했는데 거기에 해당하는 내용이 "하늘에 있는 통치자들과 권세들에게 하나님의 각종 지혜를 알림(3:10)"이기 때문이다. 하나님의 각종 지혜는 하나님의 성품인 사랑과 은혜, 능력 등 거듭난 속사람이 가진 영양소를 가리킨다. 그것들은 속사람을 살리고 자라게 하는 유일한 자양분들이다. 계속해서 속사람에게 이 영양소들이 공급되어야 자라고 성장하게 된다. 바울은 누가 그 자양분을 공급하는가를 설명한다.

"**그의 성령으로 말미암아**", 속사람 앞에 붙은 수식어이다. 속사람은 하나님의 영광의 풍성함으로 인해 많은 것을 소유하고 있다. 그러나 스스로 그것을 개발하고 자라게 할 능력이 없다. 하나님의 성령으로만 속사람에게 주어진 것들을 개발하고 성장시킬 수 있다. 하나님의 성령이 속사람에게 주어진 하나님의 영광의 풍성함의 영양소들을 개발하고 끊임없이 공급한다. 왜냐하면 죽었던 속사람을 거듭나게 하신 분이 성령이시기 때문이다(요 3:5). 성령님은 속사람이 자라서 성숙하게 하신다. 바울은 5:15-21에서 성령의 충만을 받아야 한다고 강력하게 권고하고 있음도 속사람의 성장과 맥락을 같이한다고 볼 수 있다. 속사람이 자라야 영적 전투를 잘 수행하게 된다. 에베소교회 성도들이 서로 사랑하며 살 때 분열이 일어나지 않고 하나 됨이 지속되고 더 확장될 것이다.

그리스도께서 마음에 계시게 하옵소서(17절 上)

두 번째 기도는 "**믿음으로 말미암아 그리스도께서 너희 마음에 계시게**
17 **하시옵고**"이다. 예수 그리스도를 믿으면 이미 주님이 마음에 들어와

계시지 않는가? 에베소교회 성도들은 초신자가 아니다. 그들은 외인이 아니요, 나그네도 아니다. 그들은 오직 성도들과 동일한 시민이요 하나님의 가족이다(2:19). 바울은 서신을 시작하면서 수신자의 자격을 "에베소에 있는 성도들 곧 그리스도 예수 안에서 신실한 자들(1:1)"이라고 정했다. 그리스도 예수 안에 있는 신실한 자들이란 어떤 사람들인가? 그들은 세상과 육신의 욕망과 싸워 이미 승리한 자들이고 또 승리하고 있는 자들이다. 외부로부터 오는 온갖 핍박과 고난도 믿음으로 싸워 극복하고 있는 자들이다. 주님께로부터 믿음을 인정받은 자들이다. 그들의 마음에 그리스도가 안 계시는가? 바울은 어떤 의미로 믿음으로 그리스도가 마음에 있어야 한다고 말하는 것일까? 바울의 기도가 이상한 것인가?

하나님은 부활하신 그리스도께 두 가지 직무를 부여하셨다. "주와 그리스도(행 2:36)"가 그것이다. 현대신학은 두 가지 직무 중 후자에 집중하였다. 구원자, 구세주로서의 그리스도만을 강조하였다. 부활의 주

님에게 부여한 "주"라는 직무는 거의 강조하지 않는다. 주로서 그리스도는 모든 믿는 성도의 주권자시다. 그들의 모든 삶은 주님에게 속한 삶이다. 그들에게 일어나는 모든 일도 주님의 손아래 있다. 주님은 모든 성도들의 삶을 주관하고 계시는 분이시다. 그렇긴 하지만 그것이 저절로 이루어지지 않는다. 성도는 주님이 그 권한을 행사하도록 인정하고 자신과 생의 모든 순간을 주님에게 내어드려야 한다. 주님께 맡겨야 한다. 이 일이 이루어지려면 성도 각자의 생각, 계획, 욕망 등은 모두 없어져야 한다. 이것들은 마귀와 연결통로이다. 예수를 믿은 후에도 여전히 그 통로는 존재하고 있다. 바울이 에베소교회 성도들을 위해 기도하며 믿음으로 그리스도께서 그들의 마음에 계시게 해달라는 것은 단지 존재론적인 측면이 아니라 주님이 그들의 마음의 주인이 되게 해달라는 간구이다. 그리스도께서 에베소교회 성도들의 마음에 주인이 될 때 더 이상 인간의 생각과 계획, 삶은 나타나지 않을 것이다. 분리가 일어나지 않을 것이고 하나 됨은 계속 자라고 성장하게 될 것이다.

개혁주의 신학은 칼빈에게 그 근원을 두고 있다. 칼빈의 "구원의 서정"[2]을 보면 바울의 간구를 이해할 수 있다. 칼빈은 구원의 단계를 "소명과 신앙 → 중생과 회심 → 성화 → 칭의 → 예정 → 부활"로 정의했다. 현대신학은 "칭의"를 가장 중시한다. 칭의만 이루어지면 구원받고, 죄 용서를 받고, 반드시 천국 간다고 가르친다. 그런데 이 칭의가 예수를 그리스도로 믿기만 하면 저절로 이루어진다고 가르친다. 구원받은 확신을 갖지 못하는 것을 당연하다고까지 말한다. 왜냐하면 그것은 전적으로 하나님에 의해 일어나는 일이기 때문이라고 설명한다.

현대교회는 교회에 등록한 후 6개월 지나면 학습, 또 6개월 지나

2 J. Murray 박사는 소명, 중생, 믿음과 회개, 칭의, 양자, 성화, 견인, 영화로 보았다. Louis Berkhof 박사는 신비적 연합, 외적소명, 중생과 유효적 소명, 회심, 신앙, 칭의, 성화, 성도의 견인으로 보았다.

면 세례를 준다. 교육도 제대로 이루어지지 않는 것이 보통이다. 세례 문답 책을 만들어 그것을 암기하게 한 후 몇 가지 질문하는 것이 세례 받는 자의 신앙을 확인하는 전 과정이다. 이 과정에 부르심의 소명이 있을까? 정말 거듭난 확신이 있을까? 과연 거룩해진 성도의 모습이 있을까? 칼빈은 최소한 이 세 가지 과정을 거친 후에 믿음으로 의롭다 함을 얻는 칭의가 이루어졌는지 아닌지를 분별할 수 있다고 보았다. 그는 성화 된 삶을 확인하고 칭의가 이루어짐을 진단했다. 그 후에 예정을 인정하고 부활에 참여하는 자가 된다고 정의했다.

그렇다면 바울이 그리스도 예수 안에서 신실한 에베소교회 성도들에게 "믿음으로 그리스도께서 마음에 계시게 해달라"는 기도는 거짓 진리인가? 예수를 그리스도로 믿어 성령께서 내주하게 되면 그리스도께서 성도의 마음에 계시게 된다. 그러나 그것이 전부가 아니다. 그리스도께서 성도의 마음을 몇 프로 차지하고 계시는가를 생각해야 한다. 그리스도께서 성도의 마음을 10프로 차지하고 계시면 역사는 10프로 범위 안에서 일어날 것이다. 성령께서 성도의 마음을 A학점 정도 차지하게 되면 모든 면에서 그리스도의 통치가 이루어진다. 그것이 바로 속사람이 강건해지는 것이다. 성도 안에 자신의 주인 됨이 사라지고 오직 그리스도께서 주인으로 사시는 것이다. 여기에는 분열이 나타날 수 없다. 내 사람 만드는 일들이 일어나지 않는다. 지금 실천하고 있는 서로 사랑이 더 굳어지고 깊어질 것이다.

세 번째 네 번째 기도 제목을 파악하기 위해서는 헬라어 원문 18-19절을 다시 살펴보는 것이 필요하다. 이해를 위해서 17절 하반절도 기재하겠다. 헬라어 원문과 개역개정역은 말씀의 위치에 많은 차이를 보인다. 한글 번역은 원문의 배열을 바꾸었다. 즉 번역자의 개인 사견이 들어간 것이다. 헬라어 원문은 아래와 같은 순서이다.

	개역개정역	헬라어 원문
17下	…너희가 사랑 가운데서 뿌리가 박혔고 터가 굳어져서	
18	능히 모든 성도와 함께	모든 성도와 함께 그것(그리스도의 사랑)
	지식에 넘치는 그리스도의 사랑을 알고	즉 그 너비와 길이와 높이와 깊이가 어떠한가를 능히 깨달아 알기를 원한다
19	그 너비와 길이와 높이와 깊이가 어떠함을 깨달아	지식에 넘치는 그리스도의 사랑을 알아서
	하나님의 모든 충만하신 것으로 너희에게 충만하게 하시기를 구하노라	하나님의 모든 충만하신 것으로 너희에게 충만하게 해 주시길 [구한다]

그리스도의 사랑을 알게 하옵소서(18절)

세 번째 기도는 "**모든 성도와 함께 그것(그리스도의 사랑) 즉 그 너비와 길이와 높이와 깊이가 어떠한가를 능히 깨달아 알게 하옵소서**"이다. 두 번째 기도 "믿음으로 그리스도가 마음에 계시게 하옵소서"란 결과로 에베소교회 성도들 마음에 그리스도의 사랑이 뿌리를 내렸고 사랑하는 삶이 잘 실천되고 있다. "뿌리박힘"과 "터가 굳어짐"은 완료형 문장이다. 단순히 에베소교회 성도들에게 그리스도의 사랑이 뿌리를 내리고 터가 굳어지길 소망하는 문장이 아니다. 바울은 에베소서를 기록하게 된 동기로 "서로 사랑"을 지목했다. 지금 에베소교회 성도들은 서로 사랑하며 신앙생활하고 있다. 그러나 거기에 머물러서는 안 된다.

바울이 수신자를 "성도들 곧 그리스도 안에서 신실한 자(1:1)"라고 정의했는데 지금의 시점에서는 그 정도만큼 사랑이 뿌리 내렸고 터(서로 사랑하는 삶)가 굳어진 것이다. 아마도 B학점(80점) 정도는 줄 수 있을까? 바울은 에베소교회 성도들이 그 정도의 그리스도의 사랑을 알고 그 정도 서로 사랑을 실천하는데서 그치길 원하지 않는다. 더 깊은 사랑을 알고 서로 사랑하기를 바라는 것이다. 그래서 바울은 지금의 사랑 위에 그리스도 사랑의 너비와 길이와 높이와 깊이가 어떠한가를 더 분명하고 크게 넓게 알게 되기를 기도하고 있다.

바울은 성령의 감동으로 “여러분 중에서도 제자들을 끌어 자기를 따르게 하려고 어그러진 말을 하는 사람들이 일어날 줄을 내가 아노라(행 20:30)”고 선포했었다. 약 5년이 지난 지금도 그 선포가 바울의 마음을 꽉 채우고 있는 것이다. 바울은 에베소교회 성도들이 온전한 그리스도의 사랑을 알아서 절대 그 예언적 선포가 이루어지지 않기를 바라고 있다. 현재 서로 사랑하는 삶이 더 확장되어 분열의 기회가 전혀 일어나지 않기를 기대하고 있는 것이다.

하나님의 모든 것으로 충만하게 하옵소서(19절)

네 번째 기도는 “**지식에 넘치는 그리스도의 사랑을 알아 하나님의 모든 충만하신 것으로 너희에게 충만하게 하시기를**…”이다. 그리스도의 사랑의 너비와 길이와 높이와 깊이를 아는 것이 곧 하나님의 모든 충만함을 아는 것이고 그렇게 되는 것이 하나님의 모든 충만한 것으로 채우는 것이다. 즉 하나님의 모든 충만은 그리스도의 사랑이다. 그리스도의 사랑은 자신의 목숨을 죄인들의 대속을 위해서 버린 것이다. 초대교회 성도들은 그리스도의 사랑이 무엇인지 알았다. 그들은 자신의 목숨을 원형경기장에서 맹수의 먹잇감으로 버렸다. 때로는 십자가에서, 화형대에서 자신의 목숨을 초개같이 버렸다.

서머나교회 감독을 지냈던 교부 폴리갑의 마지막 생애가 온전한 그리스도의 사랑이 무엇인지 알게 해준다. 그는 화형장의 장대에 매달렸다. 집행관이 그에게 질문을 했다.

“네가 믿는 그리스도를 부인하면 이 화형대에서 내려주겠다.”
폴리갑은 몇 분 동안 자신의 인생 여정을 돌아본 후 그 집행관에게 답을 했다.

“내 평생에 단 한 번도 나를 부인하지 않으신 주님이신데 내가 어찌 살고자 그분을 부인하겠는가?"

폴리갑의 이 대답은 쉬운 것 같지만 결코 그렇지 않다. 주님을 사랑하는 삶이 지식적 기반으로 자리 잡고 있을 때는 불가능한 대답이다. 평소 삶속에서 그리스도의 사랑을 깊이 경험한 신앙일 때만 가능한 대답이다. 그 사랑을 끊임없이 경험하는 성도는 자신을 위해 목숨을 버리신 그리스도의 희생을 생생하게 느끼고 맛보고 있기에 능히 자신도 형제를 위해서, 그리스도를 위해서 목숨을 버릴 수 있는 것이다. 형제를 위한 서로 사랑이 지속될 수밖에 없다. 바울의 예언적 선포인 분쟁과 파당은 실현되지 않을 것이다. 에베소교회는 끝까지 서로 사랑하며 그리스도의 한 몸으로 존재하게 될 것이다.

18
송영: 교회는 영원히 하나님의 영광을 드러내야 한다

바울은 에베소서를 시작하면서 세 차례에 걸쳐서 송영을 언급했었다(1:6, 12, 14). 그리고 에베소서 기록 내적 동기를 언급했다. 내적 동기와 편지글의 형식을 문학적 기법으로 이어 감사와 간구를 언급했다. 그리고 서신의 본론을 시작하여(1:17) 신학자들이 교리편이라고 하는 마지막까지(3:19) 메시지를 마쳤다. 바울은 바로 생활편으로 넘어가지 않았다. 그는 교리편 마지막에 송영을 기록했다. 즉 바울은 성삼위 하나님에 대한 메시지를 시작하며 "찬송하리로다(3上)!"라고 호격의 형식을 취해서 언급했다. 그리고 교리편을 끝낸 후 "교회 안에서와 그리스도 예수 안에서 영광이 대대로 영원무궁하기를 원하노라 아멘(3:21)"이란 송영으로 메시지를 끝냈다. 송영으로 시작하여 교리편을 끝내고 다시 송영으로 마무리했다. 교리편 마지막에 다시 송영을 언급한 것은 그 안에 기록된 모든 말씀을 통하여 하나님께 영광을 돌려야 한다는 송영의 의미를 담고 있는 것으로 보인다. 교리편을 마무리 한 이후에 언급하는 송영에 어떤 의미를 담았는가?

하나님은 능히 모든 것을 주실 분이시다(20절)

"우리 가운데서 역사하시는 능력대로", 하나님이 에베소교회 성도들에게 행하시는 능력이다. 어떤 일을 행하셨는가? 바울은 1장에서 성삼위 하나님께서 행하신 놀라운 일을 압축해서 기록했다. 2장에서 하나님께서 에베소교회 성도들을 위해 행하신 놀라운 일들을 기록했다. 하나님은 본질상 진노의 자녀였던 에베소 지역 사람들에게 바울의 복음전도를 통해 놀라운 일들을 행하셨다. 하나님은 큰 사랑으로 그들을 그리스도와 함께 살리셨고, 그리스도 함께 일으키셨고, 그리스도 예수 안에서 하늘에 앉히셨다. 그리고 원수로 지내던 유대인과 이방인을 그리스도의 십자가 은혜로 가깝게 만들었다. 둘로 하나를 만들었고, 둘을 각각 한 새 사람으로 지으셨고, 둘을 한 몸으로 만드셔서 하나님과 화목하게 하셨다. 그리고 그들에게 평안을 주셨다. 하나님은 에베소교회 성도들에게 이와 같은 능력으로 역사해 주셨다. 바울은 하나님이 에베소교회에 행하신 그 사역을 근거로 간구에 응답하실 하나님을 확신하며 구하고 있다.

"우리가 구하거나 생각하는 모든 것에 더 넘치도록 능히 하실 이에게", 하나님은 이미 에베소교회 성도들에게 놀라운 능력을 행하셨기 때문에 바울과 에베소교회 성도들이 구하거나 생각하는 모든 것에 능히 넘치도록 응답해 주실 것을 확신하고 있다. "능히 하실"에는 부정사 시제가 사용되었다. 존재하는 모든 것과 관계가 된다. 주님의 능력에는 한계가 없다. 주님의 능력은 한계가 없고 무한하다. 그러므로 구하는 모든 것 뿐만 아니라 생각하는 것까지도 응답하실 능력을 가지고 계신다. "넘치도록"은 바울과 에베소교회 성도들이 구하거나 생각하는 것 이상으로, 즉 그들이 구하거나 생각한 것보다 더 많게 응답해 주실 것을 가리킨다. 내용적으로 '더 풍성하게'라는 의미와 구하거나 생각한 것은 아니지만 관련된 것까지도 더 주실 하나님을 묘사하고 있다. 솔

로몬은 백성들을 잘 다스릴 수 있는 지혜를 구했다. 하나님은 그가 구한 지혜와 더불어 부귀영화도 함께 주셨다(왕상 3:4-15).

이 말은 앞부분에서 살핀 것처럼 성도가 하나님이 부어 주시는 은혜를 지금도 받고 있어 누리고 있음에 기초하고 있다. 기도응답과 관련되어 있으니 기도로 설명해 보자. 바울은 3차 전도 여행 말미에 밀레도에서 에베소교회 장로들을 초청해서 자신을 따르게 하는 분파를 경고했었다. 바울은 지난 5년 동안 에베소교회에 그런 일이 일어나지 않도록 기도했다. 하나님은 바울의 기도를 들으시고 지금까지 그런 일이 일어나지 않도록 보호하시며 그의 기도에 응답하고 계신다. 바울은 바로 이 하나님의 이름과 그분이 행하시는 능력을 지금도 체험하고 있는 신앙에 기초하여 하나님이 구하거나 생각하는 모든 것에 능히 넘치도록 응답하시는 분이라고 알리고 있다. 이 하나님과 에베소교회 성도들은 어떤 관계여야 할까?

교회는 주님의 영광을 대대로 드러내야 한다(21절)

"교회 안에서와 그리스도 예수 안에서", 고대 헬라어 사본들에는 "와"란 접속사가 없다. 그래서 많은 신학자들이 다양한 의미를 제시한다. 바울은 성삼위 하나님을 메시지할 때는 그 각 위격인 하나님과 관계된 송영을 말했다(1:6, 12, 14). 교리편 마지막에 언급하는 송영의 대상은 교회와 그리스도 예수시다. 왜냐하면 하나님이 그리스도를 통하여 행하신 큰 능력은 결과적으로 모든 것을 그리스도의 발 아래 복종케 하셨다. 하나님은 그리스도를 교회의 머리로 세우셨다. 그 견해를 기초로 했을 때 그리스도는 교회의 머리가 되신다. 바울은 이 사실을 풀어서 교회 안과 그리스도 예수 안이라고 묘사하고 있는 것으로 보인다. 결과적으로는 "교회의 머리가 되신 예수 그리스도에게"란 의미로 이해함이 좋겠다.

"영광이 대대로 영원무궁하기를 원하노라 아멘", 두 가지 사실에 초점을 맞추고 있다. 하나는 교회의 머리 되신 예수 그리스도에게 영광이 돌아가야 한다. 교회에 초점을 맞추면 교회는 그리스도 예수의 영광을 드러내야 한다. 다른 하나는 그 영광이 끊어지면 안 된다. 영원토록 예수 그리스도에게 영광이 돌아가야 한다. 교회는 그리스도 예수의 영광을 영원토록 드러내야 한다. 교회의 존재목적이다. 오늘날 교회는 말로는 그리스도에게 영광을 돌리려 하지만 신앙생활 하는 목적은 자신이 복을 받기 위해서이다. 신앙에 근본적인 변화가 필요하다.

에베소교회 성도들이 어떻게 신앙생활 하는 것이 그것을 이루는 방법일까? 그들 중 어느 누구도 믿음에서 이탈하지 않아야 한다. 성령 하나님의 감동으로 바울이 에베소교회에 선포했던 예언이 일어나지 않아야 그리스도 예수께 영광을 돌리는 은혜가 지속되는 것이다. 장로들이 중심이 되든지, 아니면 다른 누가 중심이 되든지 교회 성도들을 자기 편으로 만들려는 시도가 일어나지 않아야 그리스도 예수께 영광을 돌리게 된다. 다툼과 분쟁이 일어나 교회가 나뉘게 된다면 그리스도 예수께 돌리는 영광은 중단될 것이다.

그러므로 바울이 교리편 마지막에 교회의 머리 되신 예수 그리스도께 올려드릴 송영을 언급하는 것은 에베소교회가 자신의 메시지를 체득하여 믿음을 더 증진시키고 '서로 사랑'을 더 돈독히 행하여 성령께서 하나 되게 하신 교회를 계속 유지시켜 가야 함을 강조하고 있는 것이다. '서로 사랑'을 지속하여 계속 성도들 서로 간에 연결이 일어나고 지체로 결속되는 교회를 만들어 가야 함을 강력하게 주장하고 있다.

에베소서 4장 해설

4장은 "따라서(개역개정, 그러므로)"란 단어로 시작한다. 이는 앞 장의 메시지에 기초하고 있음을 의미한다. 바울이 가장 중요하게 생각하고 다루는 부분은 "서로 사랑"이다. 에베소서는 세 가지 내적 동기를 바탕으로 쓰였다. 믿음, 서로 사랑, 사정 이야기 등이다.

'믿음'과 관련하여 믿음의 대상, 믿음의 주체, 믿음을 적용하시는 삼위 하나님을 먼저 메시지했다(1:3-14). 2장에서 에베소교회 성도들의 과거와 현재의 신분(2:1-7)을 자세하게 밝혔다. 하나님이 행하신 구원을 믿음으로 누리게 된 사실을 요약했다(2:8-10).

'서로 사랑'에 관한 메시지는 믿음 부분(2:1-10)을 뺀 전부(2:11-6:20)라고 보아도 무방하다. 서로 사랑은 일치 혹은 하나 됨이 있어야 가능한 것이다. 서로 사랑의 대척점에는 분열, 분쟁, 파당 등이 있다. 어떤 삶이 서로 사랑을 파괴하는지 알아 조심하도록 교육하고 있다.

'사정 이야기'는 두기고를 보내서 자세하게 설명하는 것으로 대신하고 있다(6:21-22).

바울은 3장까지 서로 사랑에 관하여 교리적인 부분의 토대를 세웠다. 4장부터 서신 끝까지 서로 사랑으로 '하나 됨'을 이루기 위해 다양한 방면에서 권면하는 내용을 적고 있다. 권면은 크게 세 단락으로 구성했다.

첫째, "성령이 하나 되게 하신 것을 힘써 지키라"(4:1-16)

둘째, "하나 되기 위한 다양한 생활을 잘 알라"(4:17-6:9)

셋째, "영전전투에서 승리하라"(6:10-20)

첫 번째 권면 이해
4:1-16

본 단락은 4장의 두 가지 권면 중 하나이다. 이 단락은 다음과 같이 구성되었다.

1-3은 직접적으로 "하나가 되라"는 권고 메시지와 동시에 하나가 되는 신앙생활을 구체적으로 제시한다.

4-6은 하나가 되어야 하는 일곱 가지 당위성을 소개하고 있다. 설명 없이 단호하게 선포한다.

7-12은 그리스도께서 하나 됨을 위해서 세우신 직분자를 알려주고 있다. 교회 안에는 지도자가 있는데 그들은 성도를 양육해야 한다. 교회 안에는 아직 믿음이 약한 성도들이 있는데 그들은 열심히 배우고 자라서 서로 사랑하도록 성숙해야 한다.

13-16은 그리스도까지 장성하게 자라면 당연히 하나가 될 것이라고 언급한다.

19
성령이 하나 되게 하신 것을 힘써 지키라

바울은 에베소교회 성도들에게 이론적인 권면을 끝내고 이론을 바탕으로 실제 신앙생활에서 그것을 이루기 위해 생활적인 면을 권면하기 시작한다. 그 첫 권면은 "성령이 하나 되게 하신 것을 힘써 지키라(3)"이다. 첫 번째 권면이 본문에 기록되어 있다. 바울은 그것을 이룰 수 있는 세 가지 구체적인 삶을 제시한다. 가장 중요한 사실이며 오직 유일하게 중요한 교회생활이다. 이것이 지켜질 때면 에베소교회는 서로 사랑하는 삶이 계속 유지될 것이다. 바울의 예언적 선포(행 20:30)는 절대 일어나지 않을 것이다. 바울은 세 가지 구체적인 신앙생활의 요소를 제시하며 그것을 실천해야 할 일곱 가지 당위성을 제시한다.

하나 됨을 지키는 신앙생활1: 부르심에 합당하게 행하라(1절)

신학자들은 4장부터 생활편이라 정의한다. 방향과 목표가 없는 생활편이 아니다. 그리고 바울은 이 부분에서 마지막 장까지 크게 세 가지 권면의 메시지를 전한다. 첫 번째 권면은 "하나 되게 하신 것을 힘써 지키라(3下)"이다.

"그러므로", 바울은 생활 권면을 시작하며 우위접속사를 사용했다. 이것은 길게는 1-3장 내용 전부를, 짧게는 3장 후반부의 말씀을 받고 있다. 즉 지금부터 전하는 메시지는 그 내용을 바탕으로 한다는 뜻이다.

"주 안에서 갇힌 내가 너희를 권하노니", 권면하는 당사자인 바울과 권면의 대상인 에베소교회 성도들을 가리킨다. 바울은 권면자로서 자신의 자격을 '갇힌 자'로 설정했다. 일반적으로 감옥은 좋은 부류의 사람들이 가는 곳이 아니다. 바울은 죄를 지은 죄수가 아니기에 갇힌 자체를 당당하게 드러낸다. 주님은 주의 천사를 통해서 바울에게 로마에서도 주님을 증거할 것이라고 말씀하였었다(행 23:11). 바울은 자신의 갇힘이 로마에 복음을 전하기 위한 하나님의 계획임을 한시도 잊지 않았다. 그래서 "주 안에서 갇혔다"고 말하고 있다. 바울은 로마 감옥에 갇힌 후에 계속 복음을 전했다(행 28:16-31). 아직 그곳에서의 복음전파는 끝나지 않았다. 황제 가이사에게 복음을 전하는 일이 남아 있다. 가장 중요한 복음전도 대상이 남아 있다. 바울은 이렇게 주님의 부르심의 사명을 충실히 감당하고 있다. 그 사역을 근거로 에베소교회 성도들에게 권면을 시작한다.

"너희가 부르심을 받은 일에 합당하게 행하여", 바울은 에베소교회 성도들을 위한 첫 번째 기도에서 "너희 마음의 눈을 밝히사 그의 부르심의 소망이 무엇이며(1:18)"라고 간구했다. 바울이 에베소교회 성도들에게 부르심에 합당하게 살 것을 권면하고 있는 것은 이미 그들은 부르심의 소망이 무엇인지 알고 있다는 뜻이다. 바울은 두 차례에 걸쳐서(1:7; 2:10) 부르심의 소망에 대해 이야기했다. 지금까지 한국교회는 구원의 목적을 천국 가는 것과 이 땅에서 받는 복에 집중했다. 바울은 에베소서에서 구원의 목적을 조금 다르게 제시한다. 성도가 부름을 받은 소망은 하나님이 베푸신 은혜를 여러 세대에 알리기 위함이다. 하나님이 나를 바라보시며 보이신 긍휼, 나를 대하면서 베푸신 은혜, 그것이 나에게 직접 미쳐 사랑으로 나타난 하나님의 모든 섭리를 후대에 계속 전해 나와 같은 성도들이 일어나기를 소망하는 것이 하나님이 성도를 부르신 목적이다. 성도 입장에서 정의하면 복음전도이다. 복음전도는 하나님이 성도들 부르신 목적이지만 그것은 성도로부터 외면당하고 있다.

또 한 가지 하나님이 성도를 부르신 소망은 선한 일을 위해서이다. 한국교회는 선한 일을 주로 도적적인 개념으로 이해했다. 윤리적으로 선한 삶을 배제하는 것은 아니다. 이웃을 돕는 구제를 배제하는 것도 아니다. 그러나 그것들보다 더 중요한 것은 내게 임한 복음의 은혜를 나누는 것 자체가 선한 일임을 알아야 한다. 복음전도가 복이고, 내가 받고 누리는 은혜를 나누는 것이 선한 일인 것이다.

하나 됨을 지키는 신앙생활2: 참으며 사랑으로 용납하라(2절)

성도가 신앙생활을 하며 하나님이 자신을 부르신 이유를 생각하며 산다는 것은 하나님 중심으로 사는 것을 의미한다. 개인적인 문제에 좌우되지 않고, 환경에 흔들리지 않고, 언제나 하나님의 관점에서 모든 것을 주시하며 주님의 뜻을 찾아 드러내며 살게 된다. 이것을 통해서 주님이 베푸신 은혜가 전해지게 된다. 바울은 하나 됨을 힘써 기키는 두 번째 삶으로 두 가지를 제시한다.

"모든 겸손과 온유로 하고", 첫째는 항상 겸손과 온유함으로 살 때 하나 됨을 지킬 수 있다. "겸손하다"는 단어는 헬라 세계의 문학작품에서는 '비열하게 생각하는 것, 나쁘게 생각하는 것, 잘못 마음먹는 것, 마음이 약한 것, 비굴한 마음을 갖는 것' 등으로 언제나 품위를 떨어뜨리는 의미로 사용했다. 그러나 70인역(LXX)과 신약성경은 긍정적인 의미로 전환해서 사용했다. 자신의 부정적인 모습을 직시하고 다른 사람을 생각하며 살게 될 때 항상 자신보다 남을 높이며 사는 삶이 나타난다. 그때에 사람은 겸손하게 살게 된다. "온유"는 하나님과 그 말씀 앞에서 흔들림이 없는 삶을 가리킨다. 그러나 오늘날은 온유를 '부드럽고 친절한 사람의 성품' 정도로 이해한다. 항상 남을 나보다 낫게 여기고 남을 대할 때 부드럽고 친절하게 대하면 하나 됨을 돈독하게 할지언정 깨트릴 이유가 없다.

"**오래 참음으로 사랑 가운데서 서로 용납하고**", 둘째는 오래 참으며 사랑으로 서로 용납하며 살 때 하나 됨을 지킬 수 있다. 바울은 이 신앙생활에 분사구문을 사용하여 앞선 온유와 겸손보다 더 중요한 것이라고 말한다. 설명이 필요 없는 말씀이다. 맘에 들지 않거나 생각이 다를 때 끝까지 참고 사랑으로 대하며 지속적으로 이해하고 용납한다면 하나 됨이 깨어질 수 없다. 참고 사랑으로 용납한다면 늘 상대를 이해하고 배려하게 된다. 하나 됨이 순간 흔들릴 수는 있어도 다시 원래 위치에 서게 되고 더 굳게 된다.

하나 됨을 지키는 신앙생활3: 평안을 이루는 삶을 살라(3절)

"**평안의 매는 줄로 성령이 하나 되게 하신 것을 힘써 지키라**", 하나 됨을 힘써 지키는 세 번째 과정은 평안을 이루는 삶이다. "평안의 매는 줄"에서 '줄'은 뼈와 뼈를 연결하는 관절을 지칭한다고 생각하면 가장 이해가 빠를 것이다. 성도와 성도가 뼈를 연결하는 관절처럼 평안으로 연결되라는 것이다. 그럼 어떻게 될까? 다투거나 분리될 수 없다. 관절이 닳아 없어지면 뼈와 뼈가 맞닿아 무척이나 고통스럽다. 그러나 관절이 정상적으로 존재하면 유기적인 기능을 하여 윤활유 역할을 하게 된다. 평안이 바로 그와 같은 기능을 한다. 평안은 예수님이 십자가 사건을 통해서 주신 선물이다(2:17). 문제가 생겨 마음에 평정이 깨어졌을 때 평안을 잃는다. 그러나 평안을 항상 이루어가고 있다는 것은, 특히 인간관계에서 평안을 이루어 가고 있다는 것은 최선의 관계를 형성하고 있다는 뜻이다. 성도와 성도 사이에 평안이 깨어질 요소가 없도록 서로 간에 평안이 관절처럼 존재하며 기능을 하게 되면 하나 됨은 영원히 지속될 것이다.

요한복음 17장은 예수님의 마지막 감람산 기도를 언급하고 있다. 세 가지 각도에서 하나 됨을 언급하고 있다. 예수 그리스도의 이름 가운에서 하나 됨을 언급한다(17:6, 11, 12). 말씀 가운데서 하나 됨을 언급한다(17:6, 8, 14, 17). 지식 가운데서 하나 됨을 언급한다(17:3, 7, 8). 특히 "...우리와 같이 그들도 하나 되게 하옵소서!(17:11下, 22下)"란 기도는 우리의 심금을 울린다. 요한 사도는 하나가 되어야 하는 목적을 알려준다. "...아버지께서 나를 보내신 것과 또 나를 사랑하심 같이 그들도 사랑하신 것을 세상으로 알게 하려 함이로소이다(17:23下)." 예수님의 이 기도는 성삼위 하나님이 하나이기 때문에 그를 믿는 성도들 또한 당연히 하나 되어야 함을 강조한 것이다. 문제는 마귀가 그것을 깨뜨리고 있기에 애써서 기도하신 것이다. 성도의 가정이 하나 되고 성도가 속한 교회 공동체가 하나 될 때 세상은 하나님이 자신들을 사랑하심을 알게 될 것이다.

하나 됨을 힘써 지켜야 할 일곱 가지 당위성(4-6절)

바울은 첫째 권면으로 "하나 됨을 힘써 지킬 것"을 명령하고 있다. 글의 논리를 따르면 왜 그것을 지켜야 할 것인가를 먼저 설명하는 것이 합당하다. 그러나 바울은 하나 됨을 지키는 신앙의 삶을 먼저 언급했다. 그리고 하나 됨을 힘써 지켜 가야하는 이유를 제시한다. 일곱 가지 당위성을 제기한다.

첫째, 몸이 하나이다.

둘째, 성령도 한 분이시다.

셋째, 부르심의 소망도 하나이다.

넷째, 주도 한 분이시다.

다섯째, 믿음도 하나이다.

여섯째, 세례도 하나이다.

일곱째, 하나님도 한 분이시다.

바울은 일곱 가지 당위성 중에 일곱 번째 요소에는 다른 요소들에서 생략한 설명을 첨가하고 있다. "하나님도 한 분이시다"에서 하나님이 어떤 분이신가를 네 가지로 설명하고 있다.

"하나님은 만유의 아버지시다", 본래는 우주의 창조자시고 우주의 통치자란 의미이다. 하나님의 우주적 부성을 가리키는 표현이다 (Westcott). 그러나 본문에서는 교회의 일치를 말하고 있기에 모든 성도들의 아버지로 이해하는 것이 좋겠다. 하나님은 모든 성도들의 아버지신데 성도들은 그 하나님을 믿고 따른다.

"하나님은 만유 위에 계신다", 본질과 능력에 있어서 하나님의 초월성을 뜻하는 표현이다. 그는 어떤 제한 속에 계시지 않는다. 그분은 온 우주를 초월해 계시며 교회를 섭리하고 계심을 강조한 것이다.

"하나님은 만유를 통일하신다", 헬라어 원문의 문자적 의미는 "만유를 관통하시고"이다. 하나님의 내재성을 가리키는 말이다. 즉 하나님은 우주 안에서 역사하시는 분이시다. 그분은 성도와 교회의 일을 지켜보시기만 하지 않는다. 그분은 현재 성도와 교회 가운에 어떤 형태로든 역사하고 계신다.

"하나님은 만유 가운데 계신다", 하나님은 자신이 지으신 모든 곳에 계신다. 바울이 이것을 말하는 의도는 하나님이 성전에 거하시는 것처럼 교회에 거하시고 성도들에게 내주해 계심을 강조하는 말이다.

성도는 모든 것이 하나라는 기초 위에 세워진 특별한 존재들이다. 바울은 이 사상을 에베소서에서 집약하여 설명했다. 그는 특별한 설명도 곁들이지 않았다. 그는 단지 강력하게 선포한다. 논리적으로 전개한다면 하나 됨을 힘써 지켜야 할 당위성을 먼저 제시하고 후에 그것에 이르는 신앙생활을 언급하는 것이 옳다. 그러나 바울은 그것을 뒤집는 순서를 취했다. 바울이 당위성에 특별한 설명을 첨가하지 않은 것을 볼 때 에베소교회 성도들 모두가 당위성을 잘 알고 있음을 전제하고 있는 것으로 보인다. 굳이 다 알고 있는 것을 먼저 언급하여 설명할 필요성이 없었다. 하나 됨을 힘써 지켜야 할 신앙의 실제 요소를 먼저 말하고, 그 근거로서의 당위성은 기억에 떠올려주는 역할 정도로 취급하고 있다.

하나 위에 세워진 성도는 당연히 하나 됨을 힘써 지켜야 한다. 우리 가정은 하나인가? 우리 교회도 하나인가? 바울은 그것에 이르는 세 가지 신앙생활 요소를 제시했다. 우리가 그렇게 산다면 조만간 하나 되는 가정, 교회를 회복하게 될 것이다.

20
양육하고 양육 받아 하나됨을 지킬 준비를 하라

바울은 성도의 어떤 상태도 고려하지 않고서 "하나 됨을 힘써 지키라"고 권면하며 하나가 되어야 할 일곱 가지 당위성을 제시했다. 그러나 모든 성도가 이 말씀을 받을 수는 없다. 이제 갓 태어난 성도가 하나 됨을 힘써 지키라는 말씀을 받을 수 있겠는가? 새 신자가 그것을 지킬 수는 없다. 그래서 바울은 하나 됨을 힘써 지킬 수 있는 성도로 장성해야 할 방법을 제시하기 위해 본문을 기록하고 있다. 믿음이 약한 성도는 배움이 필요하다. 그들이 배우려면 가르치는 자들이 있어야 한다. 바울은 그들을 주님의 선물의 분량을 많이 받은 사람들이라고 표현하였다. 그들은 바로 교회의 지도자들이다. 이 지도자들은 믿음이 약한 성도들을 양육해서 성장시켜야 한다. 그래야 하나 됨을 지킬 수 있다.

주님은 해방시키시고 분량에 맞는 은혜를 주셨다(7-8절)

"**우리 각 사람에게 그리스도의 선물의 분량대로 은혜를 주셨나니**(7)", 주님은 자신을 믿는 성도들에게 은혜를 주셨다. 사람들은 예수 그리스도를 믿으면 동일한 은혜가 주어진다고 생각하는 경향이 있다. 그러나 은혜는 모든 사람에게 동일하게 주어지지 않는다. 바울은 그 은혜에 차이가 있음을 말한다. "그리스도의 선물의 분량대로"가 은혜의 차이를 결정했다. 그리스도 예수는 십자가 사건을 통해서 아버지로부터 하늘과 땅의 모든 권세를 받았다(마 28:18). 주님은 그리스도 예수의 복음을 전파하는 자들에게 항상 함께 하시며 각 사람에게 맞게 은혜를 나눠주신다(마 28:19-20). 많이 받은 자나 적게 받은 자 모두 그리스도께서 나눠 주셨기에 감사하며 그 은혜 안에서 신앙생활 해야 한다. 자신이 받은 은혜를 넘어서서 봉사하려 하면 불평불만하게 된다. 자신이 받은 은혜를 감당하지 않으면 게으른 자가 된다. 그리스도께서 각 성도에게 나눠 주신 은혜의 분량을 아는 것은 참으로 중요한다. 그 은혜에 따라 살면 불평불만, 시기질투, 욕심 부릴 것이 없다. 그 은혜에 따라 살면 서로를 인정하게 되고 하나 될 수 있다. 주님이 자신의 권위로 하신 일인데 사람이 왈가왈부할 일이 아니다. 사람은 주님이 행하신 일에 감사하며 받은 은혜를 믿음으로 감당하면 되기 때문이다.

"그러므로 그가 이르기를 그가 위로 올라가실 때에 사로잡혔던 자들을 사로잡으시고 사람들에게 선물을 주셨다 하였도다(8)", 주님은 각 성도에게 선물을 주시기 위해서 한 가지 특별한 일을 하셨다. 마귀가 사로잡았던 자들을 해방시켜 주님이 사로잡으신 후에 사람들에게 선물을 주셨다. 시편을 인용한 글이다. 재해석해서 인용했다. 시편 기자는 주님께서 높은 곳으로 오르시며 사로잡은 자를 취하셨는데, 그들에게 선물을 주신 것이 아니라 그들이 주님에게 선물을 주셨다고 기록했다. 그러나 바울은 주님이 그들을 사로잡은 후에 그들에게 선물을 주셨다고 재해석했다. 마귀가 죄를 통해서 인간을 사로잡고 있었다. 바울은 "세상의 신이 믿지 않는 자들의 마음을 혼미케 하고 있다(고후 4:4)"고 전했다. 예수 그리스도는 십자가 사건을 통해서 믿는 자들을 마귀로부터 해방시키신다. 그리고 선물을 나눠주셔서 복음의 증인으로 삼아 빛과 소금으로 살아가게 하신다. 주님이 자신이 정한대로 은혜를 나눠주신다. 사람 편에서 보면 차별로 느낄 수 있지만 주님은 그렇게 결정하실 권한이 있다. 바울은 큰 집에는 금 그릇, 은그릇, 나무 그릇, 질그릇 등이 있다고 밝히며, 귀하게 쓰는 그릇도 있고 천하게 쓰는 것도 있다고 했다(딤후 2:20). 주님은 각 종류의 그릇을 정하시고, 그릇의 크기도 정하신다. 금 그릇이라고 다 같은 것이 아니고 크기가 서로 다르다. 이것들은 주님이 정하시지만 쓰임 받고 못 받고는 각 사람에 의해 좌우된다. 바울은 "…이런 것에서 자기를 깨끗하게 하면 귀히 쓰는 그릇이 되어 거룩하고 주인의 쓰심에 합당하며…(딤후 2:21)" 라고 했다. 각 사람이 주님께 쓰임 받으려면 자신을 깨끗이 해야 한다.

지도자로서 믿음이 약한 자들을 가르쳐 양육하려면 주님께 받은 은혜가 많아야 하고, 그것을 잘 개발한 자여야 한다. 받은 은혜를 사장시키는 것은 맡은 일을 하지 않는 것과 같다.

주님의 성육신과 승천에는 특별한 목적이 있다(9–10절)

"올라가셨다 하였은즉 땅 아래 낮은 곳으로 내리셨던 것이 아니면 무엇이냐(9)", 바울은 부활해서 승천한 사건을 먼저 언급한 후에 그 일이 성립되기 위해서 반드시 이 땅에 오신 사건이 선행되었음을 주장한다. 하나님으로 계시던 분이 인간의 몸을 입고 이 땅에 오셨다. 그 이름은 예수시다. 그리스도의 죽음과 부활이 없었다면 마귀에게 사로잡힌 자들은 영원히 속박의 굴레에서 벗어날 수 없었다. 그는 고난 받으시고 죽으시고 다시 사셨다. 그리스도의 이 부활은 마귀에게 사로잡혀 있던 자들을 그 굴레에서 벗어나게 하는 길을 열었다. 주님은 사로잡혔던 자들을 자유하게 하셔서 통치하시고 계신다. 바울은 "내려오셨다"와 "올라가셨다"는 용어에 분사시제를 사용하여 그 사건은 실제 있었고 지금도 그 영향이 지속되고 있음을 강조해주고 있다. 예수님의 성육신과 부활승천이 역사적인 사건임을 확인할 뿐만 아니라 지금도 믿는 자들에게 그 은혜가 있음을 강조하고 있다.

"내리셨던 그가 곧 모든 하늘 위에 오르신 자니 이는 만물을 충만하게 하려 하심이라(10)", 주님이 마귀에게 지배당하던 자들을 자유케 하셔서 통치하시는 목적이 있다. 바로 만물을 충만케 하심이다. 일반적으로 만물은 존재하는 모든 것을 가리킨다. 바울은 로마서에서 피조물이 썩어짐의 종노릇 한 데서 해방되어 하나님의 자녀들의 영광의 자유에 이르는 소원을 언급했다(롬 8:21). 그러나 여기서 만물은 피조물이 그 대상이 아니다. 바울은 이미 앞에서 만물과 교회를 연결시킨 적이 있다. 하나님은 예수 그리스도를 부활 승천시키셨다. 이유는 그 이름을 현 세대와 오는 세대의 모든 위에 뛰어나게 하시기 위함이었다. 그 상황을 묘사하면서 만물을 그 발 아래 복종시키고 그를 만물 위에 교회의 머리로 삼으셨다(1:21-22). 바울은 만물을 곧 교회로 인식하고 있다. 교회는 오늘날 성도들이 알고 있는 건물이 아니다. 바울은 각 개인의 몸이 하나님께서 거하실 처소라고 정의했다(2:22). 성도 한 사람 한 사람이 교회로서 만물이다. 주님은 십자가 죽으심과 부활로 교회에 충만한 은혜를 베푸신다. 곧 각 성도에게 충만한 은혜를 부으셔서 하나님이 거하실 처소로 준비시키신다. 주님이 한 성도 한 성도에게 은혜를 주시는 이유는 어떤 성도는 지도자로서 영향력을 드러내고 어떤 성도들은 배우는 자의 자리게 서게 하신다. 교육을 통해서 그들 각자가 주님의 사랑에 뿌리를 내리고 그 사랑의 깊이와 넓이와 높이와 길이가 개발되기를 기대하신다. 그래야 분쟁과 다툼이 없이 사랑으로 하나 되는 신앙생활을 영원히 할 수 있기 때문이다.

주님이 지도자를 세우셨다(11절)

하나님 아버지는 예수 그리스도의 십자가 사건을 통해서 사로잡힌 자들을 풀어서 자신이 사로잡으셨다. 주님은 아버지로부터 위임받은 권세를 가지고 누구에게 얼마의 은혜를 줄 것인지 정하셨고 자신이 정한 대로 각 성도들에게 주셨다. 사도는 사도의 사명을 감당할 은혜를 받았다. 선지자, 복음전도자, 목사와 교사 등도 각 직임을 감당할 은혜를 받았다. 이 해석은 "우리 각 사람에게 그리스도의 선물의 분량대로 은혜를 주셨다(7)"는 말씀에 근거한다. 직분자는 내가 선택하는 것이 아니다. 부르심의 소명도 주님이 선택하지만 일꾼으로서의 소명도 주님이 선택하시는 것이다. 주님은 에베소교회 지도자를 세우며 다섯 종류의 직분자를 세우셨다. 이것은 오늘날 신사도운동에서 말하는 것처럼 모든 교회에 대한 오중직을 말하는 것이 아니다. 에베소교회만을 위한 다섯 종류의 지도자를 세운 것을 가리킨다. 고린도교회는 이보다 훨씬 많은 지도자를 세웠다(고전 12:28-30).

"**사도들**"은 열두 명의 제자들에게 주어진 칭호이다. 이들은 특수한 면에서 그리스도에 의해 섬기는 자로 부름을 받은 자들이다. 이들에게 주어진 직분의 기준은 "요한의 세례로부터 우리 가운에서 올려져 가신 날까지 주 예수와 함께 다니던 사람"이다. 최초에 주님에 의해 세워진 사도들은 주님의 세례로부터 부활승천까지 주님과 함께 있은 사람들이다. 이 기준을 문자적으로 오늘날에 적용한다면 사도는 없다. 그러나 복음의 증인으로서 사도, 교회 개척자로 부름 받은 사도라면 얼마든지 있다. 이들은 교회와 성도의 모든 분야를 총괄하여 이끄는 지도자의 은혜를 받은 사람들이다.

"**선지자들**(=예언자들)"은 초대교회 탄생과 더불어 이미 존재하고 있었다. 그 대표적인 사람은 아가보이다(행 11:27). 그는 예루살렘에 흉년이 들 것을 예언했고 그대로 이루어졌다. 초대교회의 시대적 여건 속에서 해석하면 예언자는 "미래에 일어날 일을 익히 아는 사람"이다. 이들은 개인과 사회에 닥칠 일들을 알고 준비시키는 은혜를 받은 자들이다. 막힌 길을 열어가는 은혜도 받은 자들이다.

"복음전도자"는 자신의 일상생활에 얽매지이 않고 초월하여 복음을 전하는 사람을 가리킨다. 초대교회 당시 상황으로 설명한다면 빌립과 같은 인물이다. 그는 일곱 일꾼의 한 사람으로 선택받아 구제의 사명을 완수하고 이어 복음전도자의 삶으로 전환했다. 스데반의 박해가 시발점이 되긴 했어도 그는 사마리아에 복음을 전했고 후에는 가이사랴에 기반을 두고 살며 복음을 전했다. 성경은 그를 가리켜 전도자라고 칭했다(행 21:8). 이들은 특별히 그리스도 예수의 증인으로서 은혜를 받은 자들이다.

"목사와 교사"는 한 사람의 두 가지 직무를 언급하고 있다. 당시 목사는 지역교회의 장로들[1]을 가리켰다. 또 감독일 수도 있다(행 20:28). 이들은 하나님의 교회를 치는 자들로 언급되고 있다. 주님은 베드로에게 "네 양을 치라, 먹이라(요 21:15)"는 표현을 사용했다. 목사는 양을 치는 목양의 측면을 강조한 것이고, 교사는 가르치는 측면을 강조한 것으로 보인다. 부활의 주님은 제자들에게 "모든 것을 가르쳐 지키게 하라(마 28:20)"고 명령하셨다. 그러므로 목사와 교사는 양떼를 긍휼히 여기며 돌보고 때로는 훈계로 그들을 바로 세워가는 은사를 받았다.

지도자는 성도를 양육해야 한다(12절)

그리스도는 자신의 뜻대로 각 지도자들에게 선물을 주셨다. 물론 성도들에게도 주셨다. 지도자는 이미 그 주신 은사들이 개발되어 사용할 준비가 되어 있지만 이제 갓 성도가 된 사람들은 그 은사가 개발되어야 한다. 주님은 이 일을 위해서 지도자들을 세우셨다. 지도자들은 성도를 양육하는 목표를 잘 알고 있어야 한다.

"성도를 온전하게 하여"에서 "온전하다"는 말을 대할 때면 주눅부

1 사도행전 20:17을 '에베소 장로들'이라고 불렀다.

터 든다. 그 말이 주는 마지막 단계를 생각하여 '완전하다'는 개념으로 생각하기 때문이다. 그러나 온전하다는 '준비되는, 회복하는' 등의 의미를 가지고 있다. 성도는 무엇이 준비되고 회복되어야 하는가? 맥락을 벗어나서 생각하면 아주 다양한 준비가 필요할 것이다. 바울의 메시지는 "하나 된 것을 힘써 지키라"이다. 때문에 성도를 온전하게 한다는 것은 하나 되지 못하게 하는 요소들을 깨닫고 제거한다는 의미와 하나 될 수 있는 장점 곧 은사를 개발시킨다는 의미를 담고 있다. 에베소서 6장에 기록한 서로 복종하는 부모와 자녀의 관계를 예로 온전하게 한다는 의미를 생각해 보자. 하나 됨을 지켜가는 부모가 되려면 무엇을 깨달아야 할까? 하나님은 부모가 자녀를 대할 때 노엽게 하지 말라고 말씀하셨다. 주의 교훈과 훈계로 양육하라고 하셨다(엡 6:4). 부모가 이것을 깨닫지 못하고 자신의 감정과 생각으로 자녀들을 나무라고 혼내면 절대 하나 됨을 지킬 수 없다. 그것을 깨닫고 자녀들을 대할 때 노엽게 하지 않으려고 힘쓰고 노력하는 것이 '온전하게 되는 것'이다.

"봉사의 일을 하게 하며", 또한 문맥을 떠나서 독립적으로 해석하면 교회 봉사를 비롯한 다양한 섬김을 생각하게 된다. 지금까지는 그렇게 받아들였다. 그러나 이 또한 맥락 속에서 먼저 그 의미를 살펴봐야 한다. "봉사의 일을 한다"는 것은 앞에서 깨달은 말씀을 직접 실천하는 것을 가리킨다. 그것은 지도자로 세움 받은 자들이 하나 됨을 힘써 지키기 위해서 새 신자의 어떤 부분을 교육할 때 가르치는 그 내용을 제한하고 있는 말이다. 앞서 든 예로 설명하면, 바울이 새 신자 부모에게 "자녀를 교육할 때 노엽게 하면 안 된다"고 가르쳤다. 그들은 지도자에게 배운 말씀대로 자녀들에게 실천하는 것이 봉사의 일을 하는 것이다. 그 다음에 확대해서 봉사의 일을 해석할 수 있을 것이다.

"그리스도의 몸을 세우려 하심이라", 성도가 잘 훈련되어져서 온전하게 되어 가고 봉사의 일을 하게 될 때 자연스럽게 맺는 열매이다.

일반적으로 그리스도의 몸은 교회를 지칭한다. 그러나 바울은 그리스도의 몸을 단지 교회로만 의인화한 것이 아니다. 바울은 유대인과 이방인의 하나 됨을 전할 때 "둘을 하나로, 둘을 한 새 사람으로, 둘을 한 몸으로(2:14-16)"란 단계를 제시했다. 바울은 '한 몸'이란 메시지를 통해서 유대인과 이방인의 하나 됨을 강조하고 있다. 성도 개개인이 잘 훈련되면 하나 됨을 힘써 지킬 수 있다. 그 신앙생활이 지속되면 될수록 성도 서로 간에 하나 됨은 더 굳건해질 것이다. 당연히 교회는 다툼이나 분리, 파당은 싹트지 않을 것이다. 모든 성도의 서로 사랑은 한층 돈독해질 것이다. 바울이 3차 전도사역 말미에 에베소교회 지도자들에게 선포했던 분리(행 20:30)는 절대 일어나지 않을 것이다.

21
장성한 성도는 하나됨을 지킨다

바울은 "하나 됨을 힘써 지키라"는 강력한 권면으로 생활편 메시지를 시작했다. 그것을 성취할 세 가지 신앙생활을 메시지했고(4:1-3), 그렇게 해야 할 일곱 가지 당위성을 제시했다(4:4-6). 모든 성도가 하나 됨을 힘써 지킬 수 있는 신앙을 갖고 있지 못하다. 바울은 이것을 해결하기 위해 주님이 세우신 지도자와 성도들이 해야 할 목표를 밝혔다(4:7-12). 본문은 어떻게 장성함에 이를 수 있으며, 거기까지 성장한 성도들에게서 나타는 열매가 무엇인지 제시하고 있다.

하나 됨은 말씀과 삶이 하나 되어야 이루어진다(13절)

바울은 그리스도께서 지도자와 성도들 각 사람에게 주신 은혜의 분량이 다르다고 밝혔다(7). 은혜의 분량이 다르다는 것은 은사는 같고 받은 정도만 차이가 있다는 뜻이 아니다. 은혜의 분량은 받은 은사의 종류가 다르기도 하지만 받은 은사 내에서 분량의 차이가 있음을 포함한다. 지도자는 자신이 받은 은사를 따라 성도를 도와야 한다. 자신이 받은 은사로 성도를 돕되 교육해야 할 내용을 분명히 알고 있어야 한다.

오늘날 교회는 제자훈련을 한다며 온갖 교리들을 가리킨다. 오늘날 모든 교회는 지식 중심의 교육의 폐단을 안고 몸살을 앓고 있다. 교회마다 판단과 정죄가 난무한다. 이것들은 마귀가 가진 무기들이다. 성경이 말하는 교육을 했다면 성령의 무기가 나타나야지 어떻게 마귀의 무기가 나타날 수 있겠는가? 바울은 교회 교육의 근본이 되어야 하고 지속적인 교육 내용이 되어야 할 것을 제시한다.

"하나님의 아들을 믿는 것", 지도자는 성도에게 하나님의 아들을 가르쳐야 한다. 내용적인 면인 예수님의 탄생, 고난과 십자가 죽음 그리고 부활과 승천, 성령님을 가르쳐야 한다. 무엇보다도 하나님의 아들을 어떻게 믿는지, 그리고 믿는 목적이 무엇인지 알려야 한다. 오늘날 예수 그리스도를 믿는다고 하면 "구원받고, 죄 용서 받고, 천국 간다"는 것으로 알고 있다. 물론 그것이 배제되어서는 안 된다.

그러나 지금 이 시점에서 "하나님의 아들을 믿는 것"이란 위에서 말한 내용적인 면보다는 하나님의 아들을 믿어야 하는 목적을 의미한다. 지도자들이 성도들에게 하나님의 아들을 믿어야 한다는 것을 왜 가르쳐야 하는가? 모든 성도들은 성령의 하나 되게 하심을 힘써 지켜야 한다(4:3). 그렇게 해야 하는 이유가 무엇인가? 모든 성도들이 믿는 믿음이 하나이기 때문이다(4:5). 모든 성도들이 믿는 믿음이 하나인데 거기에서 다른 내용이, 다른 방향이 나올 수 있을까? 에베소교회 성도들은 그들이 믿는 믿음의 내용, 믿음의 뿌리 등이 모두 하나라는 것을 알아야 한다. 믿음이 하나이기 때문에 자기 패거리를 만드는 분열은 불가능한 것이다.

"하나님의 아들을 아는 일", 지도자가 가르친 모든 내용이 실제 삶에서 경험이 되어야 함을 말한다. 믿음의 내용적인 면들이 경험되어야 한다. 바울이 문맥 속에서 강조하는 하나 됨을 힘써 지키는 삶이 경험되어야 한다. 지금까지 그들은 그것을 경험했다. 바울이 직접 전도하고 양육한 그리스도인들과 그 이후 주님을 만난 성도들이 특별히 하나 되어야 한다. 배운 말씀의 지식과 삶이 따로 노는 것은 신앙생활이 아니다. 그것은 종교생활을 할 뿐이다. 그러나 말씀이 생활 속에서 실천되어 경험으로 확증되는 것은 결코 쉬운 일이 아니다. 이런 신앙은 바람에 나는 겨와 같아서 하나 됨을 지킬 수 없다. 믿는 것과 아는 것이 일치되어야 하나 됨을 힘써 지킬 수 있다.

"온전한 사람을 이루어", 앞에서 살펴보았듯이 삶이 완전해졌다는 의미가 아니다. 성도가 예수를 믿고 아무리 훈련을 해도 즉 말씀과 삶의 일치를 추구했어도 완전해질 수는 없다. 그것은 어디까지나 신앙이 자라서 하나 됨을 지킬 수 있도록 준비된다는 의미이다. 당연한 결과이다. 하나님의 아들 예수 그리스도를 믿는 것과 아는 일에 하나가 되어 가고 있기 때문에 그의 신앙 또한 온전해져 가고 있는 것이다. 우리가 깊이 생각해야 할 것은 "믿는 것과 아는 일에 하나가 된다"는 것은 그 과정이 밖에서 목표를 향해 계속 들어간다는 의미를 가지고 있다. 즉 믿는 것과 실제 신앙생활의 하나 됨이 온전히 이루어졌다는 뜻이 아니라 목표지점을 향해 들어가고 있다는 의미이다.

"그리스도의 장성한 분량이 충만한 데까지 이르리니", 성도가 자라야 할 마지막 목표가 어디까지인가를 보여준다. 어떤 모습이 그리스도의 장성한 분량이 충만한 모습일까? 아마도 3장에 찾아볼 수 있겠다. 바울은 에베소교회 성도들을 위해서 두 번째 속사람이 강건케 되기를 기도했고, 믿음으로 그리스도가 그들 마음에 계시길 기도했다(3:14-19). 이것이 이루어지면 그리스도의 사랑에 뿌리를 박고 그 터가 굳어진다고 했다. 그리스도의 사랑의 너비와 길이와 높이와 깊이를 알게 되기를 기도했다. 그리고 하나님의 충만한 모든 것이 성도들에게 충만하게 되기를 간구했다. 하나님의 충만한 것은 지혜를 비롯한 하나님의 성품이 이에 해당한다. 바로 그리스도의 장성한 분량에 이르게 되면 이 하나님의 성품들이 그리스도인들에게 충만하게 채워지고 그 성품을 따라 살게 될 것이다. 그 마지막은 모든 일에 다툼과 싸움, 시기와 질투, 욕심이 제거되어 하나 됨을 지킬 신앙으로 성장하게 될 것이다.

장성한 성도는 흔들리거나 넘어지지 않는다(14절)

모든 성도가 하나 됨을 힘써 지킬 수 있는 신앙을 가지고 있다면 얼마나 좋을까? 그렇지 못하기 때문에 지도자가 필요하고 양육이 필요한 것이다. 지도자는 자신이 받은 그리스도의 선물인 은혜의 분량에 따라 성도를 양육해야 한다. 양육의 내용이 무엇인지 엿볼 수 있다.

"아린 아이가 되지 아니하여", 성도 중 믿음이 약한 자로 신앙생활하는 사람들이 없다는 뜻이다. 양육받기 전에는 믿음이 약한 어린 아이 성도였다. 그러나 지도자들을 통하여 양육을 받으며 온전하게 되고 그것을 실천하며 산 결과 성숙하여 신실한 믿음을 가진 성도가 된 것이다. 더 이상 신앙이 어린 아이에 머물러 있지 않다. 바울은 장성하여 성숙한 성도의 세 가지 특징을 설명한다.

"사람의 속임수", 바울은 이 메시지를 쓰면서 무엇을 염두에 두고 있었을까? 일반적인 표현일 수 있을 것이다. 그러나 3차 복음전도 말기에 성령의 감동으로 선포했던 예언적 메시지(행 20:30)를 염두에 두고 있는 것이라면 에베소교회 장로들이 할 수 있는 어그러진 말에 더 이상 속아 넘어가지 않을 것임을 강조하는 것이다. 즉 에베소교회에 다툼과 분리가 일어날 일을 해서는 안 된다는 뜻이다. 이 문장 앞에 관사가 없는 것은 '어린 아이'를 수식하지 않고 독립적임을 보여준다. '속임수'는 도박의 종류로서 주사위 같은 것을 의미한다. 평범한 속임이 아니라 악한 의미에서 계획적인 속임을 뜻한다. 성숙한 신앙이 되면 이것을 분별할 수 있는 능력을 갖추게 된다는 의미도 포함하고 있다.

"간사한 유혹에 빠져 온갖 교훈의 풍조에 밀려", 사람의 속임수와 대비되어 악한 영들의 유혹을 의미한다. 이것은 시대적인 흐름 속에서 등장하게 되는 것들임을 알 수 있다. 바울은 자신이 에베소교회를 떠나면서 "흉악한 이리가 들어와 믿음을 빼앗아 가고, 장로들이 진리를 떠난 어그러진 말을 할 때가 올 가능성이 있다"고 선포했다. 이것을 근거로 크게 두 가지 교훈의 풍조를 생각할 수 있겠다. 하나는 예수 그리스도를 믿는 것보다 더 낫다는 믿음의 대상이 등장하게 될 것이다. 다른 하나는 욕심 혹은 권력욕이 될 것이다. 믿음을 잃는다는 것은 믿음의 대상보다 더 혹한 대상이 있게 될 것을 말하고, 진리를 벗어나 어그러진 말을 하는 것은 자기 욕심을 채우기 위해서이거나 권력 추구를 위해 나타나는 교훈의 풍조를 가리킨다.

지금의 시대에서 보면 분명히 악한 짓인데 인격이란 말로 포장하여 사회에 나타나는 동성애 같은 것이다. 믿음이 자라 신앙이 성숙하게 되면 시대적 풍조도 분별하여 대처할 능력을 얻게 된다.

자신의 연약한 모습을 깨닫고 어떤 점에서 온전한 성장이 있어야 하는가를 알고 그것을 직접 실천(봉사의 일을)하게 되면 믿음이 자라고 신앙은 성장한다. 그 결과는 그리스도의 몸을 이루게 된다. 교회 내적으로 다툼이나 분리가 일어나지 않고 서로 사랑하는 삶을 지속할 수 있다. 거기에다가 시대적 풍조를 타고 들어오는 유혹도 분별하여 대처하게 되므로 늘 승리하게 된다.

장성한 성도는 사랑으로 살며 몸을 자라게 한다(15-16절)

주님은 각 성도들이 받은 은혜의 분량이 서로 다름을 너무나 잘 아신다. 이유는 주님이 그 일을 직접 행하셨기 때문이다. 많은 은혜 중 더 많은 은혜를 받은 사람들을 교회 공동체의 지도자로 세우셨다. 주님은 이 지도자들로 하여금 적은 은혜의 분량을 받은 사람들과 은혜는 받았지만 개발되지 않아 사장시키고 있는 성도들의 은혜를 개발하여 성장시키도록 사명을 주셨다. 사도들과 선지자들, 복음전하는 자들 그리고 목사와 교사가 그들이다. 이들은 성도들 한 사람 한 사람을 그리스도를 믿는 것과 아는 일에 하나가 되어 그리스도의 몸이 되도록 양육하게 하셨다. 이들을 통하여 성장한 성도는 사람의 속임수나 온갖 교훈에 넘어가지 않는다. 바울은 그들에게 더 깊은 신앙으로 정진할 것을 권면한다.

사랑 안에서 범사에 주님과 하나가 되라(15절)

장성한 성도의 특징은 사랑과 관련이 있다. 바울은 지도자들에게 성도가 성장하기 위해서 힘써야 할 영역과 자랄 목표 즉 어느 정도까지 자라야 할 것인지 그 기준을 제시하고 있다.

"오직 사랑 안에서 참된 것을 하여", 이것은 앞 절의 '사람의 속임수'와 대치되는 표현으로 '속임수와 간사한 유혹에 빠져'와 연관되어 있다. 사람들이 속임수와 간사한 유혹에 빠지는 이유가 무엇일까? 분별의 기준이 되는 진리가 없고 있더라도 그것을 실행할 능력이 없기 때문이다. 그래서 바울은 지도자들이 그리스도를 믿는 것과 아는 것에 하나가 되도록 양육하라고 하였다. 이는 곧 삶의 유일한 기준이 그리스도여야 함을 보여주는 것이다. 삶의 기준이 그리스도가 되면 속임수도 분별하고 간사한 유혹도 분별하여 그것에 빠지지 않을 수 있다. 바울은 그것을 근거로 실제생활 속에서 성장할 방안을 제시한다. 장성한 성도가 더 자라고 성숙할 수 있는 방안이다. 바울은 지도자들이 그리스도를 믿는 것과 아는 일에 하나가 되도록 양육하여 그리스도의 장성한 분량에 이를 것을 요청했었다. 그것은 사랑 안에서 참된 것을 하는 것이다. 사랑 안에서 참된 것을 하는 것은 오직 사랑으로 산다는 뜻이다. 오직 사랑으로 살면 자연스럽게 속임수를 분별하게 된다. 왜냐하면 자신이 살아가는 삶과 다르다는 것을 순간순간 분별하게 되기 때문이다.

"범사에 그에게까지 자랄지니 그는 머리니 곧 그리스도니라", 성도가 자라야 할 목표가 어디까지 인가를 보여주고 있다. 개역개정역은 성도가 머리되신 그리스도에게까지 자라야 한다는 의미로 번역했다. 그러나 헬라어 구문은 그것을 의미하지 않는다. "범사에"란 부사적 목적격을 사용하고 있어서 "성도의 모든 것이 머리와 연관되어 있다"는 것을 뜻한다. 아마도 "성도의 모든 것이 그와의 관계에서"란 의미로 이해하면 좋겠다. 즉 성도는 모든 면에서 그리스도와 관계를 가지고 자라나야 한다. 앞 절의 "어린 아이가 되지 않는다"는 메시지를 뒷받침해주고 있다. 모든 면에서 주님과 관계를 갖고 자라는데 어린 아이에 머물러 있을 수는 없다. 주님과 관계를 맺고 자란다는 것은 주님과 동일한 생각을 하고, 동일한 말을 하고, 동일한 행동을 하며 자란다는 뜻이다. 그래서 이어지는 표현에서 머리 되신 그리스도에게까지 자라야 한다고 강조한다.

사랑 안에서 참된 것을 하여 그리스도에게까지 자라야 한다는 것은 오직 사랑으로만 사는 성도가 된다는 뜻이다. 사랑으로 생각하고 사랑으로 말하고 사랑으로 참으며 용납하며 성도들 대한다는 뜻이다(4:2). 이러한 삶에서 사랑을 깨뜨리는 다툼이나 분리란 있을 수 없다.

서로 연결하고 결합하여 그 몸을 자라게 하라(16절)

오직 사랑으로 살게 될 때 나타나는 특징이 있다. 바로 서로 서로 돕고 도움 받는 것이다. 일반적으로 몸과 머리는 서로 연관되어 있고 서로의 관계 속에서 자란다. 그러나 몸과 머리 되신 그리스도의 경우는 그렇지 않다. 관계 속에서 자라는 것이 아니라 몸은 머리 되신 그리스도, 즉 근원이 되신 그리스도로부터 모든 영적 영양분을 공급받게 된다. 성도들은 공급받은 영적 생명으로 자신을 유지하고 개발하고 성장시킬 뿐만 아니라 다른 성도를 돕게 되는 것이다. 그 결과는 몸을 자라게 한다. 각 개인의 성장이 이뤄지면 성도들 공동체가 성장하게 되므로 몸이 자라게 된다.

"그에게서 온 몸이", 그리스도로부터 모든 성도들이란 뜻이다. "그에게서"는 영적 생명이 되는 근원지임을 밝혀준다. 몸은 근원이신 그리스도에게로부터 영적 생명을 공급받아 자라게 된다. 일반적인 몸과 머리의 관계가 아닌 것을 알 수 있다. 서로 서로의 관계에서 몸과 머리가 영향을 주고받는 것이 아니다. 몸으로 표현된 성도 각자는 그리스도에게로부터 일방적으로 영적 생명을 공급받게 된다. 이것은 이미 앞에서 "우리 각 사람에게 그리스도의 선물의 분량대로 은혜를 주셨다(4:7)"는 말씀 속에 포함되어 있다. 각 사람은 그리스도로부터 자신에게 맞는 은혜를 공급받는다.

"각 마디를 통하여 도움을 받음으로 연결되고 결합되어 각 지체의 분량대로 역사하여 그 몸을 자라게 하며"는 각 성도가 그리스도로부터 영적 생명을 공급받은 후 어떤 역할을 감당하는지 보여주고 있다. 그 결과가 어떤 모습인지를 밝혀준다. 그리스도로부터 영적 생명을 공급받은 각 성도는 자신만을 위하여 살지 않는다. 다른 성도들을 도우며 산다. 그 결과는 끊어졌던 관계가 연결되어 회복되고 모래알 같던 각 성도들이 굳게 결합되는 것이다. 사랑으로 생각하고 말하고 행동하게 되면 자연스럽게 서로 서로 위하게 되므로 서로 연결되고 그 관계가 더욱 굳게 된다. 바울은 에베소교회로부터 바로 이 소식을 전해 들었다(1:15). 바울은 에베소교회 성도들이 이 소식의 수준에 머물지 않고 성장하여 더욱 더 사랑하므로 서로가 하나 되고 그 하나 됨이 더 견고해 지기를 기대하며 메시지하고 있다.

"사랑 안에서 스스로 세우느니라", 바울의 독특한 표현이다. 15절에서는 사랑 안에서 참된 것을 하라고 명했다. 바울은 그 결과에 대해 몸이 자라는 것과 더불어 스스로를 사랑 안에 세우게 된다는 또 다른 열매를 말하고 있다. 너무 당연한 것을 확인하여 강조한 것이다. 오직 사랑으로 살 때 사랑 안에서 스스로를 세워가게 된다. 오직 사랑으로 사는 원인에 따르는 결과는 스스로를 사랑 안에 세우는 것이다. 바울은 "하나 됨을 힘써 지키라(4:3下)"고 권면했다. 바울은 그것을 이룰 수 있는 세 가지 신앙생활을 제시했었다.

첫째, 부르심에 합당하게 생활하라(4:1)

둘째, 겸손과 온유함을 기저로 오래 참으며 사랑 가운데서 용납하며 신앙생활 하라(4:2).

셋째, 평안을 이루는 삶으로 신앙 생활 하라(4:3上).

바울은 하나 됨을 지켜가고 더 굳게 하는 첫 번째 권면이 목표를 이루는 가장 중요한 요소가 사랑 가운데서 서로 용납하며 사는 것임을 강조하고 있다. 오직 사랑으로 생각하고 말하고 행동하게 되면 스스로를 사랑 가운데 세우게 되는 것은 당연지사이다. 스스로를 사랑 가운데서 세우게 되면 자연스럽게 사랑하는 삶이 실천된다. 그것은 다툼, 분쟁, 분리를 전적으로 배제한다. 분열이 틈탈 기회가 없어진다. 지금 에베소교회 성도들은 서로 사랑을 잘 실천하고 있다. 바울의 메시지를 받은 후 하나님의 아들을 믿는 것과 아는 것에 하나 되기를 힘쓰고 그리스도의 장성한 분량이 충만한 데까지 자라게 되면 그들은 더욱 더 사랑하며 살게 될 것이다. 성령께서 주셨던 경고인 "장로들이 자신을 따르게 하려고 어그러진 말을 하게 되는 일(행 20:30)"은 결코 일어나지 않을 것이다.

두 번째 권면 이해
4:17-6:9

바울은 4:1-16까지 크게 세 단락으로 나눠서 메시지했다. 하나 됨을 힘써 지키라(1-6), 지도자들은 자신이 받은 은혜의 분량을 따라 성도들을 온전하게 하고 봉사의 일을 하게하여 그리스도의 몸을 세워라(7-12), 지도자들은 성도 교육의 목표를 하나님의 아들을 믿는 것과 아는 일에 하나가 되게 하여 그리스도의 장성한 분량이 충만하데 이르게 하라(13-16). 교육의 목표와 최종적 결과는 모든 성도들이 그리스도에게로부터 사랑을 공급받아 늘 사랑을 실천하며 살게 될 때 에베소교회는 모든 성도들이 서로 사랑하며 더욱 하나가 될 것이다. 이제 바울은 그리스도의 장성한 분량이 충만한 데까지 자라는 성도들을 위해서 그들이 반드시 기억해야 신앙생활의 구체적 요소를 언급한다.

바울은 첫 번째 권면(4:1)에서 "주 안에서 갇힌 내가 너희를 권한다"고 직접적인 표현을 사용해서 권면했다. 두 번째 권면에서는 직접적으로 권면하다는 표현을 사용하지 않고 "내가 이것을 말하며 주 안에서 증언한다(=권고한다, 17)"고 언급한다. 개역개정역은 증언한다고 번역했으나 권고한다고 번역함이 효과적이다.

바울은 두 번째 권면을 네 단락으로 구성해서 네 가지 권고의 메시지를 기록했다. 우리가 먼저 기억해야 할 것은 성령이 하나 되게 하신 것을 힘써 지키기 위해서는 하나 되어야 한다. 바울이 하나 되라고 말한다고 저절로 하나 될 수는 없다. 하나 될 수 있는 근본 방법을 알아야 하고, 그것을 알고 삶에서 구체적으로 실천해야만 한다. 바울은 하나 되기 위해서 알아야 할 새 요소 한 가지와 두 가지 구체적인 실천 사항, 그리고 그것을 이룰 수 있는 힘을 알려준다.

첫 번째 권고는 "영이 새롭게 되어 옛 사람에서 벗어나라(4:17-24)"이다.

두 번째 권고는 "그리스도께서 용서하심과 같이 서로 용서하라(4:25-32)"이다.

세 번째 권고는 "그리스도처럼 너희도 사랑가운데서 행하라(5:1-14)"이다.

네 번째 권고는 "성령의 충만을 받아라(5:15-6:9)"이다.

22
권고1: 영이 새롭게 되어야 새 사람이 된다

바울은 "에베소교회 성도들은 마음이 굳어져서 하나님의 생명에서 떠난 자들과 같이 그리스도를 배우지 않았다."고 강조한다. 배운 것이 다르다면 그 결과 또한 달라야 한다. 그런데 옛 사람을 벗지 못하고 구습을 따른다면 교육 방법과 교육 목표에 문제가 있는 것이다. 바울은 교육의 목표를 새롭게 제시한다.

이방인의 삶을 알고 버리라(17-19절, 22절)

바울은 이방인이 어떤 사람인가를 예로 들어 에베소교회 성도들의 과거의 모습을 드러내고 있다. 과거의 모습을 알아야 현재의 모습이 어떠한가를 깨달을 수 있다. 바울은 이것을 깨닫도록 하나님을 떠나 사는 사람들의 모습을 적나라하게 보여준다.

"**이방인이 그 마음의 허망한 것으로 행함 같이 행하지 말라**(17)", 헬라어 문장은 한글 번역에서 찾을 수 없는 의미를 담고 있다. 바울은 "행함 같이"란 표현에서 직설법을 명령법의 대용으로 사용하였다. 즉 "더 이상 행하지 말라"는 의미를 가지고 있다. 이방인들이 그들의 마음이 허망하기에 허망한 것으로 행한다. 그러나 에베소교회 성도들은 더 이상 마음이 허망하지 않다. 그러므로 허망한 마음으로 행하지 말라는 것이다. "마음의 허망함"은 목표와 목적이 일치하지 않는 상태를 가리킨다. 예를들면 유학을 준비하는 학생은 토플점수를 잘 받아야 한다. 그렇게 되려면 토플 경향을 잘 파악하여 열심히 영어공부를 해야 한다. 그런데 영어공부는 전혀 하지 않고 중국어와 일어를 열심히 공부하는 것이 "마음의 허망함"이다. 이방인들은 자기 인생의 목표가 무엇인가를 전혀 모른다. 이방인들은 목표를 모르기 때문에 하루하루 사는 삶이 하나님과 전혀 관계가 없고 오히려 하나님에게서 멀어지거나 대적하는 삶을 살 뿐이다. 이방인들이 마음의 허망함으로 인해 살아가는 모습은 어떤가?

첫째, 총명이 어두워진 사람들이다(18).

둘째, 그로인해 무지하게 사는 사람들이다(18).

셋째, 그 결과로 마음이 굳어졌고 하나님의 생명에서 떠난 사람들이다(18).

넷째, 하나님의 생명에서 떠났기에 자신을 방탕에 방임에 내던진 사람들이다(19).

다섯째, 방탕하게 살며 더러운 것에 욕심을 내며 사는 사람들이다(19).

여섯째, 유혹의 욕심을 따라 썩어져 가는 구습을 따라 살아가는 사람들이다(22).

이방인들은 구체적으로 위에 적은 것처럼 크게 여섯 가지 형태로 살아간다. 18절은 구문상의 특징이 있다. "무지함과 마음이 굳어짐으로"는 "무지함으로 말미암아, 마음이 굳어짐으로 말미암아"[1]이다. 앞의 '~로 말미암아'는 두 분사(어두워졌다, 떠나있다)를 수식하고 있고, 뒤의 '~로 말

1 ἐσκοτωμένοι τῇ διανοίᾳ, ὄντες ἀπηλλοτριωμένοι τῆς ζωῆς τοῦ θεοῦ, διὰ τὴν ἄγνοιαν τὴν οὖσαν ἐν αὐτοῖς, διὰ τὴν πώρωσιν τῆς καρδίας αὐτῶν·

미암아'는 첫 번째 것을 설명해주고 있다. 즉 마음이 굳어졌다(완고해졌다)는 것을 말해주고 있다. 바울이 이 문장을 통해서 하고 싶은 말은 어둡고 소외된 이유와 원인은 '저희 가운데 있는 무지'이고, 무지하게 된 이유와 원인은 '저희 마음의 완고함' 때문이라는 것이다.

"그들의 총명이 어두워지고 그들 가운데 있는 무지함(18上)"은 하나님을 대적하며 떠나서 사는 사람들에게서 나타나는 가장 중요한 특징이다. "총"은 다양한 의미를 가지고 있다. 생각, 생각하는 행위, 이해력, 사고방식 등을 의미한다. 총명이 어두워졌다는 것은 하나님을 생각하는 행위, 이해력이 점점 퇴보하게 되었다는 뜻이다. 총명은 하나님이 사람에게 자신을 알려주는 기능이다. 총명은 하나님이 창조주이심을 알게 해주고, 그분의 뜻과 계획을 알려준다. 하나님은 자신을 알리기 위해서 사람들에게 "영원을 사모하는 마음을 주셨다(전 3:11下)." 뿐만 아니라 "그의 영원한 능력과 신성이 그가 만드신 만물에 분명히 보여 알려졌나니…(롬 1:20下)"라고 말씀하셨다. 이것이 바로 총명의 기능이다. 자연 속에 하나님의 능력과 신성이 주어졌다. 자연은 인간이 하나님을 알도록 이끈다. 그러나 죄는 자연에 있는 빛의 기능을 죄인들에게서 차단시켜버렸다. 죄는 하나님에게서 점점 멀어지게 만들었고, 급기야는 그분의 존재를 부인하게 만들었다. 그 결과 인간은 하나님에 관해 무지하게 되었다. 하나님을 알고 싶어도 죄가 막아서 알 수 없게 되었다. 바울은 이 상태를 다음과 같이 기록했다.

"그 결과로 마음이 굳어졌고 하나님의 생명에서 떠나있도다(18下)", 하나님을 알 수 있는 총명이 죄로 인해 사라진 결과 인간은 마음이 굳어졌다. 바울은 이와 같은 상태를 로마서에서 "…오히려 그 생각이 허망하여지며 미련한 마음이 어두워졌나니(롬 1:21下)"라고 정의했다. 총명이 어두워진 결과가 마음이 어두워진 모습으로 나타났다. 죄인들은 자신이 지혜로운 자라고 생각한다. 그러나 사실은 어리석은 자이다.

우리는 이와 같은 예를 바리새인들과 서기관들에게서 찾아볼 수 있다. 그들은 율법을 매우 많이 그리고 잘 알고 있었다. 그들은 많은 지식을 가지고 있었지만 내적으로는 눈이 먼 상태에 있었다. 그들은 하나님의 아들조차도 분별하지 못하고 대적하고 말았다. 그들의 많은 지식이 그들의 마음을 어둡게 만든 결과이다. 지식에 숨겨진 영적 의미들을 전혀 깨닫지 못한다. 바울도 그런 사람이었으나 주님을 만난 후에 총명이 회복되어 옛 지식이 새 지식으로 바뀌었다. 마음이 어두워지면 어떻게 되는가?

하나님의 생명에서 떠나게 된다. 이 생명은 그리스도 예수께 속한 생명이다. 생명은 속사람이 사는 실제 능력이다. 헬라어의 생명은 육체적 생명을 가리킨다. 그러나 성경은 이 생명을 아주 높은 단계로 승화시켰다. 이것이 삶으로 나타날 때는 자비, 긍휼, 은혜, 사랑 등의 모습이 될 것이다. 요한사도는 "이 생명이 그의 아들 안에 있다며 아들이 있는 자는 생명이 있고 아들이 없는 자는 생명이 없다(요일 5:11-12)"고 알렸다. 그는 생명을 구속과 연결시키고 있다. 바울은 갈라디아서에서 자신 안에 이 생명이 있고, 자신이 사는 것이 아니라 그리스도께서 사는 것이라고 했다(갈 2:20). 바울은 과거 에베소교회 성도들은 허물과 죄로 죽었던 자들(2:1)이라고 했었다. 그들은 과거에 생명에서 떠나 있었다.

"그들이 감각 없는 자가 되어(19上)", 관계대명사 호이티네스(οἵτινες)[2]는 이방인들이 공허한 상태에서 살게 된 이유와 그 질적인 내용을 함축하고 있다. 이방인이 공허한 상태에서 살게 된 이유는 그들이 감각 없는 자가 되었기 때문이다. 한 때 감각이 없이 지낸 것이 아니다. 바울은 "감각 없다"에 완료분사 시제를 사용했다. 이것은 18절의 두 분사

2 <u>οἵτινες</u> ἀπηλγηκότες ἑαυτοὺς παρέδωκαν τῇ ἀσελγείᾳ εἰς ἐργασίαν ἀκαθαρσίας πάσης ἐν πλεονεξίᾳ·

완료시제인 "어두워졌고 그 상태가 지속되고 있으며, 떠났고 그 상태가 지속되고 있다"와 동일한 시제이다. 바울은 감각 없는 상태가 되었고 그 상태가 지속되고 있음을 알려주고 있다. 어두움과 소외의 특징은 감각이 없어지는 것이다. 피부의 감각이 없다는 뜻이 아니다. 그들이 살아가는 삶을 통해 맞이하는 여러 가지 행위들에 대해 감각이 없다는 것이다. 바울은 감각이 없는 그들의 행위 중에서 특별히 두 가지 예를 들어 설명하고 있다.

"**자신을 방탕에 방임하여 모든 더러운 것을 욕심으로 행하되**(19下)", 어둠과 소외의 마음으로 살아가는 이방인들에게서 나타나는 첫 번째 감각이 없는 삶은 자신을 방탕에 내어주고도 전혀 죄의식이 없이 살아가는 것이다. 방탕에 방임한다는 것은 거의 모든 영역을 포괄하고 있겠지만 가장 중요한 것은 성적인 행위일 것으로 보인다. 세 번째 권면의 단락(5:1-14) 3절에 언급된 '음행'이 여기에 해당할 것이다. 두 번째 감각이 없는 삶은 모든 더러운 것을 욕심으로 행하며 살아가는 것이다. '모든 더러운 것'이라 했으니 이것 또한 더러운 모든 것을 포함하고 있다. 더러운 것 중에서도 가장 중요한 것은 '돈에 대한 탐욕'이 아닐까 싶다. 이 사실은 세 번째 권고의 단락(5:1-14)에서 사용한 두 번째 용어인 "온갖 더러운 것(5:3)"에 해당한다.

하나님을 버린 어두움과 소외의 상태에 빠진 인간은 감각이 없는 자가 되어 성적으로 문란하게 살고 돈에 대한 탐욕에 매여 살아가게 된다. 바울은 일반적인 이방인들의 삶을 지적한 후에 에베소교회 성도들은 새로운 사람이 되었음을 알려준다. 그것을 설명하는 과정에서 다시 옛사람 즉 이방인들이 살아가는 사람의 모습을 이야기한다.

"**너희는 유혹의 욕심을 따라 썩어져 가는 구습을 따르는 옛 사람을 벗어 버리고**(22)", 이방인들은 유혹의 욕심을 따라 살아간다. 바울은 에베소교회 성도들이 하나님의 아들을 아는 것과 믿는 일에 온전하게 되면 "사람의 속임수, 간사한 유혹에 빠져 온갖 교훈의 풍조에 요동하지 않게 된다(4:14)"고 말했었다. 그렇다. 하나님의 사람은 유혹의 욕심에 흔들리지 않는다. 세상 사람이 유혹의 욕심에 흔들리고 옛날의 습관에 매여 살게 된다. 새로운 것을 배워 삶으로 채득한 사람은 그것에 맞게 살아가게 되어 있다. 성도라는 이름을 가졌어도 옛날 습관에서 벗어나지 못하면 옛 사람의 삶을 살 수밖에 없다. 바울은 에베소교회 성도들에게 강하게 권고하고 있다. 배움을 통해서 유혹의 욕심에서 벗어났기 때문에 거기에 얽매여 살아서는 안 된다는 것이다. 바울은 에베소교회 성도들이 변화되기 위한 근본문제를 제시한다.

영(속사람)이 새 사람을 입어야 한다(20-21절, 23-24절)

바울은 에베소교회 성도들이 이방인들과 같이 살아서는 안 된다고 강하게 권고한 후에 그 이유를 제시한다. 왜 이방인들과 같이 살아서는 안 되는가?

"**오직 너희는 그리스도를 그같이 배우지 아니하였느니라**(20)", 이방인들과 같이 살아서 안 되는 이유는 에베소교회 성도들이 그리스도를 배울 때 그들이 사는 것처럼 배우지 않았기 때문이다. 그리스도는 어떻게 사셨는가? 그는 가난한 자들을 먼저 생각하며 그들과 함께 하셨다. 즉 선을 알고 선을 실천하며 사셨다. 종교지도자들은 율법을 따라 병든 자들을 멀리하며 상종조차 하지 않았다. 주님은 그들을 가까이하며 치유해 주시고 정상적인 생활이 가능하도록 회복시켜 주셨다. 한마디로 주님은 가난하고 소외된 자들과 함께하셨다. 주님은 자신의 목숨을 주시기까지 희생하셨다. 주님이 이렇게 사셨기 때문에 에베소교회 성도들은 이것을 배웠다. 그런데 자신을 방탕에 방임하거나 더러운 욕심에 던져서는 안 된다. 그것은 옛 구습에서 벗어나지 못하여 유혹에 빠져 사는 삶이다. 그렇게 살면 그들이 배운 삶이 무용지물이 된다. 바울이 배움을 강조한 것은 신앙은 지식과 삶이 일체된 것이기 때문이다. 바울은 그리스도를 어떻게 배웠는지 설명한다.

"진리가 예수 안에 있는 것 같이 너희가 참으로 그에게서 듣고 또한 그 안에서 가르침을 받았을진대(21)", 그리스도 예수 안에는 진리가
있다. 그리스도를 배웠다는 것은 곧 진리를 배운 것이다. 에베소교회
성도들은 진리를 들었고 진리 안에서 가르침을 받았다. 진리를 배웠다
는 것은 삶의 근본을 새롭게 장착했다는 것이다. 에베소교회 성도들이
전에 알고 있는 것은 진리 밖의 것이었다. 그들이 진리를 배움으로서
지식적으로 옛 날 구습을 좇던 삶과 그리스도를 좇는 삶의 차이를 알게
된 것이다. 그러나 아직까지는 지식적으로 그것을 분별할 뿐 삶으로
실천하지는 못하고 있다. 때문에 바울은 그리스도 안에서 배운 진리를
22 근거로 살아갈 것은 강력하게 권고하고 있다. 그런데 지식적인 이해로
그것을 실천할 수 있는 것이 아니다. 새로운 면이 갖춰져야 한다.

"오직 너희의 심령(영)이 새롭게 되어(23)", 바울은 그리스도를 배워 진리를 알고 있는 자들이 변화되어야 할 궁극적인 내용을 다루고 있다. 그리스도를 배웠다는 사실이 진리의 지식 습득에 머물면 그는 변화되지 않을 것이다. 개역개정역은 반의적인 접속사를 번역하지 않았다. 23절은 '그러나'로 시작한다. 그것은 옛 삶에서 벗어나기 위해서는 교육의 결과가 "심령이 새롭게 되는 것"에 미쳐야 한다는 것이다. '심령'은 수동태 부정사 용법으로 사용되어 있어 새로워지는 과정에 있어서 영향을 미치는 하나님의 작용을 포함하고 있다. 즉 심령이 새롭게 되는 것은 단순히 사람의 노력으로 되는 것이 아니라 하나님의 특별한 개입이 있어야 한다는 것이다. 심령이 새롭게 된다는 문장을 학자들은 서로 다르게 본다. 어떤 학자는 여격으로, 어떤 학자들은 기구격으로 번역한다. 그러나 맥락 속에서 보면 이것은 앞의 외적인 행위와 대조되어 있음을 알 수 있다. 이방인들은 자신을 방임하여 방탕하거나 더러운

욕심대로 살아가는 사람들이 이었다. 그러나 그리스도인들은 그리스도를 배워 새로운 진리의 지식을 안 사람들이다. 바울은 그 진리의 지식에 머물지 말고 그것이 삶으로 나타날 새로운 영역을 강조하며 행위를 대조시키고 있다. 외적 행위와 대조되는 내적 영역을 가리킨다.

심령은 모호한 개념이다. 심령은 사람을 사람 되게 하는 '영'을 가리킨다. 현대교회는 영의 존재에 대해 잘 설명하지 못하고 있다. 왜냐하면 영을 보지 못하고 이론적으로 그 존재를 알고 있기 때문이다. 영은 하나님과 교제하는 사람이 가진 유일한 요소이다. 바울은 로마서에서 "성령이 친히 우리 영과 더불어 우리가 하나님의 자녀인 것을 증언하시나니(롬 8:16)"라고 말했다. 성령은 우리의 영과 교제한다. 사람의 영은 다시 사람의 생각, 마음과 교제해야 성령의 뜻을 알 수 있다. 그런데 사람의 마음은 죄로 인해 거반 죽은 상태, 즉 마음이 굳어졌고 하나님을 떠나 있는 상태로 감각 없는 자가 되어 살았다. 이제 갓 태어났거나 오래 신앙생활을 한 그리스도인이라도 거의 대부분 영과 생각, 마음이 교제할 수 없는 상태에 있다. 그래서 예수를 믿어 거듭났어도 여전히 육신의 지배를 받고 살게 된다. 바울은 로마서에서 이런 사람들의 위험성을 말했다. "육신에게 져서 육신대로 살면 반드시 죽는다…영으로써 몸의 행실을 죽이면 산다(8:12-13上)." 여기서 영은 성령을 가리킨다. 성령으로 육신을 죽인다는 것은 죄로 인한 육신적인 생각과 마음을 죽인다는 것이다. 마귀는 죄를 통해서 인간을 지배한다. 인간이 마귀의 지배를 받으며 사는 모습은 분노하고 미워하고 방탕하고 음란하고 시기하는 등등으로 나타난다. 성령으로 그것을 죽이면 사람의 영은 자신의 생각과 마음과 교통하게 된다. 성령님의 뜻과 인도를 분별하게 된다. 사람은 옛 사람을 벗어버리고 자신이 배운 진리대로 살게 된다. 바울은 영이 새롭게 되어야 한다는 것이 어떤 의미인지 계속해서 말한다.

"하나님을 따라 의와 진리의 거룩함으로 지으심을 받은 새 사람을 입으라(24)", 바울은 영이 새롭게 된 후에 "의와 진리의 거룩함으로 지으심을 입은 새 사람을 입어라"고 말하고 있다. "새 사람을 입어라"는 말씀은 "너희는 옛 사람을 벗어버리라"는 부정법을 긍정법으로 완성하고 있다. 바울은 새 사람을 입는 방법으로 두 가지를 말했다. 하나는 하나님을 따르는 것이고 다른 하나는 의와 진리의 거룩함으로 자신을 회복하는 것이다. 후자는 성령으로 육신의 행실을 죽이는 것과 같은 의미이다. '의'는 사람과 사람의 관계로, '거룩'은 하나님과 사람의 관계로 이해할 수 있지만 둘 다 하나님과 인간과 관련되어 있는 것으로 보는 것이 성경적이다. 왜냐하면 둘 다 진리에 속해 있기 때문이다. 하나님을 따라 사는 것이 곧 의와 진리를 기준으로 사는 것이다. 의와 진리는 성도를 거룩함에 이르게 한다.

바울은 "입으라"는 사실에 중간태를 사용하여 몸을 덮어서 새로운 모습을 주는 의상의 모습을 창출하고 있다. 이 의상은 영적 생명을 위한 것으로서 가리는 기능을 의미하지 않는다. 의와 진리로 거룩한 영적 생명의 옷을 입어 옛 사람과 대조되는 새 사람으로서 살 것을 강조하고 있다. 죽음을 의미하는 옛 옷, 즉 더러운 옷을 입고 있는 사람이 그리스도 안에서 새 옷, 즉 생명의 옷을 입고 있는 모습을 상상하게 한다. 그 모습이 바로 영이 새 사람을 옷 입는 것이다.

이 권고에서 가장 중요한 것은 옛 사람과 새 사람이다. '죄'는 방탕에 자신을 방임하고 탐욕에(19, 22) 자신을 던져 사는 사람을 가리킨다. 반면에 '의와 거룩'은 그와 같은 삶에서 온전히 벗어나 새 사람으로 살아가는 신앙생활을 하는 것이다. 의와 거룩함은 단순한 새 지식이 아니다. 그것은 특별한 기능을 하여 영을 회복시킨다. 영이 회복된다는 것은 감각이 없고 하나님의 생명에서 떠나 굳어 있는 마음이 살아난다는 것을 의미한다. 하나님이 피조물을 지으실 때 주셨던 "그의 영원한 능력과 신성(롬 1:20)"이 회복되는 것을 가리킨다. 사람이 옛 사람, 옛 습관에서 벗어나 새 사람으로 살지 못하는 것은 배운 지식이 이론에 머물러 있기 때문이다. 살아 있는 하나님의 말씀인 의와 진리의 거룩한 능력이 사람의 생각, 마음을 찔러 쪼갤 때 불의에서 돌이키게 된다. 이것은 곧 영이 회복되어 살아나는 것이다. 영이 회복되어 살아 날 때 그는 옛 사람에서 벗어나 새 사람이 된다. 그는 구습에서 벗어나 그리스도를 따라 살아가게 된다.

23
권고2: 서로 용서하고 사랑하며 살라

바울은 4:1-16에서 "성령이 하나 되게 하신 것을 힘써 지키라"는 메시지를 아주 세심하게 기술했다. 그리고 4:17-24에서 그리스도의 장성한 분량까지 성장하기 위해서는 구습을 따르는 옛사람을 벗어 버리고 영으로 새롭게 되어 의와 진리를 옷 입은 새 사람이 되어야 함을 메시지했다. 이것은 하나님의 생명에서 떠난 성도 개개인이 회복되어 옛 사람을 벗어나 새 사람으로 살아가는 신앙생활을 다룬 것이다. 옛 사람으로 살게 되면 항상 다투고 반목하여 서로 사랑이 깨어질 수밖에 없다. 새 사람이 되어야 계속 서로 사랑하며 살게 된다. 본 단락에서는 성도들이 서로 관계 속에서 어떻게 살아야 할 것인가를 구체적으로 제시한다.

지체 간에 덕을 세우는 원리는 반드시 지켜라(25-29절, 31-32절)

바울은 두 번째 권면(4:17-6:9) 안에 네 가지 권고를 기록하고 있다. 앞장에서 첫 번째 권고를 살펴보았다. 본문은 두 번째 권고로서 지체들 서로 간에 지켜야 할 신앙윤리와 성령 하나님을 대하는 성도의 자세를 기록하고 있다. 지체 서로 간에 지켜야 할 신앙요소는 긍정적인 면과 부정적인 면이 있다. 전자는 긍정법을 사용해서 실천해야 할 신앙원리 두 가지를 언급한다. 그리고 후자는 부정법을 사용해서 버려야 할 신앙원리 다섯 가지를 제시한다. 바울은 이것을 가르치기 위해서 성도와 성도가 어떤 사이인가를 설명한다.

"이는 우리가 서로 지체가 됨이라(25下)", 바울은 에베소교회 성도들이 서로 지체임을 강조하고 있다. 이것은 지체 간에 실천해야 할 신앙생활과 하지 말아야 할 신앙생활을 제시하기 위한 동질성 찾기이다. 즉 지체는 계속 메시지하고자 하는 근거가 되는 내용이다. 지체이기 때문에 다음 이야기를 계속 할 수 있다. 바울은 2세대 그리스도인들에게 메시지하며 "…함께 지체가 되었다(3:6)"고 강조했었다. '지체'란 표현은 서로 간의 관계를 규정짓고 있다. 주님이 교회의 몸이시고, 지체는 주님의 몸인 교회에 붙어 있다. 주님과 성도가 하나이고 성도 서로 서로가 한 몸이다. 가끔 자신의 몸을 해하는 사람들이 있다. 그러나 이는 정상적인 사람이 아니다. 지체가 된 형제들과 말할 때 거짓을 버렸기 때문에 참 진리를 서로 말하게 된다. 바울은 이를 근간으로 두 가지 실천해야 할 신앙원리를 먼저 다룬다.

첫째 원리, 지체 간에 덕을 세우는 말을 하라(25, 29下, 32)

"오직 덕을 세우는 데 소용되는 대로 선한 말을 하여 듣는 자들에게 은혜를 끼치게 하라(29下)", 지체 간에 실천해야 할 첫 번째 유익한 요소는 덕을 세우는 선한 말을 하여 듣는 자들에게 은혜를 끼쳐야 한다는 것이다. 지체된 형제들은 말을 할 때 덕을 세우는 말을 해야 한다. 이것은 지체 간에는 말을 하는 목적이 덕을 세우기 위함이라는 것이다. 덕을 세우기 위한 말은 때로는 위로의 말, 때로는 격려의 말, 때로는 권면의 말일 것이다. 덕을 세우지 못할 말은 입 밖에 내지 않는 것이 좋다. 야고보서는 거의 처음부터 끝까지가 말에 대한 메시지이다. 말은 온 몸에 굴레를 씌우는 기능을 한다(약 3:2). 말은 온 몸을 더럽히고 삶의 수레바퀴를 불사르기도 한다(약 3:6). 말은 쉬지 않는 악이고 죽이는 독이 가득하다(약 3:8). 말에 독한 시기가 있고 다툼이 있으면 혼란해지고 모든 악한 일들이 일어난다(약 3:14-16). 말이 일으키는 폐해는 엄청나게 크다. 바울은 에베소교회에 분란이 일어나 교회가 분열된다면 그 이유 중에 말이 큰 비중을 차지할 것을 내다본 것이다. 왜냐하면 바울이 장로들에게 예언적 선포를 할 때도 "어그러진 말을 한다(행 20:30)"고 했었기 때문이다. 지체 간에는 서로 선한 말로 은혜가 되는 말을 해야 한다. 지체는 서로 간에 은혜를 반감시키거나 쏟게 하는 말은 절대 삼가야 한다.

둘째 원리, 지체 간에 서로 용서하라(32)

"**너희는 서로 친절하게 하며 불쌍히 여기며 서로 용서하기를**(32上)", 지체 간에 실천해야 할 두 번째 유익한 요소는 서로 용서해야 한다는 것이다. 32절은 "다른 한편"이란 접속사로 시작한다. 앞 31절에 제시된 다섯 가지 유해한 요소와 대비되어 더 높은 차원의 신앙 삶을 묘사하고 있다. 32절은 현재 명령법을 사용해 앞 31절의 부정과거 시제와 대조를 이루고 있다. 다섯 가지 유해한 유소를 반드시 버리고 유익한 신앙 삶을 실천하며 살라는 것이다. 지체가 서로 용서하며 살기 위해 두 가지 실천 사항이 선행되어야 한다. 하나는 "친절하게 대하라"이다. 이 단어는 사람과 관련되어 사용될 때는 '친절한, 호의의, 은혜로운, 정직한' 등의 의미로 사용된다. 성도는 교회 공동체의 지체를 대할 때 호의적인 마음으로 친절하게 대해야 하다. 다른 하나는 "불쌍히 여기라"이다. 이는 크고 작은 고난으로 고통을 받는 성도를 대할 때 동정심을 가지고 대하라는 것이다. 두 가지 신앙원리가 선행되어야 "서로 용서하는 삶"을 살 수 있다. 이것은 성도의 잘못된 것을 잘못으로만 주장하지 않고, 그 잘못에서 자유할 수 있도록 도움을 베풀어 매듭을 지으라는 말이다. 이 삶이 실천되면 교회 공동체는 하나님의 나라가 될 것이다. 바울은 성도가 서로서로 용서하는 삶을 살아야 하는 기준을 제시한다.

"하나님이 그리스도 안에서 너희를 용서하심과 같이 하라(32下)", 바울은 성도들이 교회 공동체 안에 속한 지체를 용서하기를 하나님이 그리스도 안에서 죄인을 용서하신 것과 같이 하라고 명령한다. 바울은 "하나님이 너희를 용서하심과 같이 하라"고 명하지 않았다. "그리스도 안에서"란 이 부사구가 그러한 해석을 제한하고 있다. 하나님은 인간의 죄를 함부로 용서할 수 없으시다. 왜냐하면 하나님이 직접 아담과 하와에게 제안한 언약이 그것을 가로막고 있기 때문이다. 하나님은 아담에게 "선악을 알게 하는 나무의 열매는 먹지 말라 네가 먹는 날에는 반드시 죽으리라(창 2:17)"하셨다. 아담이 언약을 어기고 죄를 지었기 때문에 하나님은 사람의 죽음을 마음대로 풀어줄 수 없다. 하나님이 마음대로 사람의 죽음을 풀어주면 하나님 스스로 언약을 파기하는 분이 된다. 하나님은 독생자 그리스도를 이 땅에 보내셨다. 그의 십자가 죽음을 통해서 인간의 죄를 용서해 주실 길을 만드셨다. 하나님은 자신의 언약을 지키기 위해서 그리스도를 희생시키고 인간의 죄를 용서하셨다. 하나님은 그리스도의 피를 통해서 인간의 죄를 용서하신다. 그래서 바울은 "지체가 지체를 용서할 때 하나님과 같이 하라"고 가르친다. 그것은 어떤 의미일까? 나는 한 지체가 내게 잘못한 경우 나는 반드시 그를 용서해야 한다. 하나님의 명령이기 때문이기도 하지만 용서하지 않으면 내 영혼이 자유하지 못하기 때문이다. 나는 내게 잘못하는 지체들의 잘못을 끊임없이 용서해야 한다. 그 지체는 나의 용서를 받아들이고 자신의 죄를 가지고 하나님께 나아가서 그리스도의 피로 온전하게 용서를 받아야 한다. 이것이 하나님이 그리스도 안에서 성도를 용서하심 같이 용서하는 삶이다.

지체 간에 유해한 요소는 완전히 버리라(26-29절 上, 31절)

바울은 지체들 간에 적극적으로 실천해야 할 신앙원리 두 가지를 제시하였다. 이제 부정법에 속하는 지체 간에 절대 하지 말아야 할 유해한 삶 다섯 가지를 지적한다. 이러한 악한 행위를 버려야 할 이유는 "성령의 하나 되게 하신 것을 힘써 지키라(4:3下)"는 권면을 에베소교회가 실천해야 하기 때문이다. 서로 사랑이 교회공동체 안에 계속되어야 하기 때문이다.

첫째 유해한 삶: 거짓을 버려야 한다(25上)

"**거짓을 버리고 각각 그 이웃과 더불어 참된 것을 말하라**(25上)", 바울은 이 문장에 분사 부정과거를 사용하여 특별한 의미를 부여했다. 이웃과 진리를 말할 때 거짓을 버린다는 의미가 아니다. 우리는 이미 거짓을 버렸으므로 이웃에게 말할 때 그것을 사용할 수 없고, 말해서 안 된다는 의미를 가지고 있다. 거짓은 "예수 안에 있는 진리(21)"에 반한 것이다. 새 사람은 이미 거짓을 벗어버렸기 때문에 거짓을 지배하며 살지만 옛 사람은 여전히 거짓이 그를 지배한다. 성도들은 자신도 모르게 거짓말을 하고 거짓된 삶을 살 때가 있다. 성도들이 대화할 때 세상 사람들과 가장 다른 부분이 있다면 거짓말일 것이다. 세상 사람들은 거짓말을 밥 먹듯 한다. 거짓말을 해도 양심에 가책되지 않기 때문이다. 거짓을 버리는 것과 참된 말을 하는 것은 서로 다른 것이 아니다. 거짓을 버리지 않았는데 참된 것을 말할 수 있는가? 그것은 불가능한 일이다. 거짓을 버리면 자연스럽게 참된 것을 말하게 되어 있다.

둘째 유해한 삶: 끝까지 분을 품지 말라(26)

"**분을 내어도 죄를 짓지 말며 해가 지도록 분을 품지 말고**(26)", 분을 내도 죄를 짓지 말라는 것은 분을 냄이 반드시 죄가 아닐 수 있음을 포함하고 있다. 분을 품고서 내뱉는 말은 덕을 세울 수 없다(26-28). 분을 내는 것은 개인적으로 죄를 짓는 것이다. 또한 지체의 마음에 분을 일으킨다. 나만 죄를 짓은 것이 아니라 지체인 형제도 죄를 짓게 만든다. 그것 자체가 마귀의 계략에 놀아난 것이지만 그 이후에 더 큰 문제가 기다리고 있다. 분을 낸 후에 계속 그것을 품고 있으면 그 통로를 따라서 마귀가 들어와 그의 몸에 자리를 잡고 집을 짓게 된다. 그 사람은 악한 영의 지배를 받고 지속적으로 분노하는 삶을 살게 된다. 이렇게 된 성도는 전혀 덕을 세우는 삶을 살 수 없다.

셋째 유해한 삶: 도둑질 한 것으로 선한 일을 하지 말라(28)

"**도둑질 하는 자는 도둑질 하지 말고 손으로 수고하여 선한 일을 하라**(28下)", 훔친 것으로 구제하려는 양심 없는 사람이 되지 말라는 것이다. 성도는 자신의 몸과 맘으로 수고하여 일해야 한다(28下). 하나님은 죄를 지은 아담에게 땀을 흘리며 노동하라고 명하시며 "…네 평생에 수고하여야 소산을 먹는다…네가 흙으로 돌아갈 때까지 얼굴에 땀을 흘려야 먹을 것을 얻는다(창 3:17下, 19上)"고 말씀하셨다. 일을 하지 않고 놀고 먹으려 하는 것은 하나님을 대적하여 거역하는 행위이다. 또한 바울은 "우리가 너희와 함께 있을 때에도 너희에게 명하기를 누구든지 일하기 싫어하거든 먹지도 말게 하라(살후 3:10)"고 설교하여 일해서 양식을 얻고 그것으로 생활해야 함의 중요성을 설교했다. 성도는 자신이 맡은 일을 열심히 해야 하고 하나님이 그 대가로 수익을 주시면 그것으로 생활하고 선한 일도 해야 한다. 그래서 바울은 도둑질하는 자는 도둑질 하지 말고 자신의 손으로 열심히 일해서 수익을 창출하여 선한 일을 하라(28)고 명했다.

넷째 유해한 삶: 더러운 말을 입 밖에 내지 말라(29)

"**무릇 더러운 말은 너희 입 밖에도 내지 말고**(29上)", 이 말씀은 선한 말을 하라는 도입부분에 해당한다. "더러운 말"이란 '부패하고 썩은' 이란 기본적 의미를 담고 있다. 부패한 것은 무가치한 것을 가리킨다. 그러므로 더러운 말은 무가치하기 때문에 성도가 입에 담지 말아야 할 말이다. 마태복음 12:36절에 의하면 더러운 말은 공허하고 천박하고 사려가 담기지 않은 말이다.

다섯째 유해한 삶: 악독 등을 모든 악의와 함께 버리라(31)

"너희는 모든 악독과 노함과 분냄과 떠드는 것과 비방하는 것을 모든 악의와 함께 버리고(31)", 바울은 "버리라"는 말씀에 부정과거 명령법 수동태 구문을 사용했다. 이것은 악한 것을 버리면 최악의 경우에 일어날 것들이 일어나지 않는다는 의미를 함축하고 있다. '악독'은 마음속에 뿌리내리고 있는 독이다. '노함'도 마음속에 뿌리내린 독소이다. 이 둘은 사람의 마음에 자리 잡고 있는 쓴 뿌리에 해당한다고 볼 수 있다. '분냄'은 밖으로 표출되는 것이다. 이것은 이미 첫 번째 유해 요소로 다룬 말씀이다. '떠드는 것'은 말로 하는 폭력을 가리킨다. '비방하는 것'은 적대자에게 행하는 훼방을 의미한다.

내가 가진 가장 큰 문제가 되는 악을 버리면 그와 관련된 일이 일어나지 않는 것은 기정사실이다. 악독과 노함은 내가 가진 쓴뿌리이다. 내가 지체에게 분노를 표출하고 떠들며 말로 폭력을 행사하는 것은 나에게 하는 행위이다. 동시에 지체된 형제에게 해를 끼치는 행위이다. 지체를 훼방하는 것은 적으로 생각하고 대하는 행위이다. 서로 지체인데 그렇게 대할 수 있는가? 그것은 불가능한 일이다. 바울은 에베소교회 성도들 서로가 지체인 것을 알라고 권고하며 동시에 지체에 걸맞게 행동할 것을 권고하고 있다.

하나님 앞에서 실천해야 할 신앙생활의 원리(30절)

바울은 에베소교회 성도들에게 지체로서 어떻게 신앙생활 해야 하는지 유익한 것과 유해한 요소로 나눠서 설명했다. 하나님은 그리스도를 통해 에베소교회 성도들을 자녀 삼으시고 성령으로 인을 치셨다(1:14). 바울은 에베소교회 지체들이 그 성령님과 어떤 관계를 맺어야 하는지 알려준다.

"하나님의 성령을 근심하게 하지 말라", 바울은 명령법 현재 시제를 사용하였다. 과거에도 마찬가지였겠지만 지금 현재 또한 성령을 근심하게 해서는 안 된다고 말하고 있다. "성령을 근심하게 하지 말라"는 말씀에서 우리는 큰 혼란에 빠진다. 하나님이 근심하시는가? 성령님은 지체와 지체를 위하여 일하고 계신다. 또한 하나님의 역사 안에서 우리를 통치하고 계시는데 성령님이 성도의 일로 근심하시는가? 성령님은 하나님 아버지와 마찬가지로 거룩하신 자시다. 성령님 그분은 하나님의 자녀들을 거룩하게 하는 특수한 역사를 감당하고 계신다. 그의 사역이 이론에 그치고 말에 그쳐, 하나님의 자녀들에 의해서 방해를 받는다면 성령님은 근심하신다. 인간의 근심과는 다른 차원의 것이다. 바울이 '하나님의 성령'이라고 표현한 것은 지체들의 죄의 중대성을 지적하고 있다고 보여 진다. 바울이 에베소교회 지체들이 서로 간에 해서 안 된다고 제시한 유해한 요소들은 하나님의 성령을 근심하게 하는 행위들이다. 그는 성령을 근심하게 해서 안 되는 이유를 밝힌다.

"그 안에서 너희가 구원의 날까지 인치심을 받았느니라", 바울은 성령님이 에베소교회 성도들을 위해서 무슨 일을 하고 있는지 알려주고 있다. 하나님께서 그리스도를 통해서 우리를 구원해 주셨다. 성령님은 그 구원이 지속되도록 돕고 계신다. "구원의 날까지"는 관사가 없으므로 정해진 특정의 날을 가리키지 않는다. 단지 구원이 사실이므로 언젠가 완성될 날이 있음을 말하고 있다. '~까지'는 전치사 에이스(εἰς)를 번역한 말로서 최후의 속량이 일어나는 그날까지 지속적으로 그것을 향해 가는 상태를 강조하고 있다. 구원받은 성도들은 그 자체로 끝이 아니다. 구속의 완성을 위해서 그 목표를 향해 계속 가고 있음을 가리킨다. "인치심을 받았느니라"는 직설법 과거시제로서 강조형이다. 성도는 성령 안에서 인침을 받았다. 성령님은 성도를 통치하시며 구원의 날까지 책임지고 인도하신다. 성도가 성령님을 근심하게 하는 행위는 그분의 통치를 부인하는 것이다. 성령님을 근심하게 하지 말라는 것은 그분의 통치를 온전하게 인정하고 그분의 인도를 따라 살라는 것이다. 성령님을 근심하게 하는 것은 그분을 부인하는 것이다. 그 결과는 성령께서 떠나게 되는 비참함을 불러 올 것이다.

하나님의 구속 사역은 예수 그리스도의 피로 시작되지만 반드시 성령님의 도움으로 완성이 된다. 성령님은 하나님의 구속하심을 유지시키면서 동시에 마지막 목표에 잘 도착하도록 안내하신다. 성령님이 막연히 그냥 계시는 것이 아니다. 성령님은 죄를 깨닫게 하시고 우리로 하여금 그것에서 벗어나도록 힘을 주신다. 성령님은 성도들이 구속받은 하나님의 자녀임을 삶으로 온 천하에 드러내게 하시는 분이시다. 성도는 그 삶으로 자신이 구속받은 하나님의 자녀인 것을 확증한다.

에베소서 5장 해설

에베소서 5장은 두 번째 권면(4:17-6:9)이 계속되고 있는 장이다. 두 번째 권면(4:17-6:9)은 크게 네 가지 권고를 다루고 있다. 우리는 그 중에 앞에서 두 가지 권고를 살펴보았다. 그것은 "영이 새 사람을 입어라(4:17-24)", "지체 간에 유해한 말을 삼가고 덕을 세우는 말을 하라(=서로 용서하라, 4:25-32)"는 말씀이다.

5장은 나머지 두 가지 권고를 기록하고 있다. "빛의 자녀들처럼 살라(5:1-14)", "성령충만을 받으라(5:15-21)."

빛의 자녀들처럼 살라는 메시지는 분리의 가능성을 완전히 배제한다. 바울은 이것을 강조하기 위해서 반대편에 있는 마귀에게 속한 자들이 사는 삶이 무엇인지를 먼저 설명한다. 그러한 사람은 하나님의 나라를 유업으로 받지 못한다(3-6).

성령충만을 받으라는 메시지는 궁극적으로 하나 됨을 향해 나아가고 있다. 성령충만을 받는 목적은 피차 복종할 능력, 힘을 갖기 위해서이다. 하나 됨을 위해서는 서로 복종하는 삶이 수반되어야 한다. 성령충만해야 서로 복종하는 삶을 살 수 있다. 바울은 성령충만하여 서로 복종하며 살 세 대상을 선정한 후 그들이 서로 복종하는 삶이 어떤 것인가를 예로 들어 설명한다. 그 예는 5장에서 한 가지, 6장에서 두 가지를 기록하였다.

첫째, 부부는 하나 되어야 한다(5:22-32).

둘째, 부모와 자녀도 하나 되어야 한다(6:1-4).

셋째, 주인과 종도 하나 되어야 한다(6:5-9).

24
권고3: 빛의 자녀로 살라

어떤 학자들은 1-2절이 두 번째 권고의 결론이라고 주장한다. 그러나 본문을 시작하는 접속사는 우위접속사로서 형식적으로 사용한 것이 아니다. 두 번째 권고와 사상을 서로 연결시키고 있다. 만약에 이 두 절이 4장 32절의 결론이라면 종속접속사를 사용했을 것이다.[1]

바울은 두 번째 권고 마지막 부분(4:32)과 세 번째 권고 시작 부분(1-2)에 동일한 단어를 사용하였다. 4장 32절이 '~하라'는 말씀으로 시작했는데 1절 또한 '~하라'[2]는 말씀으로 시작하고 있다. 바울은 계속 명령법을 반복하고 있다. 4장 32절에서 지체들은 하나님처럼 다른 지체를 용서하라고 하셨다. 이어 본문 1-2절에서는 하나님을 본받는 자가 되고 그리스도께서 사랑하신 것 같이 사랑하라고 말씀하신다. 무엇을 의도했을까? 지체가 된 성도들은 서로 용서하는 신앙생활을 해야 하는데 그것이 곧 서로 사랑하는 신앙생활 인 것을 말하고 있다. 그 역으로 서로 사랑하는 신앙생활을 하게 되면 서로 용서하게 된다는 의도를 가

1 바울은 1절을 종속접속사 데(δϵ)로 시작하지 않고 우위접속사 운(οὖν)으로 시작했다.

2 4:32 γίνϵσθϵ δὲ ϵἰς ἀλλήλους χρηστοί....
5:1 Γίνϵσθϵ οὖν μιμηταὶ τοῦ θϵοῦ, ὡς τέκνα ἀγαπητά·

지고 있다. 서로 사랑하여 서로 용서하는 삶에는 다툼과 허영, 분리가 일어날 수 없다.

하나님을 본받아 살라(1절)

성도는 하나님을 본받아 사는 자이고, 동시에 그리스도께서 성도를 사랑하신 것처럼 사랑하며 살아야 하는 존재들이다.

"**그러므로 사랑을 받는 자녀 같이 너희는 하나님을 본받는 자가 되고**(1)", "자녀"는 하나님을 아버지로 삼고 다시 태어난 사람들을 가리킨다. 자녀란 말보다는 '아들들'이라고 번역하는 것이 좋겠다. 아들들이란 신분과 권리를 동시에 지니고 있음을 함축하고 있다. 아들은 자연스럽게 부모를 닮게 된다. 바울은 이 점에 착안하여 "사랑을 받는 자녀"라고 표현했다. 하나님으로부터 태어났기 때문에 자연스럽게 하나님의 사랑을 받고 있음을 강조하고 있다. 바울은 에베소교회 성도들이 하나님의 사랑을 받고 있기 때문에 하나님을 본받으라고 명령하고 있다. 사랑을 받은 자녀란 표현 속에는 다른 의미가 숨겨져 있다. 에베소교회 성도들은 하나님과 정상적인 관계를 맺고 있음을 함축하고 있다. 자녀들 중에는 아버지와 관계가 나쁜 사람도 많다. 그러나 바울은 그들이 가지고 있는 믿음, 그들이 보여주는 서로 사랑에 근거하여 그들과 하나님의 관계가 지극히 정상적임을 말하고 있다. 바울은 그 받은 사랑에 근거해서 하나님을 본받으라고 명한다. 이어서 바울은 그렇게 행한 그리스도를 예로 들어 설명한다.

그리스도의 사랑을 본받아 사랑하라(2절)

2절은 편의상 후반부 말씀을 먼저 묵상하겠다. 우리는 그리스도께서 성도만 사랑하셨다고 생각할 수 있지만 전혀 그렇지 않다. 그리스도는 하나님 아버지를 먼저 사랑하셨다.

"그는 우리를 위하여 자신을 버리사 향기로운 제물과 희생제물로 하나님께 드리셨느니라(2下)", 그리스도께서는 성도를 위해서 자신을 버리셨다. 에베소교회 성도들 또한 자신을 위해서 살지 말아야 한다. 가족과 교회 공동체에 속한 지체들을 위해서 살아야 한다. 왜 그렇게 살아야 하는가? 바울은 구약의 제사의 배경을 가지고 설명한다. 구약 시대 제사를 드릴 때 어떤 경우는 제물을 태워서 드렸고, 또 어떤 경우는 산 것을 잡은 채로 드렸다. 바울은 이것을 "향기로운 제물과 생축(2)"으로 표현했다. 그리스도께서 이렇게 제물이 되셔서 자신을 희생하신 것을 강조하고 있다. 그리스도는 에베소교회 성도들을 위해 희생했다. 바울은 그리스도의 이 희생의 삶을 하나님께 드린 것이라고 정의했다. 성도들은 이와 같은 그리스도의 삶을 본받아 지체들을 위해서 희생하는 삶을 살아야 한다. 그것은 그리스도와 같이 하나님께 드리는 삶이 될 것이다. 다음에 성도는 지체를 위해 희생하며 사랑하는 삶을 살아야 한다.

"그리스도께서 너희를 사랑하신 것 같이(2上)", 바울은 1절에서 '사랑받다', 2절에서 '사랑', '사랑하라'는 표현을 사용했다. 그는 사랑과 관련하여 동사, 명사, 동사형을 세 차례 사용했다. 이는 사랑이 아주 중요하다는 것을 보여준다. "사랑하셨다"는 것은 "하나님이 세상을 이처럼 사랑하사 독생자를 주셨으니…(요3:16)"를 의미한다. 하나님이 그의 자녀들에게 "그리스도께서 너희를 사랑하신 것 같이"는 매우 특별한 의미를 담고 있다. 그분의 오심, 고난의 생애, 죽으심, 부활 그리고 승천의 내용을 담은 구속을 위한 무한한 사랑을 의미한다. 바울은 "우리가 아직 죄인 되었을 때에 그리스도께서 우리를 위하여 죽으심으로…(롬 5:8)"라고 기록했다. 물론 하나님의 사랑을 강조하는 말씀이지만 성도가 받은 그리스도의 사랑은 받을 자격이 전혀 없는 죄인들에게 주신 초월적인 사랑이다. 사랑을 받았고 사랑을 아는 성도는 그 사랑으로 서로 사랑해야 한다. 단순히 지체된 성도 간에 서로 사랑을 강조하는 것처럼 보일 수 있다. 그러나 바울은 성령의 감동으로 자신이 선포했던 예언적 메시지가 절대 일어나서는 안 되겠기에 사랑받은 것, 사랑을 아는 것을 강조하며 서로 사랑하라고 권고하는 것이다. 이 사랑을 받은 그리스도인들은 어떻게 살아야 할까?

"**너희도 사랑 가운데서 행하라**(2中)", 그리스도의 사랑을 받은 성도들은 다른 지체의 결점과 약점에도 불구하고 계속 존경하며 인내를 발휘하여 사랑해야 한다는 명령이다. 어떻게 보면 이것은 덕을 완성하는 사랑이라고 말할 수 있다. 어쩌면 그것은 다른 지체들과 다투지 않고 분쟁하지 않아 분란이 없고 분리가 없는 교회 공동체를 만들고 유지하라는 말씀이기도 하다. 바울이 에베소교회를 생각하며 가장 염려하는 부분은 장로들이 어그러진 말을 하여 자기 편으로 만들기 위해서 교회의 분란을 조장하는 일이기 때문이다. 바울의 메시지에는 또 특별한 의미를 담고 있다. 성도들이 다른 지체를 사랑한다는 것은 곧 그리스도의 희생처럼 자신을 희생하는 것이다. 지체를 위해서 희생하는 사랑의 삶은 곧 하나님이 기뻐 받는 삶임을 확인시켜 준 것이다. 바울은 더 나아가 하나님을 위한 삶과 지체를 사랑하는 삶을 분리시키지 않고 하나로 보았다. 그것이 곧 자신을 위해서 사는 것이고 이웃을 위한 삶이고 하나님 나라를 이루는 삶이다. 에베소교회 공동체가 영원토록 하나됨을 유지할 수 있는 근본 힘이다.

그리스도와 하나님 나라를 유업으로 받지 못할 것은 버려라(3-6절)

바울은 하나님이 성도들 위하여 베푸신 사랑을 알고 지체들에게 그 사랑을 실천하라고 명하였기 때문에 사랑 실천에 방해가 되는 요소들을 제거할 것을 명령한다.

바울은 성도들의 사랑 실천에 방해가 되는 것들을 세 차례에 걸쳐서 말한다. 그 중에 첫 번째 요소로 세 가지를 부각시킨다. 앞 두 가지 요소 중 여섯 가지 죄목이 세상에 있는 죄 자체를 가리킨다면 뒤 한 가지 요소 중 세 가지 죄목은 그것을 행하는 사람들에 초점을 맞췄고 그들이 받게 될 재앙을 소개한다.

"음행과 온갖 더러운 것과 탐욕은 너희 중에서(3)", 이 말씀은 바울이 에베소교회 성도들에게 이미 요청한 버려야 할 삶(4:22, 31) 중에서 중요한 것을 다시 부각시켜 언급하고 있다. 바울이 언급한 세 가지는 한 가지와 두 가지 쌍으로 분류된다.

"음행"은 비도덕적이고 비합법적인 성행위로서 결혼 이외의 모든 성적 접촉을 의미한다. 음행의 죄는 하나님이 정하신 결혼제도에 도전하는 것으로 창조의 질서를 파괴하는 행위라고 말할 수 있다. 비유적으로 음행은 우상숭배를 의미하기도 한다(호 5:4; 계 2:21, 9:21 등). 바울이 왜 음행이란 죄를 가장 먼저 언급하고 있을까? 그것은 헬라 세계가 가진 역사적 배경을 살펴봐야 할 문제이다. 헬라의 각 도시들은 신전이 있고 그곳에는 여사제들이 있었다. 신전을 찾는 사람들은 여사제들과 매춘 행위를 하고 거기서 발생하는 수익으로 신전을 짓거나 유지하는 데 사용했다. 헬라인들은 이와 같은 음행을 전혀 죄라고 생각하지 않고 있었다. 바울은 이러한 헬라인들의 생각에 일침을 가하며 경종을 울리고 있다.

"더러운 것과 탐욕"은 짝을 이루고 있다. 이것은 부정한 것, 추한 것과 결부되어 있는 것으로서 이미 앞에서 언급되었다(4:19). 더러운 것은 성적인 타락을 의미하고 탐욕은 돈에 대한 욕심을 가리킨다. 성적인 죄와 돈으로 인한 탐욕이 동일한 계층의 죄라는 것을 지적하고 있다. 바울은 사랑을 실천하는 일에 걸림돌이 되는 요소로 가장 먼저 이 세 가지를 메시지하며 그것을 대해야 할 태도를 말한다.

"그 이름조차도 부르지 말라 이는 성도에게 마땅한 바니라", 이름을 부르지 말라는 것은 그것을 입 밖에 내지 말라는 것이므로 일상 언어로, 대화의 소재로 삼지 않아야 한다는 것이다. 이것들이 대화의 중심에 자리 잡고 있다는 것은 그 사람들의 마음 상태가 악한 것이기 때문이다. 예수님은 사람이 입으로 들어가는 것이 더러운 것이 아니라 그 사람의 입에서 나오는 것이 더러운 것이라고 하셨다. 이유는 그 사람의 입에서 나오는 것은 그의 마음에서 나오는 것이기 때문이다(마 15:18). 예수님은 사람의 더러운 마음에서 악한 생각, 살인, 간음, 음란, 도둑질, 거짓 증언, 비방 등이 나온다고 말씀하셨다(마 15:19).

바울은 앞서 에베소교회 성도들에게 사랑을 받은 자녀이기 때문에 하나님을 본받아 사랑으로 살라고 권면했다. 성도가 다른 지체를 사랑한다면 당연히 이러한 말은 할 수 없다. 그래서 바울은 문법적으로 이러한 말은 이미 성도에게서 없어졌다고 선언한 것이다. 성도들은 음행, 더러운 것, 탐욕을 가지고 있지 않다. 성도에게서 없는 것이 그를 통해서 나오는 것은 불가능한 일이다. 바울의 가르침은 어디까지나 이론적이다. 성도들은 이 이론적인 지식이 자신의 신앙생활을 통해 실천되도록 힘쓰고 애써야 한다. 성도가 노력하지 않는데 이것들이 저절로 사라지고 사랑이 나올 수는 없다.

바울은 성도들의 사랑 실천에 방해가 되는 두 번째 요소 세 가지를 밝힌다.

"누추함과 어리석은 말이나 희롱의 말이 마땅치 아니하니 오히려 감사하는 말을 하라(4)", "누추함"은 저속하고 저급한 말을 뜻하는 것이 아니라 성도들이 부끄러워해야 할 생각, 상상, 욕구, 그리고 말이나 행동을 의미한다. "어리석은 말"은 상황에 맞지 않고 격에 맞지 않아 무의미하거나 결실이 없는 해로운 말을 뜻한다. 여기에 해당하는 것들에는 독설, 익살, 조롱 또는 모욕 등이 있다. "희롱의 말"은 헬라 세계에서는 일종의 덕으로 인정되었으나 성경은 이것을 죄라고 규정하고 있다. 여기에 해당하는 것들에는 음탕한 농담, 재담으로 여기는 부도덕한 인상을 풍기는 말 등이 있다. 세상 사람들은 이러한 말들을 아주 즐기고 죄악시 하지 않는다. 그러나 그 말들은 성도들에게는 합당치 않는 것들이다. 이 말들은 합당하지 않는 말이 아니라 입에 담을 수 없는 말이다.

성도들은 세상 사람들과 구별되는 사람들이기에 감사하는 말을 해야 한다. 세상 사람들이 그러한 말들을 죄로 알지 못하여 재담으로 여기며 살아갈지라도 성도들은 그렇게 살지 말아야 하고 오히려 감사한 말들을 주고받으며 신앙생활 해야 한다. 성도들이 세상에서 통용되는 여섯 가지 말을 신앙생활 속에서 일상으로 받아들이고 살아간다면 그 마지막은 그리스도와 하나님 나라에서 기업을 얻지 못할 것이다. 바울은 이 심판을 설명하기 위해서 그들이 반드시 알아야 한다고 강조한다.

"**너희도 정녕 이것을 알거니와**(5)", 직설법 문장으로 보느냐, 명령법 문장으로 보느냐에 따라 해석을 달리할 수 있는 문장이다. 명령법으로 해석하면 그러한 사실을 기억하라는 정도이지만 직설법으로 해석하면 이미 알고 있는 사실을 부각시키면서 그 결과가 어떤지를 상기시키는 효과를 가진다. 이 구문은 결과를 되새겨 단호한 결단을 촉구하고 있는 것이다. 알고 있는데 왜 행하지 않는가? 알고 있는 사실을 행하지 않을 때 그 결과가 너무 처참한 것임을 확인시켜주고 있다.

"**음행하는 자나 더러운 자나 탐하는 자 곧 우상 숭배자는 다 그리스도와 하나님의 나라에서 기업을 얻지 못하리니**(5)", 바울은 앞부분에서 직설법을 사용하여 에베소교회 성도들이 그리스도를 얻지 못하고 하나님 나라를 얻지 못하는 신앙생활이 있음을 이미 알고 있다고 밝혔다. 바울이 이렇게 주장하는 것은 바울이 에베소교회를 개척하여 시무할 때 이 사실을 직접 가르쳤다는 것을 의미한다. 바울은 이 가르침[3]을

3 로마서1:24-32; 고전 6:6-11; 갈 5:19-21; 골 3:5-9

자신의 많은 서신에 기록하고 있다. 바울의 이 언급은 일시적이고 임기응변적이 아니다. 바울이 이 문제를 여러 차례 서신에서 언급했다는 것은 그만큼 긴요하고 중요하다는 뜻이다. 오늘날 교회는 예수 믿으면 죄 용서를 받고 천국 간다는 교리에 의존하고 있다. 성도의 견인교리를 기반으로 구원의 절대성을 주장한다. 바울이 말하고 있는 이 메시지는 안 믿는 자들을 향한 것인가? 바울은 에베소서 수신자로 "성도들 곧 그리스도 예수 안에 있는 신실한 자들(1:1)"로 설정했다. 에베소서는 바로 그들을 위한 말씀이다. 그렇다면 이 말씀은 안 믿는 자들에게 주는 것이 아니라 신실한 성도들에게 주는 메시지이다. 예수 그리스도를 믿는 자들일지라도 음행, 더러운 것, 탐욕에서 온전하게 벗어나야 한다. 그렇지 않으면 그리스도와 하나님의 나라에서 기업을 얻지 못한다.

이 일은 어디에서 일어나는 문제일까? 이 땅에서 일어나는 문제일까? 천국 문 앞에서 일어나는 문제일까? 그것은 기업으로 받을 수 없는 내용인 그리스도, 하나님 나라가 무엇을 의미하느냐에 있다. 하나님 나라는 지상에서 시작해서 하늘까지 포함하는 용어이다. 바울은 성도가 지상에서 받는 상급을 말할 때는 주로 상속받을 자 혹은 상속자란 표현을 쓴다. 그러므로 기업을 받는다는 것은 이 땅에 속한 무엇을 의미하는 것이 아니라 하늘에 속한 것을 의미한다. 그렇다면 그리스도와 하나님 나라를 기업으로 받지 못한다는 것은 천국에 들어가지 못한다는 의미를 가진다. 이 땅에서는 상속자가 되고 종말에 가서 이 기업을 이어받는다는 측면에서 본다면 가능한 해석이다. 이 해석은 또한 6절 말씀이 뒷받침한다. 바울은 정말 심각한 메시지를 하고 있다. 바울의 이 말씀은 오늘날 그리스도인들에게 경종을 울리는 경고임에 틀림없다. 이제 바울은 하나님 나라를 상실하는 심각한 문제의 시발점이 어디서부터 시작하는가를 말한다.

"누구든지 헛된 말로 너희를 속이지 못하게 하라(6)", 하나님의 나라를 기업으로 얻지 못하게 하는 중대한 죄들인 음행, 더러운 것, 탐욕 등은 사람에게서 시작된다. 사람의 헛된 말로부터 시작한다. "헛된 말"이란 공허한 말로 진리를 떠난 말을 가리킨다. 바울은 진리를 떠난 말이 성도를 미혹해서 하나님 나라를 기업으로 받지 못하게 하게 하는 시발점이라고 말한다. 하나님의 나라를 기업으로 못 받는 것이 어떤 의미인가?

"이로 말미암아 하나님의 진노가 불순종의 아들들에게 임하나니 (6)", 바울은 하나님의 나라를 유업으로 받지 못하는 사람들은 불순종의 아들이라고 정의한다. 그들에게는 하나님의 진노가 임한다. "불순종의 아들"은 누구인가? 바울은 에베소교회 성도들의 과거 신분을 설명할 때 이 용어를 이미 사용했었다(2:2). 그들은 허물과 죄로 죽은 자로서 세상의 풍조를 따르고 공중의 권세 잡은 자를 따라 살던 사람들이다. 또 그들은 육체의 욕심을 따라 살았고 육체와 마음이 원하는 대로 살았던 사람들이다. 공중의 권세 잡은 자는 불순종의 아들들에게 역사하던 영이었다(2:1-4). 그러므로 바울이 말하는 음행하는 자, 더러운 자, 탐욕으로 사는 자는 그리스도와 하나님 나라를 기업으로 못 받는다고 할 때 그것은 곧 버림을 받아 지옥간다는 뜻이다.

바울이 제시하는 이 말씀은 현대신학과 큰 괴리가 있다. 바울의 메시지는 오늘 죄악 가운에서 살아가는 성도들에게 엄청난 경고이다. 이러한 이유 때문에 성도는 빛의 자녀로 살아야 한다고 계속 강권한다.

빛의 자녀로 살아라(7-14절)

바울은 믿는 자들에게 경종이 되는 메시지를 했다. 음행하는 자, 더러운 자, 탐욕하는 자는 그리스도와 하나님의 나라를 기업으로 받지 못한다고 선언했다. 이제 메시지는 그 신앙의 경계선에 서 있거나 아니면 그것으로부터 벗어나 있는 대상을 위한 권고로 전환한다.

지옥으로 가고 있는 무리들의 모임에 참여하지 말라(7上, 11)

"**그러므로 그들과 함께 하는 자가 되지 말라**(7)", "그러므로"는 바울이 아무리 교회에 다니고 있을지라도 진리를 벗어난 말에 미혹되어 살면 그리스도와 하나님 나라를 기업으로 받지 못할 것이므로 그러한 자리에 처할 자들과 함께 하지 말라고 명령한다. 사람은 누구와 교제하느냐에 따라 많은 영향을 받게 된다. 믿음에 깊게 들어오지 않는 성도들은 신앙생활 안으로 들어오기를 두려워한다. 그들이 주저하는 이유는 자신과 관계된 모든 것을 잃는다고 생각하기 때문이다. 어떤 성도는 신앙생활에 깊이 들어가기를 두려워하는데, 지금 교제하는 사람들이 다 떨어질까 겁나기 때문이라 했다. 물론 그의 걱정대로 현재 사귀는 친구들은 떨어질 가능성이 많다. 그러나 그가 한 가지 기억해야 할 것이 있다. 그가 신앙생활에 깊이 들어오게 되면 다른 유형의 많은 친구들을 사귈 수 있다. 어떤 측면에서 보면 에베소교회 성도들 중 경계선에 머무는 자들은 옛 교제권의 친구들을 단절하지 못하기 때문일 수 있다. 바울은 경계선에 있는 성도들과 하나님께 속한 성도들에게 과거를 떠올리며 새로운 신앙생활을 권면한다.

바울은 7절에서 "그들(그리스도와 하나님 나라를 기업으로 얻지 못할 자)과 함께 하는 자가 되지 말라"고 소극적으로 표현했다. 이제 바울은 더 적극적인 표현으로 에베소교회 성도들에게 결단을 촉구한다.

"**너희는 열매 없는 어둠의 일에 참여하지 말고 도리어 책망하라**(11)", "어둠의 일"은 중생하지 못한 자들이 살아가는 삶과 그 결과를 가리킨다. "열매가 없는"은 바울이 에베소교회 성도들에게 요구했던 빛의 열매를 염두에 둔 표현이다. 중생하지 못한 자들이 살아가는 어둠의 일에 빛의 열매가 있겠는가? "어둠의 일"은 이교도의 일, 육신의 일(갈 5:19), 악한 일(골 1:21), 죽음의 일(롬 6:21) 등을 의미한다. 바울은 에베소교회 성도들에게 죄인과 그들의 죄악 된 행실에 동참하지 않는 것으로 임무를 다했다고 말하지 않는다. 바울은 그들에게 죄인과 죄악 된 일을 책망할 것을 요구한다. 죄인들이 행하는 악을 방치하는 것은 악을 조장하는 것과 같고, 진리에 대해 불충실한 것이고, 그 악을 행하는 사람의 영혼을 불쌍히 여기지 않는 행위이다. 바울은 죄인들과 그들의 죄악 된 행동을 책망하라고 했다. 어떻게 책망해야 하는가? 성도들은 그들을 책망할 때 헐기나 미움, 훼방이나 능욕 등의 방법으로 책망해서는 안 된다. 성도들은 그들의 영혼을 긍휼히 여기며 사랑하는 마음으로 책망해야 한다. 가장 강력한 책망은 성도 자신이 그런 것들에서 완전히 떠난 삶을 보여주는 것이다. 바울은 그리스도와 하나님 나라를 기업으로 받을 수 없는 삶을 밝혔다. 이제 하나님이 인정하는 삶이 무엇인지 밝히며 그 삶을 살 수 있는 방법을 제시한다.

빛의 자녀들처럼 살라(8-10)

"너희가 전에는 어둠이더니 이제는 주 안에서 빛이라 빛의 자녀들처럼 행하라(8)", 바울은 에베소교회 성도들에게 과거의 신분과 현재의 신분을 대조하여 설명하며 신앙생활의 방향을 제시한다. 바울은 과거의 신분을 설명하면서 과거에 이런 사람이었다고 말하지 않고 "전에는 어둠이더니"라며 그들 자신이 과거에 어두움 자체였음을 강조한다. 어두움 자체라는 것은 그들이 죄이고 곧 지옥 갈 대상이란 의미이다. 그러나 지금은 주 안에서 빛이다. 단순히 교회에 다니는 성도가 아니라 근본적으로 변화된 것을 시사해준다. 성도가 빛의 자녀라는 것은 우리가 그리스도를 구주로 믿을 때 주님이 우리의 영혼 속으로 들어오셨고, 그때에 빛으로 태어났다. 주님은 그들을 가리켜 "너희는 세상의 빛이다(마 5:14)"고 하셨다. 성도가 자신이 받은 빛을 따라 살면 어떻게 될까?

"빛의 열매는 모든 착함과 의로움과 진실함에 있느니라(9)", 성도는 그리스도와 하나님 나라를 기업으로 받지 못할 사람들과 함께 해서는 안 된다. 주 안에서 빛의 자녀가 되었으므로 빛의 자녀답게 살아야 한다. 빛의 자녀답게 산다는 것은 착하게 살고 의롭게 살고 진실하게 사는 것이다. 바울은 빛의 자녀의 신앙생활 요소로 세 가지를 제시했다. "착함"은 양선(갈 5:22), 의(시 38:20), 즐거움(전 5:4), 친절(삿 8:35), 선(롬 15:14) 등을 뜻한다. 이것은 아주 순순한 도덕적 우수성을 말한다. "의"는 사람이 하나님에 대해 갖는 모든 의무를 가리킨다. 즉 성도는 하나님의 말씀의 진리를 믿고 따라야 한다. 그것이 곧 하나님에 대해 갖는 모든 의무이다. 착함은 의를 수반하고 있다. 착함은 의의 기본이 되는 진리의 규범과도 일치한다. 의인은 모든 의 가운데서 행한다. 하나님은 이 의에 근거하여 심판하신다. "진실함"은 지식을 습득해서 아는 데 그치는 것이 아니라 실제 행동을 통해 실천되는 것을 가리킨다. 이것은 모든 거짓, 곡해, 허위, 사기, 가식 등에 정반대되는 행위이다. 빛은 변하지 않는다. 바울이 제시하는 세 가지 삶은 열매를 맺어 변하지 않는 빛처럼 주의 자녀임을 증거하는 동시에 주님을 드러낸다. 바울은 에베소교회 성도들에게 신앙의 결단을 위해서 선택을 강조한다.

"주를 기쁘시게 할 것이 무엇인가 시험하여 보라(9)", "시험하다"란 단어는 금속의 순도를 측정할 때 사용하는 용어이다. 바울은 주님을 기쁘시게 하는 성도의 신앙생활이 무엇인지를 금속의 순도를 측정하듯이 점검해 보라고 요구한다. 이 말씀은 6절의 "누구도 너희를 속이지 못하게 하라"는 말씀과 평행을 이룬다. 에베소교회 성도들이 속지 않으려면 주님의 말씀에 비춰서 자신을 시험해 보아야 한다. 에베소교회 성도들은 하루 중 일어나는 일, 결정해야 할 모든 순간에 그것을 시험하여 속지 않아야 주님을 기쁘게 하는 신앙생활을 할 수 있다.

빛의 삶으로 어두움을 책망하라(12-14절)

바울은 에베소교회 성도들이 말로써 지옥 갈 사람을 책망하라고 하지 않았다. 자신의 삶이 주님께서 기뻐하는 삶인가를 시험하여 보면서 가지 칠 것은 치고, 굳게 결단해서 붙들 것들을 붙잡고 신앙생활 해야 한다고 권고한다. 그와 같은 신앙생활은 빛의 열매를 맺는 신앙생활이다. 빛의 열매를 맺은 신앙생활은 말하지 않아도 그의 삶으로 어둠을 책망하며 권고하고 있다.

"그들이 은밀히 행하는 것들은 말하기도 부끄러운 것들이라(12)", "은밀히 행하는 것들"은 거듭나지 못한 자들의 어두움의 일과 동의어일 것이다. 바로 그들의 죄악 된 생활상을 가리킨다. 바울은 은밀한 죄를 한 자리에 모아놓았다(롬 1:24-31). 이 일을 행하는 자들은 사형당한다고 정의했다(롬 1:32). 그들은 자신들이 행하는 죄악 된 행위가 드러나지 않을 것으로 생각했는지 모른다. 그러나 그들이 행한 죄악은 반드시 드러난다.

"그러나 책망을 받는 모든 것은(13上)", 이것은 12절의 은밀히 행하는 것들을 가리킨다. 이것은 11절의 열매 없는 어두움의 일을 가리키기도 한다. 6절에 의하면 헛된 말을 가리킨다. 5절에 의하면 그리스도와 하나님의 나라를 기업으로 받지 못할 음행하는 자, 더러운 자나, 탐하는 자 곧 우상 숭배자를 가리킨다. 바울은 이것들이 은밀히 행하는 것들이라고 표현했으나 실상은 공개적으로 행하고 있는 죄악이다. 사람들은 그것을 적나라하게 보고 있다. 다만 한 가지 그들은 그것을 심각하고 치명적인 문제로, 죄로 인식하지 못할 뿐이다. 그들은 자신들이 그것을 행하여도 자신들에게 아무런 일이 일어나지 않을 것이라고 생각한다. 그들은 그것을 언제까지나 행하며 즐길 것으로 생각한다. 그러나 그들이 생각하는 것과 다른 날이 곧 올 것이다.

"빛으로 말미암아 드러나나니 드러나는 것마다 빛이니라(13)", 책망 받을 모든 것은 빛으로 인해 드러난다. 책망 받을 것은 빛으로 오신 그리스도 안에서의 말과 행위를 통해 드러나게 될 것이다. "드러난다"는 중간태가 아니라 수동태이다. 이것은 '보인다'가 아니라 '보이게 된다, 나타나게 된다'는 의미이다. 빛으로 오신 그리스도의 말과 행위로 인해 이것들이 죄악으로 판명되었다. 그 전에는 그것들이 죄악이라는 사실이 드러나지 않았다. 그러나 빛으로 오신 그리스도에 의해서 이것이 죄악이라는 것이 만천하에 드러나 보이게 되었다. "드러나는 것마다 빛이니라"는 말씀은 함축적 의미를 가지고 있다. 드러나기 전에 숨겨져 있는 것은 책망 받을 것들, 은밀한 죄악들이었다. 그것들은 빛에 의해 드러나 보이게 된다. 곧 그것의 의미는 죄를 죄로 깨닫게 된다는 뜻이다. 죄를 죄로 깨닫게 되는 것이 드러나는 것이요, 그것이 곧 빛이 된다는 말은 빛이 죄를 관통하여 죄는 사라지고 빛만 남게 된다는 뜻이다. 즉 책망 받을 은밀한 죄악들이 빛에 의해 사라지게 되는 것이다. 죄는 그 모습을 감추게 된다. 과거에 사람들에게서 죄의 모습을 보았다. 이제 사랑하며 사는 성도들에게서 빛을 본다. 바울은 빛이 어두움을 변화시키므로 빛을 받은 그리스도인들이 해야 할 일을 위해서 어떤 마음으로 살아야 할 것인가를 강력하게 선포한다.

"그러므로 이르시기를 잠자는 자여 깨어서 죽은 자들 가운데서 일어나라(14)", 본 절은 성경의 인용인가 아닌가에 대해 의견이 많다. 사실 그것은 그렇게 중요한 문제가 아니다. 바울이 무슨 메시지를 전하려는가가 중요하다. 바울은 앞 절에서 책망 받을 죄, 은밀한 죄는 빛에 의해 그 모습을 드러나게 된다고 강조했다. 바울은 그 말씀을 근간으로 "잠자는 자여"란 묘사를 했다. 이것은 영적인 죽음 상태에 있는 사람을 가리킨다. 바울은 영적으로 죽음 상태에 있는 자들이 빛을 비춰 받고 깨어나길 기대하고 있다. 교회 공동체 안에 속한 성도로 보이는 사람들이 그리스도와 하나님의 나라를 기업으로 받지 못하는 삶을 살고 있다면(3-6) 그들은 영적으로 잠자고 있는 상태이고 죽은 상태이다. 바울은 그들에게 영적인 죽음 상태에서 깨어날 것을 권고하고 있다. 그 가운데서 일어나라고 말하고 있다. 즉 영적인 죽음 상태에서 일어나 새로운 삶을 회복하라는 말이다. 그들은 더 이상 음행하는 자, 더러운 자, 탐하는 우상숭배자로 살아서는 안 된다. 그들은 빛의 자녀들답게 모든 착함, 의로움, 진실함으로 살아야 한다. 왜 그들이 그 상태에서 깨어나고 일어서야 하는가?

"그리스도께서 너에게 비추이시리라 하셨느니라(14)", 그리스도 예수를 믿는 성도들은 그리스도께서 비추는 빛을 받은 사람들이다. 지금도 받고 있는 사람들이다. 바울은 교회에 사명이 있음을 1장에서 말했었다.

> "교회는 그의 몸이니 만물 안에서 만물을 충만하게 하시는 이의 충만함이니라(1:23)."

이 말씀은 교회는 만물들에게 영향력을 끼쳐야 한다는 뜻이다. 교회는 건물이 아니라 성도 자신이다. 그리스도는 그들의 믿음을 통해서 그들 안에 들어오셨다. 그리스도는 자신의 생애를 통해서 삶으로 빛을 비춰주셨다. 그리스도는 몸소 착함, 의로움, 진실한 삶으로 빛을 비춰주셨다. 성도들은 이 빛을 비췸 받은 자들이다. 성도들은 자신을 통해 그리스도의 영향력이 나타나도록 살아야 한다. 그런 은혜를 받았는데 그리스도와 하나님의 나라를 기업으로 받지 못할 자리에 머문다는 것은 있어서 안 될 일이다. 바울은 에베소교회 성도들 중에 믿음에서 떨어져 가는 어떤 성도들이 영적인 둔감에서 깨어날 것을, 영적 죽음의 자리에서 일어날 것을 강력하게 권고하고 있다.

그리스도와 하나님의 나라를 기업으로 받을 사람들, 곧 모든 착함, 의로움, 진실함으로 살며 빛의 열매를 맺는 성도는 믿음에서 떠나 파선되는 일도 없을 것이고, 그들은 교회공동체를 분리시켜 사랑을 깨뜨릴 염려도 전혀 없는 사람들이다. 그러나 거기서 탈락해 가는 이름만 성도라 불리는 사람들, 곧 음행하는 자, 더러운 자, 탐욕 곧 우상숭배자들은 믿음에서 떠나고 있고 거기서 파선될 것이며, 교회공동체에 죄를 끌어들여 교회를 분리시키고 사랑을 깨뜨리게 될 것이다. 나는 누구인가?

25
권고4: 성령충만을 받아라

바울은 생활편에서 지속적인 권면을 하고 있다. 첫 번째 권면(4:1-16)에서 "성령의 하나 되게 하신 것을 힘써 지키라"고 메시지했다. 두 번째 권면(4:17-6:9)은 크게 네 가지 권고를 다루고 있다. 우리는 그 중에 4장의 두 가지 권고를 살펴보았다. 그것은 "영이 새 사람을 입어라(4:17-24)", "지체 간에 유해한 말을 삼가고 덕을 세우는 말을 하라(=서로 용서하라, 4:25-32)"는 말씀이다.

5장은 나머지 두 가지 권고를 기록하고 있다. 세 번째 권고는 "서로 사랑하여 빛의 자녀로 살 것(1-14)"을 명령했다. 본 단락은 네 가지 권고 중에 마지막 권고이다. 성도가 성령충만을 받으려면 어떻게 해야 하는가? 성령충만을 받는 목적은 무엇인가를 기록하고 있다.

신앙생활에 지혜를 활용하라(15절)

바울은 이제 최종적 권고를 하려한다. 그가 지금까지 한 권면과 권고들은 아주 중요하다. 그러나 그것들을 이루기 위해서는 궁극적인 힘이 필요하다. 그 힘을 바로 성령충만이다.

"그런즉 너희가 어떻게 행할지를 자세히 주의하여(15)", 개역개정 역은 "행하다"란 동사를 목적격으로 번역했고, "자세히"란 부사를 "자세히 주의하여"로 확대번역 했다. 그러나 그것이 동사와 연결되어 있는 것이 아니라 지혜 없는 자, 지혜 있는 자를 수식하고 있다. 한글 번역과 헬라어 원문은 뉘앙스 차이가 존재한다. "어떻게 행할지를 자세히 주의하여"는 "자세히 주의하여 어떤 방식으로 행하고 있는지 살피라" 이다. 이것은 자신이 살고 있는 삶을 면밀하게 관찰하여 보아야 한다는 뜻이다. 자신의 삶을 자세히 주의하여 관찰 한 후에 어떻게 해야 하는가?

"지혜 없는 자 같이 하지 말고 오직 지혜 있는 자 같이 하여(15)", 에베소교회 성도들이 자신을 자세히 주의하여 살펴보았으면 이제 결단해야 한다. 모든 성도들이 지혜를 받았더라도 그 지혜를 활용하는 성도와 그렇지 못한 성도가 있다. 바울은 부정법과 긍정법의 대조를 통해서 풍부한 지혜를 강조하고자 한다. 지혜롭지 못한 성도는 자신의 신앙생활을 자세히 살펴보지 않는다. 그리스도와 하나님의 나라를 기업으로 받지 못하는 지경에 이르러도 깨닫지 못하게 된다. 자신의 삶을 자세히 주의하여 어떻게 살고 있는지 파악했으면 지혜로운 자와 같이 삶을 결단해야 한다. 지혜로운 자는 자신을 살핀 후 버려야 할 것과 취해야 할 것을 분별한다. 지혜로운 자는 버려야 할 것은 과감하게 버린다. 지혜로운 자는 말씀에 자신을 굳게 세운다. 지혜로운 자는 끊임없이 자신을 변화시켜 성숙해 간다. 지혜로운 성도는 왜 그렇게 신앙생활을 하는 것일까?

주의 뜻을 따라 신앙생활을 재편하라(16-17절)

"세월을 아끼라 때가 악하니라(16)", 지혜로운 성도가 자신의 신앙생활을 자세하게 살펴서 버릴 것을 버리는 이유는 때가 악하기 때문이다.

바울은 "세월을 아끼라"고 명령하면서 분사 시제를 사용했다. "지속적으로 세월을 아끼라"는 메시지와 더불어 "세월을 온전히 아끼라"는 의미를 담고 있다. 바울은 이미 신앙생활을 하고 있지만 그리스도와 하나님 나라를 기업으로 받을 수 없는 삶을 제시했다. 세상은 그 정도로 악한 상태에 있다. "세월을 아끼라"는 것은 여러 가지 의미를 담고 있다. 바울의 이 권면은 단순히 시간 관리를 잘 하라는 말이 아니다. 성도는 악한 생활에 빠져 살고 있을 때가 아니다. 성도는 자신을 돌아보아 속히 악한 생활에서 돌이켜야 한다. 그것이 허송세월하지 않고 시간을 아끼는 것이다. 바울의 이 권면은 주님의 강림의 때가 가까이 왔음을 강조하는 표현이기도 하다. 성도가 그리스도와 하나님 나라를 기업으로 받을 수 없다면 그것은 곧 하나님의 심판이다.

"**그러므로 어리석은 자가 되지 말고**(17)", 이 문장에는 앞의 내용이 함축되어 있다. "그러므로 때가 악하므로 어리석은 자가 되지 말고"란 의미이다. 바울이 표현한 "어리석은"은 지혜 없는 자를 가리킨다. 지혜 없는 자는 자신의 삶을 관찰하지 않는다. 지혜롭지 못한 것을 안다고 해도 돌아보지 않고 지나친다. 그가 자신을 돌아보지 않기 때문에 세월을 낭비하며 죄악에 빠져 살게 된다. 그는 그리스도와 하나님 나라를 기업으로 받을 수 없는 삶이 잘못된 것임을 분별하지 못한다. 지속적으로 그 죄악에 빠져 살다가 종국에는 경고의 대상이 되어버리고 만다.

"**오직 주의 뜻이 무엇인가 이해하라**(17)", 주의 뜻을 이해하는 자는 지혜 있는 성도를 가리킨다. 그는 어리석은 자와 대조되어 있다. 지혜 있는 자는 때가 악한 것을 안다. 그는 바울이 경고한 그리스도와 하나님 나라를 기업으로 받을 수 없는 삶이 악한 것임을 안다. 그는 그와 같은 죄악이 주님의 뜻이 아님을 아는 지혜를 가지고 있다. 그는 과감하게 그 죄악들을 자신의 삶에서 제거해 버린다. 이 성도는 주의 뜻이 무엇인지 알고 이해한다.

이 권면의 말씀은 더 깊은 의미를 가지고 있다. 에베소교회 성도들 중에 어리석은 자가 있어서는 안 된다. 그는 그리스도와 하나님의 나라를 기업으로 받을 수 없는 죄악에 빠져 사는 사람이다. 그는 믿음에서 멀어지고 있어 믿음을 잃는 성도가 될 것이다. 또한 믿음에서 떠나는 자가 많아지면 자연스럽게 에베소교회는 분열할 것이다. 이것은 바울이 선포했던 두 예언적 선포가 에베소교회에 나타나는 죄악의 신앙생활이 된다. 바울은 어리석은 자가 되지 말고 항상 악을 분별하는 지혜로운 자가 되기를 권면하고 있다. 그들은 믿음을 지키고 하나 됨을 지킬 능력을 키워야 한다. 그 방법은 무엇일까?

오직 성령의 충만을 받으라(18절)

주의 뜻은 에베소교회가 하나 됨을 지키며 서로 사랑하는 것이다. 에베소교회 성도들은 믿음을 지키며 하나 됨을 더 굳게 해야 한다. 그것은 신앙이 성숙해야만 가능하다. 바울은 앞서 그리스도의 장성한 분량에 자라는 신앙에 대해 언급했었다(4:13). 그 신앙은 하나님의 아들을 믿는 것과 아는 일에 하나가 될 때 가능하다. 바울은 그 신앙을 성도의 서로 사랑과 연결시켰다(4:15). 그는 이제 하나 됨을 지속키 위한 방편으로 새로운 신앙을 제시한다.

"술 취하지 말라 이는 방탕한 것이니(18上)", "취하다", "방탕하다"는 모두 현재 명령형이다. '술'은 여격으로서 수단을 나타낸다. 즉 취한다는 것은 정상적인 생활을 하지 못한다는 것을 가리킨다. 술은 생활 가운데 절대 필요한 것이다. 팔레스틴 사회는 석회암 지대이기 때문에 마실 물 얻기가 어렵다. 술은 마실 물을 대신함과 동시에 몸에 쌓이는 석회질을 제거하는 데 반드시 필요한 것이다. 바울은 에베소교회 성도들에게도 동일한 내용의 권면을 하고 있다. 남부 유럽이나 에베소 지역 또한 팔레스틴과 다르지 않기 때문이다. 술은 일상생활에 반드시 있어야 하는 생필품이지만 그것을 필요이상으로 마실 경우 취하게 된다. 술에 취한 사람이 보이는 행동양상은 다양하다. 에베소 지역 사람들은 술에 취하게 되면 방탕한 생활을 한 것으로 보인다. 방탕한 생활은 어리석은 자가 죄를 짓는 것이고 타락하게 되어 교회를 분리시키고 종국에는 천국에 못 들어가게 된다. 이것은 육신에 속한 일이다.

"**오직 성령으로 충만함을 받으라**(18下)", 바울은 육신에 속한 일의 반대편에 있는 영의 일을 강조한다. 바울은 에베소교회 성도들에게 육신이 원하는 술을 마시고 취하여 죄를 짓지 말고, 성령으로 충만함을 받으라고 명령한다. "충만하다"는 다음에 이어지는 말씀을 함축하고 있다. 성령충만을 받은 성도는 육신의 일과는 전혀 다른 생활을 하게 된다. 그것은 언어적으로 양적인 의미를 갖지 않는다. 영어성경에서 "채운다"는 의미로 번역한 것은 잘못된 것이다. "충만하다"는 지배하다, 다스리다는 의미이다. 성령충만하다는 것은 성령의 지배, 성령의 다스림을 받는다는 의미이다. 에베소교회 공동체에 속한 성도들이 성령의 다스림을 받으면 어떤 모습일까?

성령충만한 성도에게서 나타나는 모습들(19-20절)

성령의 충만을 받는 성도들이 에베소교회 공동체 안에서 보여줄 실제 모습이 묘사되어 있다. 성령충만을 받은 성도들의 세 가지 신앙생활을 요약하고 있다.

"**시와 찬송과 신령한 노래들로 서로 화답하며**(19上)", 바울은 성령충만을 받은 성도들에게서 교회 공동체 안에서 일어나는 신앙생활을 설명한다. 서로 다른 세 가지 용어를 선택했다. "시"는 구약성서의 시편을 가리킨다. 시는 성도의 하나님을 향한 감정을 그대로 표현하고 있다. 시는 다양한 마음, 때로는 격한 감정, 때로는 평안한 감정 등이 드러나 있지만 시의 마지막은 모두 하나님을 신뢰하고 기대하고 찬양하는 내용들이다. “찬미”는 원래 이교도들이 사용한 용어이다. 원래는 영적이지 않은 시적 작품들을 가리킨다. “찬미”는 이교 신이나 신격화된 인간에게 바쳐질 찬양의 노래를 일컫는 말이었다. 찬미는 이교도들이 이교 신에게 자신의 모든 것을 담아낸 높임이다. 이교도들은 이 단어의 의미를 잘 알고 있었다. 에베소교회 성도들 또한 이 용어의 의미를 잘 알고 있었다. 바울은 그들에게 익숙한 용어를 하나님 찬미에 사용하고 있다. “신령한 노래들”은 영적인 노래를 의미한다. 정확하게 번역하면 영적인, 영으로 하는 노래들이다. 시와 찬송과 신령한 노래는 영으로 하나님을 찬양하는 노래이다. 성령충만한 성도들이 영으로 하나님께 보이는 반응인 것이다. “서로 화답하다”는 것은 성도들 중 한 명이 시든 찬미든 영적인 노래로 하나님을 찬양하면 또 다른 성도가 이어서 영으로 화답한다는 의미이다. 마지막에는 성도들이 영으로 시와 찬미와 영적인 노래들을 한 목소리로 부르게 될 것이다.

“**너희의 마음으로 주께 노래하며 찬송하며**(19下)”, “마음”은 성령님이 계시는 좌소이다. 마음은 생각과 지적인 마음(mind), 감성적인 마음(heart) 등이 하나가 된 것을 가리킨다. 성령충만한 사람은 생각과 마음이 하나가 되어 주님을 찬양하게 된다. 성령충만한 사람은 영의 생각과 마음의 생각이 하나이다. 바울은 성령충만한 사람이 하나님께 보이는 태도를 영과 마음으로 나눠서 설명했지만 결국은 전적으로 하나님을 찬양하는 모습을 강조한 것이다.

“**범사에 우리 주 예수 그리스도의 이름으로 항상 아버지 하나님께 감사하며**(20)”, 앞 선 두 표현은 영과 마음이 하나님을 찬미하고 찬송한 것이다. 20절은 앞 선 두 신앙을 통해서 일상생활에서 나타나는 하나님에 대한 구체적인 반응을 언급한 것이다. 영으로 마음으로 하나님을 찬미하고 찬송하는 성령충만한 성도는 자신을 드러내지 않는다. 그는 자신의 모든 것이 주 예수 그리스도의 통치 가운데 있음을 안다. 그는 자신을 드러내지 않고 주님을 드러내며, 주님의 이름으로 하나님께 항상 감사하는 삶을 산다.

성령충만한 성도들은 영적으로 마음으로 생활적으로 동일한 목표, 즉 오직 하나님만을 높인다. 그들은 서로 간에도 영으로 마음으로 서로 교통하고 있기에 분리란 있을 수 없다. 그들은 생활전반을 통하여 항상 하나님께 감사한다. 그들이 살아가는 삶에 마귀가 끼어들 틈이 없다. 바울은 에베소교회 모든 성도들이 이와 같은 신앙생활을 영위하길 바라고 있다. 바울이 에베소교회 성도들이 이와 같은 신앙을 갖기를 기대하는 것은 다른 목표가 있기 때문이다.

성령충만한 성도는 피차 복종하는 신앙생활을 한다(21절)

창세기 시작은 하나님의 인간창조와 타락에 많은 지면을 할애한다. 하나님은 타락한 인간인 남자에게 "남편은 아내를 다스린다", 여자에게 "남편을 원한다"[1]고 선언하셨다. 아내가 남편을 원하는 것은 사모한다는 뜻이 아니다. 아내가 남편을 지배하기 위해 멱살을 잡고 흔드는 것으로 이해할 수 있다. 죄의 종노릇하는 남편과 아내는 서로가 서로를 지배하려 한다. 이 둘 사이에서는 화평함과 하나 됨이 있을 수 없다. 이러한 관계는 부모와 자녀, 주인과 종들 사이에도 동일하게 나타난다. 가정과 직장에서 일어나는 일은 그대로 교회에 펴질 수밖에 없다. 신앙이란 가정과 직장 그리고 교회를 한 울타리로 하고 있기 때문이다. 가정과 직장에서 하나 되지 못하다면 그 여파는 교회에 그대로 파급된다. 교회가 하나 될 수 없다. 에베소교회는 하나 됨을 유지할 수 없다. 바울은 에베소서 4장을 시작하며 "하나 됨을 힘써 지키라"고 선

1 '원한다'는 단어는 테슈카(תְּשׁוּקָה)이다. 이 단어는 성경에 총 세 차례 사용되었다. 아가서 7:10은 사모한다는 의미를 가진다. 창세기 4:7은 하나님이 가인을 책망하시면서 죄가 웅크린 짐승처럼 '굶주린 가운데 가인을 열망하고 있다'는 의미로 사용되었다. 그래서 '원한다'는 '사모한다'는 뜻으로도 번역이 가능하지만 '남편을 지배하기 위해 흔든다'는 의미로도 해석이 가능하다.

포했다. 그는 이것을 이룰 수 있는 실제적인 방안을 제시하고 있다.

“**그리스도를 경외함으로 피차 복종하라**(21)”, 성령충만한 성도는 영으로 마음으로 실제 삶으로 하나님을 높이고 경외하게 된다. 이 신앙을 근거로 생활하게 될 때 부부가 하나 될 수 있다. 부모와 자녀도 하나 될 수 있다. 주인과 종, 직장의 상사와 직원도 하나 될 수 있다. 가정과 직장이 하나 된다면 교회 공동체는 자연스럽게 하나가 될 것이다. 바울은 자신이 에베소교회에 행한 예언적 선포(행 20:30)가 절대로 일어나서는 안 될 것을 염원하기에 영원히 하나가 될 수 있는 성경적 방안을 제시하고 있다. 일차적으로 에베소교회 모든 성도들이 성령충만 해야 한다. 이차적으로는 그 성령충만함을 바탕으로 피차 복종하도록 힘쓰고 애써야 한다. 성령충만은 하나님을 경외케 하고 그것은 이내 서로 복종하는 생활로 나타난다.

바울은 에베소교회 성도들이 이 신앙을 바탕으로 가정에서 남편과 아내, 부모와 자녀가 서로 복종하고, 주인과 종, 직장에서 상사와 직원이 서로 복종하는 삶을 구체적으로 제시한다. 그래야만이 믿음에서 떠날 틈이 없어지기 때문이고, 서로 사랑하며 사는 삶에서 이탈할 가능성이 없어지기 때문이다.

26
하나됨의 실례1:
서로 복종하는 부부

바울은 성령충만한 성도들을 통해 드러나는 세 가지 신앙생활을 제시했다. 교회 공동체가 영으로 하나 되어 서로 사랑하고 하나님께 영광을 돌리게 된다. 성령이 충만한 성도들이 모인 교회 공동체는 영으로 하나가 되어 신앙생활 한다. 성도 개개인이 세상이나 육신의 정욕에 마음을 빼앗기지 않고 주님을 노래하며 찬송한다. 성령이 충만한 성도들은 자신의 마음을 육신과 안목 그리고 세상의 정욕에 빼앗기지 않고 늘 주님에게 그 초점이 맞춰진 신앙생활을 한다. 범사에 예수 그리스도의 이름으로 아버지 하나님께 감사하는 신앙생활을 한다. 성령이 충만한 성도는 생활 중에 겪게 되는 힘든 고난에 좌절하거나 낙심하지 않고 하나님의 주권을 인정하며 항상 감사하는 신앙생활을 한다. 바울은 이와 같은 신앙생활에 기초해서 먼저 남편과 아내가 하나 됨을 힘써 지키며, 그것을 바탕으로 하나 되기 위해 일상생활에서 실천해야 할 삶을 제시한다.

성령충만한 여성도로서 아내의 특징은 하나님을 경외하며 하나님의 말씀을 따라 남편에게 복종하는 것이다. 성도들이 주님께 복종하듯 아내는 남편에게 복종해야 한다. 바울은 아내가 남편에게 복종해야 할 조건으로 아무 것도 제시하지 않은 것처럼 보인다. 그러나 조건은 문장 속에 들어있다.

“**아내들이여 자기 남편에게 복종하기를 주께 하듯 하라**(22)”, “아내들이여”는 호격이 아니다. 대부분 호격으로 처리하지만 호격일 수 없는 것은 남편과의 관계를 말하고 있기 때문이다. 바울은 21절에서 성령충만한 성도들은 서로 복종하라고 명했다. 문맥의 흐름을 보면 성령충만을 명한 이후에 교회 공동체 일원들의 영적인 관계, 개인과 주님의 관계, 실제생활 중에 하나님 앞에서 살아갈 신앙을 제시한 후 “피차 복종하라”고 명하였다. 피차 복종에는 “그리스도를 경외함으로”가 조건으로 제시되어 있다. 그리스도를 경외하지 않는 자는 피차 복종할 수 없음을 말해준다. 왜냐하면 그리스도를 경외함에서 피차 복종하는 힘과 능력과 지혜가 나오기 때문이다. 이와 같은 믿음을 가진 성도는 “주를 기쁘시게 하고(10)”, “지혜 있는 자로서 세월을 아끼고(15)”, “주의 뜻이 무엇인지 분별하며(17)” 하루하루 신앙생활 한다. 이런 아내는 늘 그리스도께 복종하는 신앙생활을 한다. 어떻게 그것이 가능할까? 그리스도는 원래 하나님이시다. 그리스도는 하나님의 신분을 버리고 육신의 몸을 지니고 이 땅에 오셨고 그분은 자기 백성의 죄를 대속하기 위해서 십자가를 지셨다. 아내들이 그리스도를 경외하게 되면 그리스도의 이 희생과 섬김을 발견하여 깨닫게 될 것이다. 바울은 아내가 그 모습 그대로 남편에게 복종하라고 명한다. 또한 바울은 교회와 그리스도의 관계를 들어 아내가 남편에게 그와 같이 복종하라고 명한다.

“**그러므로 교회가 그리스도에게 하듯 아내들도 범사에 자기 남편에게 복종할지니라**(24)”, “그러므로”는 앞의 내용과 뒤이어 나오는 내용을 긍정적으로 이어준다. 실제 헬라어 원문은 반의적 접속사가 사용되었다.[1] '그러므로'가 아니라 '그러나'이다. 교회와 그리스도의 관계가 일반적으로 볼 수 있는 모습이 아니란 의미를 가지고 있다. 즉 그 둘의 관계가 특수한 관계임을 보여주고 있다. 둘의 관계가 특수한 것은 23절에서 설명하고 있다. 바울은 '복종하다'란 의미를 살리기 위해서 중간태를 사용했다.[2] 아내는 남편에게 자발적으로 기꺼이 자신을 복종시켜야 한다는 점을 강조하고 있다. 바울은 아내가 남편에게 자발적으로 복종해야 하는데 삶 전반 모든 영역을 강조하기 위하여 '범사에'란 용어를 더했다. 아내의 남편에 대한 복종은 부분적일 수 없다. 아내는 모든 전반에 걸쳐서 남편에게 자발적으로 복종해야 한다. 하나님은 아담과 하와가 범죄 한 후 그들에게 특별한 관계가 될 것을 선포했다.

"…너는 남편을 사모하고 남편은 너를 다스릴 것이니라(창 3:16下)"

"사모한다"[3]는 의미는 하나님이 죄를 지은 아담과 하와에게 죄에 대한 책벌을 하는 장면에서 언급되었다. 그러므로 '사모한다'는 의미보다는 죄에 매여서 남편을 향해 '원망한다'는 의미로 번역하는 것이 맞을 것 같다. 아내가 어떻게 남편을 원망하게 될까? 아내가 남편의 멱살을 잡고 흔들며 원망하지 않을까? 죄를 지은 남편과 아내의 관계에서 아내는 남편에게 복종하는 것이 아니라 오히려 남편에게 원망을 쏟아내며 남편을 지배하려 하는 특징이 나타난다. 바울은 성령충만한 아내에게서는 죄의 특징적 일면들이 모두 빠진 전적인 복종의 삶이 자발적으로

1 ἀλλὰ ὡς ἡ ἐκκλησία ὑποτάσσεται τῷ Χριστῷ, οὕτως καὶ αἱ γυναῖκες τοῖς ἀνδράσιν ἐν παντί.

2 ὑποτάσσεται는 ὑποτάσσω의 질설법 현재 중간태, 혹은 수동태로 볼 수 있다.

3 תְּשׁוּקָה(테슈카)는 성경전체에 단지 3회만 쓰였다. 아가서 7:10은 "나는 나의 사랑하는 자에게 속하였구나 그가 나를 사모하는구나"로, 창세기 4:7은 "…죄가 너를 원하나 너는 죄를 다스릴지니라"란 의미로 사용되었다.

나타나야 한다고 강조하고 있는 것이다. 바울은 이제 아내가 왜 남편에게 복종해야 하는지를 설명한다.

"이는 남편이 아내의 머리됨이 그리스도께서 교회의 머리됨과 같음이니 그가 바로 몸의 구주시니라(23)", 바울은 앞 절에서 아내가 자발적으로 남편에게 복종해야 한다고 강조했다. 23절은 아내가 남편에게 복종해야 할 이유를 설명하고 있다. 교회와 그리스도의 관계가 특별한 관계이듯 남편과 아내 관계 또한 특별한 관계임을 강조하고 있다. 교회는 그리스도의 몸이고, 그리스도는 교회의 머리시다(골 1:18). 그리스도가 교회의 머리란 의미는 통치자란 뜻이다. 그리스도는 교회를 통치하시는 분이시다. 교회는 그리스도의 다스림을 받는 존재이다. 그러므로 교회는 통치자 되신 그리스도께 복종해야 한다. 바울은 아내들이 남편에게 바로 그렇게 복종하라는 것이다. 그리스도께서 교회의 머리이듯이 남편은 아내의 머리가 된다. 이 말씀은 바울이 지어낸 말이 아니다. 앞에서 죄를 지은 후, 하나님이 아담과 하와에게 내리시는 징계에 나타나 있다.

"…너는 남편을 사모하고 남편은 너를 다스릴 것이니라(창 3:16下)"

남편은 아내를 다스리게 된다. 바울은 죄가 주관하는 남편과 아내의 상태에서는 남편이 아내를 다스리지만 성령충만한 아내와 남편의 관계에서는 남편이 아내를 다스리는 것이 아니라 사랑하고 아내 스스로가 자발적으로 남편에게 복종한다고 설명하고 있는 것이다.

바울은 "성령이 하나 되게 하신 것을 힘써 지키라(4:3)"는 대명제 아래서 에베소서 생활편을 기록하고 있다. 아내가 성령충만하여 자발적으로 남편에게 복종한다면 아내로 인해 분란이 초래될 원인이 제거된다. 하나님은 아내로 인해 하나 됨이 깨어질 원인을 제거하고 있다.

가정 공동체가 하나 되지 못한 상태에서 교회 공동체가 하나 될 수 있을까? 그것은 불가능한 일이다. 먼저 가정이 하나가 되어야 교회 공동체도 하나가 될 수 있는 것이다.

남편은 아내를 사랑해야 한다(25, 28절)

바울은 아내가 남편에게 스스로 복종할 것을 명했다. 그 명령의 근거는 성령충만을 전제로 하고 있다. 이제 바울은 남편이 아내를 어떻게 대해야 할지를 명한다.

"남편들아 아내 사랑하기를 그리스도께서 교회를 사랑하시고 그 교회를 위하여 자신을 주심 같이 하라(25)", 남편은 아내를 사랑해야 한다. 바울은 아내의 복종과 남편의 아내 사랑을 언급하며 언어적, 문법적 차이를 보여주고 있다. 아내가 남편에게 복종해야 할 때는 여격을 사용했다. 그러나 남편이 아내를 사랑하라고 할 때는 인칭대명사를 사용하고 있다. "남편들아 아내 사랑하기를"은 "남편들아 너희 아내 사랑하기를"이다. 여기서 '너희'는 소유격대명사이다.[4] 때문에 '남편들아'는 호격으로 볼 수 있다. 남편들은 아내를 자신의 소유처럼 알고 사랑하라고 메시지한다.

아내가 남편에게 복종하라고 명할 때는 '주께 하듯'하라고 명했다. 그러나 남편이 아내를 사랑하라고 명할 때는 '~같이'하라고 명한다. 아내에게는 주님께 하는 그대로 남편에게 하라고 명했지만 남편에게는 그것보다는 약한 태도인 '~같이'란 표현을 사용했다. 어떤 의미를 가지고 있을까? 그리스도께서 교회를 사랑하신 것은 어느 누구도 범접할 수 없는 삶이다. 바울은 남편이 아내를 그렇게 사랑한다는 것 자체가 불가능한 것을 염두에 둔 것으로 보인다. 바울은 남편이 아내를 사랑하는 것이 그리스도께서 교회를 사랑하신 것과 동일할 수 없지만 이에

4 ... ὑπὲρ αὐτῆς

걸맞게 사랑해야 한다고 말한다. 바울은 이와 더불어 남편이 아내를 어떻게 사랑해야 하는가를 또 말한다.

"이와 같이 남편들도 자기 아내 사랑하기를 자기 자신과 같이 할지니 자기 아내를 사랑하는 자는 자기를 사랑하는 것이라(28)", "이와 같이"는 하나님께서 말씀으로 성도들 정결케 씻어 자신의 영광스러운 교회로 세우시길 원하시고, 그들을 흠이 없는 거룩한 성도로 세우신다는 뜻을 담고 있다. 바울은 앞에서 지도자들은 성도를 온전케 하고 봉사의 일을 하게 하여 그리스도의 몸을 세워야 한다(4:12)고 강조했었다. 성령충만한 남편은 하나님의 말씀으로 그리스도의 분량까지 성장한 자들이기 때문에 아내 사랑하기를 자신의 몸과 같이 사랑할 수 있다. 바울은 독특한 견해를 밝힌다. 남편이 그리스도께서 교회를 사랑함과 같이 아내를 사랑하는 것은 자신의 몸을 사랑하는 것이다. 바울은 왜 이렇게 주장하는 것일까? 그리스도는 교회의 머리시고 남자는 여자의 머리이다. 남편은 아내의 머리이기 때문에 남편이 아내를 사라하는 것은 곧 자신의 몸을 사랑하는 것이다. 순서대로 살펴보지 않고 동일한 내용과 확장되는 메시지를 모아서 살펴보았다. 이제 바울은 남편이 아내를 사랑해야 하는 당위성에 대해 메시지한다.

남편이 아내를 사랑해야 할 근거와 목표(26-27절)

바울이 행동의 실천을 강조할 때는 반드시 그것에 대한 당위성을 언급한다. 아내가 남편에게 복종해야 하는 당위성은 남편이 아내의 머리이기 때문이다. 남편이 아내를 자신의 몸과 같이 사랑해야 할 직접적인 당위성은 아내가 자신의 몸이기 때문이다. 바울은 머리와 몸의 관계를 이루게 되는 보다 근본적인 문제를 당위성으로 제시한다.

"이는 곧 물로 씻어 말씀으로 깨끗하게 하사 거룩하게 하시고(26)", 남편은 그리스도께서 교회를 위하여 자신의 몸을 주신 것 같이 아내를 사랑해야 한다. "이는"은 어떻게 이 경지에 도달할 수 있는가를 설명하기 위한 표현이다. 남편이 아내를 사랑하는 경지에 이를 수 있는 것은 말씀으로 깨끗하게 해야만 가능하다. 이것은 남편이 철저하게 말씀 중심의 성도로 변화되어 그리스도의 장성한 분량에까지 자란 것을 의미한다. 그는 거룩한 삶으로 준비된 성도로서의 남편이다. 그는 자신의 생각을 버린 성도이다. 그는 자신의 삶의 가치관도 버린 성도이다. 그는 고집도, 자기주장도 버린 성도이다. 그는 하나님이 기뻐하시는 삶이면, 주의 뜻이면(4:15) 기꺼이 순종하여 실천할 준비가 된 성숙한 성도이다. 하나님이 남편을 말씀으로 깨끗하게 하셔서 거룩한 성도를 세우신 목적은 무엇인가?

"자기 앞에 영광스러운 교회로 세우사 티나 주름 잡힌 것이나 이런 것들이 없이 거룩하고 흠이 없게 하려 하심이라(27)", 하나님은 거룩하게 된 성도로 남편을 삼으신 것은 자기 앞에 영광스러운 교회로 세우기 위함이다. 하나님은 성도로서 남편을 자신의 몸인 교회로 세우셔서 티도 없는, 주름 잡힌 것도 없는 거룩하고 흠이 없는 거룩한 열매를 맺은 자로 세우시길 원하신다. 바울은 이 문장에서 독특한 구문을 사용하였다.[5] "자기 앞에 영광스러운 교회로 세우사"는 27절에 속한 절이지만 독립 문장으로 간주할 수 있다. 세 개의 단어가 그것을 보여주고 있다. '세우다'란 동사, '자기'란 재귀대명사, 그리고 인칭대명사를 사용해야 되는 문장에서 명사인 '교회'를 사용했다. 바울은 이 문장을 27절에 귀속시키면서도 동시에 독립적인 문장으로 드러내고 있다. 아마도 바울은 마지막 종말의 때에 그리스도 자신으로 인해 자신 앞에 영광으로 감싸이고 흠 없고 점 없는 어린양의 신부로 서게 될 성도들의 모습을 그리고 있는 것처럼 보인다. 성도로서 남편은 자신을 신부로 맞이하여

5 ἵνα παραστήσῃ αὐτὸς ἑαυτῷ ἔνδοξον τὴν ἐκκλησίαν μὴ ἔχουσαν σπῖλον ἢ ῥυτίδα ἤ τι τῶν τοιούτων, ἀλλ᾽ ἵνα ᾖ ἁγία καὶ ἄμωμος.

사랑해 주실 주님의 모습을 그리며 자신의 아내인 신부를 그리스도의 신부로 알고 그렇게 사랑하라고 요청한다. 바울은 이제 보다 근본적인 측면에서 남편과 아내의 서로 복종을 다룬다.

남편과 아내는 부부이기 전에 서로 지체이다(29-30절)

"누구든지 언제나 자기 육체를 미워하지 않고 오직 양육하여 보호하기를 그리스도께서 교회에게 함과 같이 하나니 우리는 그 몸의 지체임이라", 바울은 남편이 자신의 육체를 미워하지 않는다는 부정법으로 글을 시작하여 긍정법으로 나아간다. 남편은 자신의 몸을 보호하고 양육하는데 그리스도께서 교회를 보호하고 양육하는 것과 같이 한다. 남편과 아내, 모든 성도들은 그렇게 교회를 보호하고 양육하는 그리스도의 몸의 지체들이다. 그리스도는 교회의 머리시고 교회는 그의 몸이기 때문이다. 바울은 이 지체의 원리에서 출발한 결혼 제도를 설명한다.

하나님은 부부를 하나 되게 하셨다(31-33절)

"그러므로 사람이 부모를 떠나 그의 아내와 합하여 그 둘이 한 육체가 될지니(31)", 하나님은 그리스도의 몸인 교회의 지체된 남자와 여자가, 즉 서로 떨어져 각각 살던 남자와 여자가 부모를 떠나 결혼을 하게 되므로 남편과 아내가 되었음을 확인한다. 그리고 이들은 각각 존재하는 두 개의 육체이었지만 결혼을 계기로 한 육체가 되었다. 교회에 각각의 지체로 존재하던 것이 이제는 한 육체가 되어 한 지체로 존재하게 된 것이다. 바울은 남편과 아내가 피차 복종하는 신앙을 통해 하나가 되어야 할 당위성을 강조하고 있는 것으로 보인다. 남편과 아내의 관계는 곧 무엇에 대한 이야기인가?

"이 비밀이 크도다 나는 그리스도와 교회에 대하여 말하노라(32)", 바울은 남편과 아내의 관계가 그리스도와 교회의 관계라고 명확하게 밝힌다. 즉 그리스도와 교회의 관계는 남편과 아내의 관계가 근원이 된다. 교회는 그리스도의 몸이고 그리스도는 교회의 머리이다. 남편과 아내는 남자와 여자로서 그리스도의 몸인 교회의 지체이지만 그 단계에만 머물지 않는다. 그리스도가 교회의 머리인 것처럼 남편은 아내의 머리가 된다.

바울은 성령충만한 아내와 남편에게 서로 복종하는 삶이 무엇인가를 제시한 후 이제 그들에게 마지막 권고를 선포한다.

"그러나 너희도 각각 자기의 아내 사랑하기를 자신 같이 하고 아내도 자기 남편을 존경하라(33)", 바울은 성령충만한 아내와 남편은 그리스도를 경외함으로 피차 복종해야 한다고 밝혔다. 아내의 남편에 대한 복종을 먼저 언급했으나 결론 부분에 와서는 남편의 아내에 대한 복종을 먼저 언급한다. 남편은 자기 아내를 자신 같이 사랑해야 한다. 남편의 아내에 대한 기조는 크게 달라지지 않았다. 그러나 바울은 아내의 남편에 대한 삶은 달리 표현한다. 처음에는 아내는 그리스도께 하듯 남편에게 복종해야 한다고 했다. 그러나 결론 부분에서는 아내는 남편을 존경하라고 명한다. 존경하라는 것은 경외하라는 것이다. 아내는 성도들이 그리스도를 경외하는 것처럼 남편을 경외해야 한다. 남편과 아내가 서로에 대한 의무를 다한다면 부부는 결코 나뉠 수 없다. 더욱 더 하나 되는 부부가 되어 가정이 하나 된다. 가정이 하나가 될 때 교회 공동체 또한 서로 사랑하며 하나가 될 것이다.

에베소서 6장 해설

6장은 전반부는 두 번째 권면(4:17-6:9) 중 네 번째 권고인 "성령충만을 받아라(5:15-21)"에 속한 성도들이 살아가는 실례 중에 두 가지 메시지가 이어지고 있다. 하나는 부모와 자녀의 하나 됨(6:1-4)이고, 다른 하나는 종과 주인의 하나 됨(6:5-9)이다.

6장 후반부는 세 번째 권면인 "영적 전투에서 승리하라(6:10-20)"는 메시지이다. 그리고 기록의 내적 동기(6:21-22), 마지막 인사와 축도(6:23-24)가 기록되어 있다.

27
하나됨의 실례2:
서로 복종하는 부모와 자녀

바울은 성령충만 성도들을 통해 드러나는 세 가지 신앙생활을 제시했다. 교회 공동체가 영으로 하나 되어 서로 사랑하고 하나님께 영광을 돌리게 된다. 성도 개개인이 마음을 세상이나 육신의 정욕에 빼앗기지 않고 주님을 노래하며 찬송한다. 범사에 예수 그리스도의 이름으로 아버지 하나님께 감사하는 신앙생활을 한다. 바울은 성령충만한 성도의 인간관계를 세 영역에 걸쳐서 실례를 들고 있다. 첫째는 아내와 남편의 예를 들었다. 이제 두 번째로 부모와 자녀의 피차 복종에 대하여 설명한다.

성령충만한 자녀는 주 안에서 부모에게 순종한다(1–3절)

아내가 주께 하듯이 남편에게 복종해야 한다고 할 때 '주께 하듯'과 남편이 그리스도께서 교회를 위하여 자신을 주심과 같이 아내를 사랑하라고 할 때 '~같이'는 조건이라 보기엔 그렇다. 그것은 조건이 아니라 성도가 주님을 경외하는 모습, 주님이 교회를 위하여 자신을 주신 모습을 있는 그대로 표현한 것이다. 바울은 이들과 달리 자녀들이 부모에게 순종하라고 명할 때는 조건을 언급했다.

"자녀들아 주 안에서 너희 부모에게 순종하라 이것이 옳으니라(1)", 바울은 이제 성령충만한 부모와 자녀가 피차 복종하는 모습을 제시한다. 먼저 성령충만한 자녀가 부모에게 복종하는 모습을 언급한다. 자녀들은 부모에게 순종해야 한다. 아내가 남편에게 복종해야 한다는 말과 자녀가 부모에게 순종해야 한다는 것은 약간의 의미차이가 있다. '복종하다'는 자신에 대한 지배권을 인정하고 스스로 복종한다는 의미이다. 주인과 종의 관계를 생각하면 좋을 듯하다. 반면에 '순종하다'는 말을 듣고 따른다는 의미이다. 자녀들이 부모의 말을 듣고 그것을 따라 산다는 뜻이다. 바울은 자녀들이 부모에게 순종하라고 권고하면서 "주 안에서"란 조건을 달았다. 학자들은 단순하게 하나님의 말씀 안에서라고 생각한다. 그러나 편지가 회람의 글이라고 생각하면 공간적 배경에서 해석함이 옳다고 보인다. 바울은 어디에 있는 자녀들을 언급하고 있을까? 교회 공동체 안에 있는 자녀들, 곧 부모와 함께 예배를 드리고 있는 자녀들이 그 대상일 가능이 크다. 그들은 어떤 자녀들일까? 아마도 그들은 진정으로 주님을 알고 있는 자녀들일 것이다. 그들은 주님과 깊이 교제하고 있는 자녀들일 것이다. 바울이 "주 안에서"라고 언급한 것은 그들이 주님을 알고 그 주님과 교제하는 신앙 안에서란 의미일 가능성이 크다. 부모님이 자녀들에게 뭔가를 요청할 때 그들은 자신들이 교제하고 있는 주님의 뜻, 주님의 기뻐하심을 분별하여 부모님에게 순종하라는 의미이다. "이것이 옳으니라"는 부모와 함께 예배에 참여하는 모든 자녀들이 이해할 수 있는 가르침이란 의미이다. 우리는 자녀들이 이해하든 못하든 간에 하나님의 말씀이면 무조건 자녀들에게 권면하는 도구가 될 수 있다고 생각한다. 바울은 "주 안에서"란 조건을 통하여 그러한 생각을 배제하고 있다. 먼저 부모는 교회 공동체 예배와 가르침을 통해 자녀들이 하나님을 만날 수 있도록 도와야 한다. 자녀들은 그렇게 말씀을 가르침 받고 하나님을 만나 알게 된다. 바울은 자녀들이 그렇게 가르침 받고 알고 있는 하나님 안에서 부모에게 순종하라고 명하고 있는 것이다. 바울은 자녀들에게 주 안에서 순종할 것을 권고한 후에 또 다른 메시지를 전한다.

"네 아버지와 어머니를 공경하라 이것은 약속이 있는 첫 계명이니(2)", 자녀들은 부모를 공경해야 한다. "공경한다"는 것은 복종한다는 의미와 동일한 의미를 갖는 것으로 '사랑하라'와 '존경하라'는 두 가지 의미를 함축하고 있는 말이다. "이것은"은 단순한 관계대명사가 아니라 원인이 되는 관계대명사이다. 이것은 어떤 내용의 계명인가를 말함과 동시에 왜 공경을 요구하고 있는가를 보여주고 있다. 자녀들이 부모를 공경해야 할 이유는 그것이 계명이기 때문이다. 하나님은 첫 계명을 주시면서 "네 부모를 공경하라 그리하면 네 하나님 여호와가 네게 준 땅에서 네 생명이 길리라(출 20:12)"고 약속하셨다. "첫 계명"이란 우리가 이해하고 있는 십계명 중 첫 번째 계명이란 의미가 아니다. 우리가 십계명이라고 부르고 있지만 히브리어 원문에는 첫째, 둘째라는 표현이 없다. 하나님이 모세에게 전해 준 모든 계명을 일컬어 첫 계명이라고 부른다. 바울은 부부와 주인과 종이 서로 복종한 결과에 대해서는 아무런 언급도 하지 않았다. 그러나 자녀들이 주 안에서 부모에게 순종할 경우에는 예외적으로 복이 언급되어 있다.

"이로써 네가 잘되고 땅에서 장수하리라(3)", 바울은 이 문장에서 가정법 과거와 직설법 미래 시제를 조화시키고 있다. 가정법 과거 시제를 사용한 "네가 잘되고"는 하나님의 영원한 축복 가운데 끊임없이 안녕을 누릴 것을 기대하고 있다. 미래 직설법 시제를 사용한 "장수한다"는 오랜 시간을 의미한다. 주 안에서 부모에게 순종하는 자녀들은 몸도 맘도 늘 평안한 상태로 살게 되고, 그것을 오래 지속하며 살게 되는 복을 누리게 된다.

성령충만한 부모는 주의 교훈과 훈계로 자녀를 양육한다(4절)

바울은 먼저 성령충만한 자녀의 부모에 대한 삶을 제시했다. 그리고 성령충만한 부모의 자녀에 대한 삶을 제시한다.

"또 아비들아 너희 자녀를 노엽게 하지 말고 오직 주의 교훈과 훈계로 양육하라(4)", 바울은 부모가 자녀를 대함에 있어서 해서 안 될 일과 해야 할 일을 대조시키고 있다. 바울은 부정과 정을 대조시켜 둘 다 명령법을 사용하여 "노엽게 하지 말라, 양육하라"고 말하고 있다. 현재 명령법은 주로 반복적인 행위를 강조할 때 사용한다. 그러므로 부모는 지속적으로 자녀를 노엽게 하지 말아야 한다. 즉 부모는 자녀가 성을 내게 해서는 안 된다. 바울이 조건을 제시하지 않았기 때문에 어떤 경우든 간에 자녀를 화나게 해서는 안 된다. 부모가 자녀를 화나게 하는 것은 자녀를 부당하게 대우하는 것이다. 바울은 부모의 독단을 경계하고 있다. 부모가 자녀에게 화를 내는 것은 어리석고 모순되고 하나님이 주시지 않은 권위를 남용하는 것이라고 지적하고 있는 것일지도 모른다. 왜냐하면 이어지는 말씀과 연계해 보면 부모가 자녀에게 화를 내는 것은 부모가 하나님을 대적하고 하나님의 자리에 앉아서 자신의 독단적인 결정에 따라 행동하는 것이기 때문이다. 부모가 자녀를 부당하게 대우하는 결과는 자녀의 부모 공경을 매장시키는 것으로써 나타난다.

긍정적인 명령법은 건전한 부모의 자녀 양육 길을 제시한다. 명령법 현재 시제인 "양육하다"는 한두 번의 시도를 의미하지 않고 지속적으로 그렇게 하라는 것이다. 바울은 앞서서 이 표현을 사용했었다(5:29). 남편은 그리스도께서 교회를 보호하심과 같이 자기 자신을 양육하고 보호한다. 그와 같은 마음과 삶으로 아내를 사랑해야 할 당위성을 강조하기 위해서 한 메시지이다. 양육한다는 것은 말로써 훈계하고 격려하고 타이르는 것을 뜻한다. 부모는 자녀를 양육할 때 자신의 지식과 감정으로 해서는 안 된다. 그것은 부모의 독단적 행위로서 하나님을 대적하는 것이고 자녀로 하여금 부모 공경에서 멀어지게 만드는 것이다. 부모는 자녀를 양육할 때 어떤 상황에서든지 주의 교훈과 훈계로 해야 한다. "주의 교훈과 훈계"란 주님께서 행하신 것과 같은 방법을 의미한다. 주님은 어떻게 교육을 하셨는가? 주님의 교육 대상자는 거의 대부분이 도덕적 윤리적 가치관에서 저급한 사람들에 해당한다. 주님은 그들에게 화를 내지 않으셨다. 주님은 긍휼과 자비로 그들을 대하셨고 가르치셨다.

바울은 성령충만하여 서로 복종하는 자녀와 부모 관계를 제시했다. 우리가 특별히 이해해야 할 것은 자녀에게 주신 '주 안에서'란 말씀을 이해하는 것이다. 우리는 이것을 이해할 때 자녀를 어떻게 양육해야 하는지 보다 깊은 뜻을 발견하게 된다. 지금과 같은 한국의 주일학교 시스템에서는 이해하기 어려운 말씀이다. '주 안에서'는 단순히 주님의 뜻 안에서, 주님의 말씀 안에서란 의미가 아니다. 그것은 주님과 자녀들의 관계성 안에서 이해해야 할 말씀이다. 주님과 관계가 정립되어 있지 않은 자들이 주님 안에서 부모에게 순종한다는 것은 불가능하다. 자녀들이 동기부여와 판단의 근거가 없는데 그런 상태에서 부모에게 순종한다는 것은 불가능하다. 그것은 맹목적인 복종을 강요하는 데 불과하다. 때문에 '주 안에서'란 자녀들이 주님과의 교제, 연합을 기본 전제로 하고 있다는 뜻임을 알 수 있다. 그들이 주님을 알고 주님을 보고 주님과 대화하는 교통이 기본으로 전제되고 있음을 볼 수 있다. 그들은 주님을 알고 주님이 기뻐하심을 알기에 주님 안에서 부모에게 자발적으로 순종하게 되는 것이다. 이어서 바울이 부모가 자녀를 대하는 피차 복종을 말할 때 자녀를 노엽게 하지 말고 주님이 가르치신 방법 그대로 양육할 것을 요구했다. 그 이유는 자녀들은 후일에 부모에게 배운 대로 말씀을 따라 부모에게 순종하는 삶을 살 것이기 때문이다.

28
하나됨의 실례3:
서로 복종하는 주인과 종

바울은 성령충만한 성도들을 통해 드러나는 세 가지 신앙생활을 제시했다. 교회 공동체가 영으로 하나 되어 서로 사랑하고 하나님께 영광을 돌리게 된다. 성도 개개인이 마음을 세상이나 육신의 정욕에 빼앗기지 않고 주님을 노래하며 찬송한다. 범사에 예수 그리스도의 이름으로 아버지 하나님께 감사하는 신앙생활을 한다. 바울은 성령충만한 성도의 인간관계를 세 영역에 걸쳐서 실례를 들고 있다. 세 번째 예는 주인(=직장의 상사)과 종(=직원)에 관한 메시지이다.[1]

요셉처럼 순종하라(5절)

바울은 종들이 주인을 대할 때 어떤 마음자세여야 하는지 설명한다. 바울은 아내가 남편에게 복종하기를 주께 하듯 하라고 명했다. 종들 또한 주인들을 대할 때 주께 하듯 하라고 밝힌다. 아내들에게 밝힐 때는 두 번째 주장에서 "범사에 자기 남편에게(5:24)"란 설명어를 넣었다. 종들에게 밝힐 때는 아내들과 다른 면을 부각시킨다.

1 성경의 문자 그대로 표현하면 종들과 상전이다. 초대교회 시대 즉, 로마 세계에는 노예로 가득 찼다.

"종들아 두려워하고 떨며 성실한 마음으로 육체의 상전에게 순종하기를 그리스도께 하듯 하라(5)", 바울은 종들에게 세 가지 마음 태도로 상사를 대하라고 명한다.

첫째는 두려워하며 그리고 떨며 순종해야 한다. 원래 노예는 주인에게 굴종적인 마음으로 복종해야 했다. 그리스도 밖에 있던 노예 시절에는 자신에게서 우러나는 마음이 담겨 있지 않았다. 지금 바울이 말하는 대상은 그리스도 안에 들어온 성령충만한 노예들이다. 그들이 주인을 대할 때는 굴종적인 마음으로 복종해서는 안 된다. 성령충만한 종들은 주인에 대한 존경심을 가져야 하고 그에 대한 의무를 이행하지 못할까 두려워하는 마음으로 순종하는 것이 피차 복종하는 삶이다.

둘째는 성실한 마음으로 순종해야 한다. 이것은 온 마음을 다해 의무를 이행하고자 하는 일편단심의 충성심을 가리킨다. 사람들의 마음은 조석 간에 변한다. 그러나 성령충만한 종들의 마음은 어떤 상황이나 환경에서도 변함없이, 한결같은 마음으로 주인에게 순종하는 것이 피차 복종하는 것이다.

셋째는 육체의 상전에게 그리스도께 하듯 순종해야 한다. 아내가 복종해야 할 대상은 자신의 머리 되는 남편이다. 바울은 종들이 순종해야 할 대상은 육체의 상전이라고 제한하였다. 아마도 이 제한 속에는 주인이 종들의 정신적 주인은 될 수 없음을 밝히고 있는 것이 아닐까? 바울은 실명을 언급하고 있지 않지만 어쩌면 요셉을 떠올리고 있을지도 모른다. 하나님을 경외한 요셉은 불신자 상관에게 전심을 다해 복종하여 섬겼다. 바울은 성령충만한 종들은 주인에게 요셉과 같이 순종하는 것이 피차 복종이라고 알려주고 있다.

진심으로 순종하라(6-8절)

바울은 5절에서 종이 육체의 상전에게 세 가지 마음태도를 가지고 순종해야 한다고 가르친 이후에 또 다른 마음의 태도를 제시한다.

"눈가림만 하여 사람을 기쁘게 하는 자처럼 하지 말고 그리스도의 종들처럼 마음으로 하나님의 뜻을 행하고(6)", 바울은 다른 마음의 태도를 언급하며 "눈가림만 하여"와 "그리스도의 종들처럼"을 대조시키고 있다. 그리스도의 종들은 사람을 기쁘게 하려고 일하지 않는다. 그들은 오직 하나님 앞에서 하나님의 뜻을 행할 목적으로 일하고 살아간다. 그들은 사람을 의식해서 사람을 기쁘게 하려고 살지 않는다. 오직 하나님 한 분만을 생각하고 그분을 기쁘시게 하려고 살아간다. 종들은 자신의 신분 때문에 싫어도 어쩔 수 없이 상전에게 복종하며 살았고 이러한 삶이 체질화되어 있다. 그들은 얼마든지 눈가림만 하여 상전에게 아첨할 수 있다. 그러나 그들은 결코 하나님의 눈은 속일 수 없다. 바울은 성령충만한 종들이기 때문에 능히 과거의 옛 습관에서 벗어나 새로운 삶을 살 수 있다고 말하고 있다. 성령충만한 종들은 주인이 있고 없음에 따라 일하지 않아야 한다. 그들은 하나님의 뜻을 따라서 일을 해야 한다. 이렇게 살아야 인간을 기쁘게 하지 않는다. 종들은 얼마든지 주인을 기쁘게 하려고 눈가림으로 일할 수 있다. 그러나 이것은 하나님의 뜻을 행하지 않는 삶이다. 종들이 하나님의 뜻을 행하기 위해서는 사람을 의식하여 눈가림으로 일하지 않아야 한다. 종들은 하나님 앞에서 일하듯 진심으로 자신의 일을 감당해야 한다. 바울은 종들이 상전을 대할 때 살아야 할 삶의 자세를 정리해서 말한다.

"기쁜 마음으로 섬기기를 주께 하듯 하고 사람들에게 하듯 하지 말라(7)", 바울은 6절의 "하나님의 뜻을 행하고"와 "기쁜 마음으로 섬김"을 분사 시제를 사용해서 연결시키고 있다. 전자는 하나님의 계획과 관련된 것이고, 후자는 인간에 대한 봉사와 관계된다. 곧 하나님의 뜻을 실현하는 것이 인간을 섬김으로 나타나게 된다는 의미이다.

"기쁜 마음으로"는 "그리스도의 종들처럼"과 동일한 자세를 의미하고 하나님의 뜻과 연결된다. "사람들에게 하듯"은 앞 절의 "눈가림만 하는"과 연결된다. 종들이 사람들에게 하듯 하는 일은 마음이 담길 수 없다. 현대사회가 많이 변했다 해도 어딘가 모르게 윗사람이 아랫사람을 대할 때 강압적인 자세가 남아 있다. 주인의 이러한 태도는 종들로 하여금 눈치를 보게 만들고 눈가림으로 일하게 만든다. 그러나 종들이 주께 하듯 일할 때는 기쁜 마음으로 할 수밖에 없다. 종들과 주님의 관계는 주종관계가 아니라 은혜 베푼 자와 받은 자의 관계이다. 은혜 받은 자가 은혜 베푼 자를 생각하며 일하게 될 때는 마음에서 우러나 하게 된다. 바울은 종들에게 일을 할 때나 주인을 대할 때 주께 하듯 하라고 명한다. 이는 은혜 받은 자의 마음, 곧 '기쁜 마음'으로 주인을 대하고 일을 하라는 것이다.

"주께 하듯 하고 사람에게 하듯 하지 말라"는 말씀은 두 대상 곧 하나님과 인간을 대비시키고 있다. 이 말씀은 종들이 상전을 대할 마음의 자세와 실제 삶을 언급한 것이다. 종들은 상전을 대할 때 하나님을 대하듯 하고 사람을 대하듯 하지 말아야 한다. 사람의 삶은 그 자체로 끝이 아니다. 종이든 상전이든 자신이 산 삶에는 결말이 따르게 되어 있다. 그 결말은 내가 결정하는 것이 아니라 주님이 결정하신다. 주님은 어떻게 그것을 결정하시는가?

"이는 각 사람이 무슨 선을 행하든지 종이나 자유인이나 주께로부터 그대로 받을 줄을 앎이라(8)", "이는"은 종들이 주인을 대할 때 눈가림으로 하지 않고 주께 하듯 해야 하는 당위성을 받고 있다. "각 사람이"는 종들과 자유인 모두를 포함한다. 자유인은 종 되었던 자들이 자유를 얻어 형성하고 있는 계층을 가리킨다. 종들은 자신의 상전만 있는 것이 아니라 그 위에 주님이 계신 것을 알아야 한다. 자유인들은 자신 위에 주인이 없더라도 주님이 계심을 알아야 한다. 종들이나 자유인들은 자신이 산 그대로 주님으로부터 받는다. 종들이 눈가림으로 상전을 대하고 일했을 경우에 주님은 말씀대로 살지 않은 그들에게 그에 합당한 대가를 내릴 것이다. 자유인들 또한 눈에 보이는 삶이 없어서 자기 멋대로 살면 그에 상응하는 벌을 받게 될 것이다.

그러므로 모든 사람, 곧 종이든 자유인이든 그들 각자는 주님 앞에서 자신들이 산 삶의 공과를 맛보게 될 것을 알고 서로를 대하며 일을 해야 한다.

주인은 종의 인격을 존중하라(9절)

바울은 이제 성령충만한 주인이 어떻게 살아야 하는가를 제시한다. 이는 8절 마지막 말씀에 바탕을 두고 선포되는 메시지이다.

"상전들아 너희도 그들에게 이와 같이 하고 위협을 그치라 이는 그들과 너희의 상전이 하늘에 계시고 그에게는 사람을 외모로 취하는 일이 없는 줄 너희가 앎이라(9)", 바울은 문장을 쓰면서 긍정법과 부정법을 잘 대조시켜 사용했다. 6, 7, 9절 모두 이 두 법을 사용하고 있다. "이와 같이 하고"는 긍정법이고, "위협을 그치라"는 부정법이다. '이와 같이'는 앞 절에서 바울이 종들에게 선포한 말씀 그대로를 의미한다. 즉 종들은 주인을 대할 때나 일을 할 때 눈가림만 하지 말고 주께 하듯 해야 한다. 마찬가지로 주인들 또한 이와 같이 해야 한다는 의미이다. 이것은 단순 행동에 대한 이야기가 아니다. 이것은 마음의 태도를 의미하고 있다. 종들은 주인에게 겉모습으로만 잘 보이며 열심히 일하는 척 해서는 안 된다. 종들은 마음으로 주인을 진정으로 인정하며 주께 하듯 주인을 대해야 한다. 주인은 종들을 어떻게 대해야 하는가? 주인들은 종들을 위협하지 말아야 한다. 왜 위협이 나타나는 것일까? 위협은 사람을 인정하지 않을 때 나타나는 모습이다. 주인들이 종들을 위협하지 말고 진실된 마음으로 그들을 대해야 하는 이유가 있다. 주인들 위에 하나님이 계시기 때문이다. 하나님은 사람을 외모로 취하지 않으신다. 하나님은 종들이 겉으로만 주인에게 잘 하는 것을 아신다. 하나님은 주인들이 종들을 위협하는 것도 아신다. 하나님이 사람을 대하실 때 외모로 대하지 않으신다. 때문에 성령충만한 종들과 주인들 또한 서로를 대할 때 외모로만 하지 않고 진실된 마음으로 해야 한다.

고대사회의 주인과 종의 개념을 오늘날의 교회나 사회에 직접 적용하는 것은 간단한 문제가 아니다. 그렇지만 가정에서는 부모로서 권위를 가진 자와 그렇지 못한 자녀들이 있고, 직장에는 지위가 높은 자와 낮은 자가 있다. 교회 안에는 오래된 성도와 그렇지 않은 성도, 직분을 가진 성도와 그렇지 못한 성도가 있다. 이 구성원들 사이는 끊임없이 다툼과 분쟁이 일어날 요소를 안고 있다. 주인과 종 사이에 주어진 메시지를 잘 적용하여 실천하게 된다면 그런 요소는 온전히 사라질 것이다. 가정과 교회는 서로 사랑하는 공동체의 모습을 띨 것이고 더욱 그 깊이를 더해 갈 것이다.

세 번째 권면 이해
6:10-6:20

일반적으로 서신서는 교리편과 생활편으로 나눈다. 에베소서는 1-3장이 교리편, 4-6장이 생활편이다. 바울은 생활편에서 크게 세 가지 권면을 메시지하는데 두 가지는 이미 살펴보았다. 본문은 그 마지막 권면을 다룬다.

첫째 권면, 성령이 하나 되게 하신 것을 힘써 지키라(4:1-16).

둘째 권면, 하나 됨을 지킬 다양한 원리를 알라(4:17-6:9).

셋째 권면, 싸움의 상대를 바로 알고 영전전투로 승리하라(6:10-20). 세 번째 권면은 성도들이 마지막에 하나님 앞에 서야 함을 먼저 밝힌다. 신앙생활은 마귀들과의 싸움이고 그 싸움에서 이긴 자들이 하나님 앞에 설수 있다. 바울은 마지막 권면을 시작하면서 에베소교회 성도들에게 이 사실을 먼저 언급한다.

29
하나됨은 영적 전투의 승리로 완성된다

영적 전투를 준비하라(10-11절)

학자들은 이 부분을 지금까지 바울이 선포한 설교를 종합적으로 결론 짓는 부분이라고 주장한다. 이 발상은 글의 마지막에 위치하고 있기 때문에 글의 결론 부분으로 보기에 가능한 주장이다. 바울은 생활편을 시작하면서 "성령의 하나 되게 하신 것을 힘써 지키라"(4:1-16)고 권면했다. 두 번째 권면은 성도의 일상 생활적인 면에서 승리할 방안을 제시했다면(4:17-6:9), 세 번째 권면인 본문은 성도의 영적 생활 면에서 승리할 방안을 제시하고 있다고 보는 것이 좋다. 성도의 일상생활과 영적 생활은 동떨어져 있지 않다. 직간접으로 깊이 연결되어 있다. 영적 전투에서 이기는 것이 곧 생활에서 승리하는 것이다. 바울은 이제 세 번째 마지막 권면의 메시지를 시작한다.

"**끝으로 너희가 주 안에서와 그 힘의 능력으로 강건하여지고**(10)", 학자들은 명령법 구문이 적용된 "강건하라"가 수동태냐 중간태냐로 의견이 양분된다. 수동태 구문이라면 "주 안에서"와 "그 힘의 능력"이 모두 주님에 의해 주도된 것으로 이해해야 한다. 그러나 중간태라면 이미 그 은혜가 주어진 것이므로 성도들이 자발적으로 그 일을 이뤄가야 한다는 의미이다. 내용상으로는 후자인 중간태로 보는 것이 좋을 듯하다. 왜냐하면 앞선 권면들이 성도들에게 영적 전투의 능력을 부여했기 때문이다.

"주 안에서"는 자녀들이 부모에게 순종할 때 주어진 의미와는 다른 것으로 이해해야 한다. 자녀들은 자신이 만난 하나님, 자신이 이해한 하나님의 말씀의 테두리 안에서 부모에게 순종해야 한다. 그러나 성도들이 영적 전투를 수행하며 신앙생활을 해야 하는 "주 안에서"는 주님과 한 뜻이 되어, 주님과 힘을 합하여란 의미로 이해함이 좋겠다. "그 힘의 능력"은 인간의 힘의 한계를 지적함과 동시에 주님의 전능한 능력을 가리킨다. 영적 전투에는 주님의 전능한 능력이 절대 필요하다. 때문에 바울은 그 능력으로 강건해지기를 권면하고 있다. 일반세계에서는 아무 것도 하지 않은 채 무엇인가를 채울 수 있다. 그러나 하나님 앞에서의 신앙생활은 믿음으로 하면 할수록 점점 더 강해지게 된다. 즉 주님이 주신 적은 능력을 주님의 뜻대로 사용하면 사용할수록 점점 강해진다. 성도들은 자신이 능력을 가졌는지 의심할 필요가 없다. 믿음으로 그 능력을 사용하다 보면 나타나게 되고, 주님과 깊은 교제 가운데 있으면 점점 더 강한 능력을 공급받게 된다. 바울은 능력이 왜 필요한가를 계속 설명한다.

"**마귀의 간계를 능히 대적하기 위하여 하나님의 전신 갑주를 입으라**(11)", 바울은 그 힘의 능력의 구체적인 내용이 "전신 갑주"임을 밝힌다. 그리고 그 힘의 능력은 마귀의 간계를 능히 대적하기 위해서 필요하다. 바울은 "입으라"는 부정과거 명령법 시제를 사용했다. 에베소교회 성도들은 전신 갑주를 입어야 한다. 그것은 에베소교회 성도들이 주님의 힘과 능력을 갖춘 것을 말하고 있다.

마귀는 영적 실체이다. 적을 알고 나를 알면 백전백승이라고 한다. 마귀는 영적 실체이므로 육체의 눈에는 보이지 않는다. 영적인 눈이 열려야만 볼 수 있다. 예수님은 광야에서 사십 일 동안 금식할 때 자신에게 다가온 정체가 마귀인 것을 구별하셨다. 예수님은 가이사랴 빌립보 지방에서 "너희는 나를 누구라고 하느냐"는 질문과 베드로의 "주는 그리스도시요 하나님의 아들입니다"란 대답을 들으신 후, 자신의 수난과 죽음을 메시지했다. 그때에 베드로가 주님을 만류하며 "그리 마옵소서. 이 일이 결단코 주께 미치지 아니하리이다(마 16:22)"라고 말했다. 예수님은 베드로의 말을 들으신 후 "사탄아 내 뒤로 물러가라"고 말씀하셨다. 주님은 베드로 개인의 말로 보지 않으셨다. 주님은 베드로를 통해서 역사하고 있는 사탄을 보시고 베드로를 사로잡고 하나님의 계획을 파괴하려는 사탄을 꾸짖으신 것이다. 전신 갑주는 초자연적인 능력을 의미하면서 동시에 영안을 열어 마귀를 볼 수 있는 능력을 의미하기도 한다. 성도가 마귀를 못 보는데 방어가 가능하고 공격이 가능할까? 성도가 입어야 할 전신 갑주는 영안을 열어 마귀를 보는 것이 대전제이다. 성도가 마귀를 볼 때 방어가 가능하고 공격이 가능하다. 전신 갑주는 바로 마귀를 방어할 수 있는 무기들이고 동시에 마귀를 공격할 수 있는 무기이다.

전투의 대상을 바로 알고 싸울 준비를 하라(12절)

이미 11절에서 하나님의 전신 갑주를 입어야 할 이유를 설명했다. 여기에서 보다 자세하게 영적 전투의 대상이 누구인가를 설명하며 다시 한 번 전신 갑주를 입을 것을 강조하고 있다.

"**우리의 씨름은 혈과 육을 상대하는 것이 아니요**(12上)", "씨름"은 한국의 민속놀이를 생각할 수 있다. 씨름은 다양한 기술을 사용하여 상대방을 넘어뜨린다. "혈과 육"은 눈에 보이는 사람의 자연적 존재의 기초로서 눈에 보이는 신체와 보이지 않는 장기들을 포함한다. 바울은 부정법을 사용해서 성도들이 신앙생활을 할 때 맞닥뜨리는 상대가 눈에 보이는 사람이 아니라는 것을 강조한다. 이는 다음의 긍정법을 강조하기 위해 바울이 사용하는 특별구문이다.

"통치자들과 권세들과 이 어둠의 세상 주관자들과 하늘에 있는 악의 영들을 상대함이라(12下)", 바울은 부정법을 사용한 12절 앞부분에서 프로스(πρὸς)란 전치사를 한 차례 사용한 후 긍정법에 들어와서 다시 네 차례 프로스(πρὸς)를 반복해서 사용하고 있다.[1] 바울은 성도들의 싸움의 대상은 정사, 권세, 이 세상의 어둠의 주관자들, 하늘에 있는 악한 영들이라고 밝히며 그 앞에 전치사 프로스를 모두 붙였다. 이들은 모두 마귀의 전사들이다. '통치자'는 마귀들이 가지고 있는 기본적인 지배권을 가리킨다. '권세'는 마귀들이 가지고 있는 능력으로 이해함이 좋겠다. '이 세상의 어둠의 주관들'은 빛의 반대 개념으로서 어둠을 주관하는 실체인 마귀를 가리킨다. '하늘에 있는 악한 영들'은 단순히 악한 영들이 하늘이란 공간에 존재하고 있다는 의미가 아닐 것이다. 왜냐하면 악한 영들은 하늘에 있지만 사람의 몸에도 있기 때문이다. '하늘에 있는'은 하나님이 안 계신 곳이 없으신 것처럼 마귀도 없는 곳이 없다는 의미로 보인다. 물론 마귀는 하늘 보좌에는 있을 수 없다. 마귀는 세상 어느 곳이든 있고 심지어 사람의 몸 안에도 있다. 그것들은 죄를 통해서 그 사람을 끊임없이 지배하며 더 심하고 악랄한 죄를 짓게 만든다. 특히 가정을 파괴하고 교회의 지도자들을 넘어뜨려 하나님의 나라를 무너뜨리려 한다. 성도 개개인이 이것을 알고 영적 전투를 해야 한다. 성도들은 믿는 자면 누구나 영적 전투가 가능하다고 생각한다. 그러나 실제 신앙생활에서는 아주 많이 다르다. 성도들은 영적 전투를 위해서 특별히 준비가 필요하다.

1 ὅτι οὐκ ἔστιν ἡμῖν ἡ πάλη πρὸς αἷμα καὶ σάρκα, ἀλλὰ πρὸς τὰς ἀρχάς, πρὸς τὰς ἐξουσίας, πρὸς τοὺς κοσμοκράτορας τοῦ σκότους τούτου, πρὸς τὰ πνευματικὰτῆς πονηρίας ἐν τοῖς ἐπουρανίοις.

"그러므로 하나님의 전신 갑주를 취하라(13上)", 영적 전투는 인간의 힘으로 할 수 있는 것이 아니다. 악한 영들을 대적하여 승리하는 데는 인간의 지혜와 능력은 아무런 도움이 되지 못한다. 예수님은 제자들을 세상에 파송하여 복음전파를 맡기면서 "뱀같이 지혜로워라(마 10:16上)"고 부탁하셨다. 이로 볼 때 마귀는 아주 지혜롭다는 것을 알 수 있다. 죄가 없던 아담과 하와도 마귀의 유혹에 넘어가 죄를 지었다. 부정적인 측면이지만 마귀의 지혜가 그들보다 뛰어난 것을 보여준다. 그러므로 성도는 영적 전투에서 승리하기 위해서 하나님의 지혜와 능력을 공급받아야 한다. 바울은 이것을 '전신 갑주'라고 정의했다. 바울은 11절에 이어 왜 전신 갑주를 입어야 하는지를 설명한다.

"이는 악한 날에 너희가 능히 대적하고 모든 일을 행한 후에 서기
29 **위함이라**(13下)", "이는"은 전신 갑주를 취하라는 명령을 받고 있다. 전신 갑주를 입어야 할 이유를 설명하고 있다. 성도가 살아가는 삶의 여정은 악한 날의 연속이다. 우리는 만사형통 신학에 너무나 익숙해 있다. 예수 믿으면 모든 것이 잘 된다고만 믿고 있다. 예수 안에서 나쁜 일만 있을 필요는 없다. 그러나 마귀들이 공중의 권세를 잡고 있는 동안에는 항상 어려움이 뒤따르게 마련이다. 바울은 이것을 악한 날이라고 표현했다. 바울은 성도들 앞에 악한 날이 있기 때문에 전신 갑주를 입고 그 악한 날을 주관하는 마귀들과 싸우라고 권면한다. 성도들이 그렇게 싸워야 하는 이유는 그 싸움을 마치고 주님 앞에 서야 하기 때문이다.

성도가 살아가는 하루는 매사에 영적 전투의 연속이다. 이것을 의식하고 살아가는 것과 그렇지 않은 것은 큰 차이를 불러올 것이다. 성도들은 일상생활 가운데서 화를 내며 다투고 마음이 상하며 거짓말하며 산다. 성도들은 성적으로 간음하고 음란한 마음을 갖고 호색하며 살기도 한다. 성도들은 여러모로 시기 질투도 하고 남을 속이기도 한다. 거의 대부분의 성도는 위와 같이 살면서도 문제의식을 전혀 느끼지 않는다. 그 이유는 예수 그리스도를 믿음으로 죄 용서를 받았다고 생각하기 때문이다. 그런데 성경은 그러한 삶을 살아가는 사람들을 향해 "하나님의 나라를 유업으로 받지 못한다(고전 6:9; 갈 5:21하; 엡 5:5)"고 선언한다. 오늘날 성도들은 예수를 믿으면 당연히 죄 용서를 받고 하나님의 나라를 유업으로 받는다고 믿고 있다. 그런데 바울은 일상생활에서 흔히 지을 수 있는 죄를 짓는 자는 하나님의 나라를 유업으로 받지 못한다고 선언한다. 무엇이 문제인가? 가장 간결하게 설명하면 구원론 때문이다.

"예수를 믿어 구원에 참여하게 된 자들은 그 순간부터 자신이 일상생활에서 짓고 있는 죄에서부터 벗어나는 삶을 살아 구원을 완성해 가야 한다."

영적으로 설명하면 하나님의 나라를 유업으로 받을 수 없게 만드는 영적 실체가 존재함을 먼저 이해해야 한다. 예수님을 믿어 구원에 참여하기 전에 사람들은 마귀의 지배 아래 살아왔다. 예수님을 믿어 구원에 참여한 성도들은 마귀의 지배에서 벗어나 주님의 통치 안으로 들어와야 한다. 성도들이 일상생활에서 짓는 죄는 아직도 그 자신이 마귀의 지배에서 벗어나지 못했음을 증거해 주고 있는 것이다. 그러므로 구원이란 "전신 갑주를 입고 영적 실체인 마귀와 싸워 승리하여 그의 지배로부터 벗어나는 것이다"라고 정의할 수 있다. 성도들이 예수를 믿고 모든 죄로부터 용서를 받았으면 더 이상 죄를 짓지 않아야 하는 것이 논리적으로 맞다. 그러나 성도들은 여전히 죄를 짓는다. 하나님의 나라를 유업으로 받지 못하는 것은 당연한 것 아닐까? 구원은 거룩한 열매를 맺는 것이다(롬 6:22). 예수를 믿는다고 거룩한 열매가 저절로 맺어지지 않는다. 그것은 회개하고 삶을 돌이킬 때 맺어지는 것이다.

여섯 가지 전신 갑주: 취하라(14-17절)

바울은 11절, 13절에서 하나님의 전신 갑주를 입어야 할 이유를 먼저 설명했다. 그리고 하나님의 전신 갑주를 언급했다. 바울은 이제 하나님의 전신 갑주가 무엇인지 메시지한다. 아마도 바울은 전신 갑주를 언급하면서 로마 병정의 갑옷을 모델로 삼았을 것이다. 그러나 그것을 그대로 언급하고 있는 것은 아니다. 일곱 가지로 정리하고 있다는 점이 특이하다.[2]

"그런즉 서서 진리로 너희 허리띠를 띠고 의의 호심경을 붙이고(14), **평안의 복음이 준비한 것으로 신을 신고**(15)", 바울은 전신 갑주를 일곱 가지로 정리해서 제시한다. 바울은 앞 세 가지를 언급하면서 한 종류의 시제를 사용했다. 즉 "띠다, 붙이다, 신다"는 모두 명령적 분사 과거 중간태 시제를 사용했다. "서서"는 부정과거를 사용했다. 이것은 아마도 앞(13)의 "서서"와 연속성을 유지하기 위한 것으로 보인다. 이는 분명한 행위를 강조하는 것으로 이해하면 좋겠다.

첫 번째 전신 갑주는 "진리로 허리띠를 띠는 것"이다. 바울은 진리의 허리띠를 띠는 데는 "서서"란 조건을 붙였다. 바울은 부정과거 명령법 시제를 사용해서 '한번 서라'는 의미와 더불어 반드시 서야 함을 명하고 있다. '진리로'란 번역은 '진리 안에서'란 의미를 가지고 있다. 예수께서 포도나무와 가지 비유에서 "너희가 내 안에, 내가 너희 안에"라고 말씀하실 때와 동일하다. 진리는 말씀을 의미하지만 진리 안에서라고 할 때는 보다 다양한 실천 사항을 담고 있다. 한 가지 예를 들어 보겠다. 진리 안에는 사랑이 있다. 그러나 사랑이 진리 그 자체는 아니다. "띠다"는 명령적 분사 과거 중간태를 사용했다. 진리 안에서 허리

2 지금까지는 6:18-20에 기록된 기도를 전신 갑주에 넣지 않는다. 17절과 18절이 어떻게 연결되고 있는가를 살펴볼 필요가 있다. 헬라어 본문은 17절을 끝내며 위에 마침표를 찍었다. 이것은 잠시 멈추라는 뜻이다. 문장이 끝난 것은 아니다. 문장은 20절에서 끝난다. 그러므로 18절에서 기록하는 "성령 안에서 항상 하는 기도"도 전신 갑주에 들어가야 한다.

띠를 띠되 스스로 띠고 지속적으로 그 상태를 유지해야 한다. 주님이 진리 안에서 허리띠를 띠게 해주시지 않는다. 주님은 이미 그것을 할 수 있는 지혜와 힘과 능력을 주셨다. 성도들은 매일 매순간 스스로 진리 안에서 허리띠를 띠고 있어야 한다.

진리 안에서 띤 "허리띠"는 어떤 기능을 하고 있는가? 고대 갑옷에서 "허리띠"는 군인의 의복을 한데 결속시켜 동작을 민첩하게 해주고, 검을 비롯한 장비를 부착시키는 역할을 했다.[3] 바울은 전신 갑주를 로마 병정의 갑옷에서 그 지혜를 얻었다. 바울은 진리 안에서 띠는 허리띠가 로마 병정의 그 허리띠 역할을 해준다고 생각했을 것이 틀림없다. 바울은 지금 영적 전투에 대해서 말하고 있다. 로마 병정의 허리띠는 전투를 수행할 때 방해되는 요소를 모두 제거하고 민첩하게 싸울 수 있도록 해 주는 역할을 했다. 진리의 허리띠가 바로 그 역할을 하게 된다. 영적 전투에 방해 되는 요소들은 무엇일까? 아마도 다양하게 있을 것이다. 영적 전투에 대한 몰이해, 인간적이고 세상적인 생각과 삶 등이 이에 해당한다. 이 모든 것을 제거하고 영적 전투에 집중하도록 돕는 것이 진리의 허리띠의 역할이다. 이것은 성도들의 신앙을 집약시켜 준다. 그것은 실천적 의미를 갖는다. 진리 안에서 띠는 허리띠는 영적 전투를 수행할 수 있는 근본 지혜들을 의미하고 있다. 영적 전투에서 승리하기 위한 다양한 전략이 여기에서 나온다고 봐야 할 것이다.

두 번째 전신 갑주는 "의의 호심경을 붙이는 것"이다. 의의 호심경을 "붙인다"도 명령적 분사 과거 중간태를 사용하고 있다. 의의 호심경을 스스로 붙이고 그 상태를 유지하고 있으라는 것이다. 고대 갑옷에서 "호심경(=흉배)"은 가죽이나 쇠, 구리 등의 재질로 만들어 어깨에 걸

3 일반적으로 "허리띠"는 사람을 지탱시켜 주는 역할을 한다고 생각한다. 그러나 이것은 로마 병정의 갑옷이 가진 기능에서 생각하면 자의적 해석이다. 진리의 허리띠는 오직 주님을 바라보고, 오직 주님을 생각하고, 오직 말씀대로 살아가는 집약된 힘을 가리킨다고 보는 것이 좋다.

쳐서 앞쪽 가슴과 뒤쪽 등을 보호하는 기능을 한다. 구약성경은 하나님께서 "의로 호심경을 삼았다(사 59:17)"라고 알려준다. 바울은 구약을 근거로 자신의 생명을 보호할 의의 호심경을 붙이라고 명한다. 과연 "의"는 무엇을 의미하는 것일까? 의는 칭의를 기본으로 변화된 인격, 거룩한 생활을 통칭하는 것으로 이해하면 좋겠다. 죄는 끊임없이 마귀를 불러들이고 그의 공격을 유발시킨다. 그러나 마귀는 죄가 제거된 정결한 곳, 정결한 사람의 영혼과 몸은 자기 맘대로 공격할 수 없다. 그러므로 의의 호심경이란 마귀에게 공격의 빌미를 주지 않을 만큼의 거룩한 열매를 의미한다. 철저하게 회개하고 불의한 삶에서 돌이키면 돌이킬수록 튼튼한 의의 호심경을 제작하여 입게 될 것이다.

세 번째 전신 갑주는 "평안의 복음이 준비한 것으로 신을 신는 것"

이다. 이 번역은 다시 살펴봐야 한다. 개역개정역은 "평안의 복음이"와 같이 주어로 번역했다. 그러나 헬라어 성경은 둘 다 속격의 형태를 띠고 있으므로 "평안의 복음의"로 번역해야 한다. "준비한 것으로"는 주어에 맞게 조사를 선택하여 번역한 것이다. 소유격에 맞춰서 번역하면 "준비된 것으로"이다. 즉 "평안의 복음의 준비된 것으로 신을 신어라"이다. 평안의 복음이 준비한 것과 평안의 복음의 준비된 것은 뉘앙스가 다르다. 바울이 말하고자 하는 "평안의 복음의 준비된 것"은 무엇을 의미할까? 지금까지 이 말씀은 복음전도를 가리킨다고 해석했다. 만약에 그렇게 해석한다면 복음전도가 영적 전투란 의미를 갖게 된다. 로마 갑옷에서 "신"은 발과 발바닥 부분으로 구성되었고 보통 가죽이나 놋쇠로 만들었다. 그런 재질로 제작된 신을 신게 되면 발과 다리가 보호를 받게 된다. 로마 갑옷과 연계시킨다면 "평안의 복음의 준비된 것"은 발과 다리를 보호하는 기능을 하는 것으로 봐야 한다. 그것이 복음전도란 해석은 2차적으로 가능하나 우선순위는 아니다. 평안의 복음의 신은 영적 전투의 무기이다. 이는 어떤 무기를 가리키는 것일까?

보통 복음은 구원과 관련지어 그 의미를 찾는다. 이곳에서 바울은 구원과 연관된 복음을 말하지 않고 평안과 관련된 복음을 언급한다. 그러므로 "평안의 복음의 준비된 것"은 영적 전투를 하면서 잃어버리지 말아야 할 것이 평안이란 의미가 아닐까? 평안의 반대편에는 두려움이 존재한다. 그러므로 평안의 복음의 준비된 신을 신는다는 것은 영적 전투를 수행하기 전이나 수행할 때 적을 두려워하지 않는 내적 무기를 가리킨다.

바울은 "신어라"는 명령적 분사 과거 중간태 시제를 사용했다. 성도는 스스로 평안의 복음의 준비된 신을 신고 신은 상태를 끝까지 유지해야 한다고 명한다. 즉 성도는 영적 전투를 하면서 항상 평안을 유지해야 함을 요구하고 있는 것이다. 적을 보고 두려워하면 어떻게 될까? 전투를 하는 병사가 두려움에 사로잡혀 있으면 어떻게 될까? 그 싸움은 해 보지 않아도 결과는 뻔하다. 그것은 패배이다. "평안의 복음의 준비된 신을 신어라"는 것은 영적 전투의 무기를 가리킨다. 주님은 평안을 주기 위해서 오셨다. 복음을 영접한 성도는 주님의 다양한 은혜로 충만하게 채웠기 때문에 항상 평안을 누린다. 성도는 핍박이 오든 세상의 종말이 오든 간에 평안을 누린다. 성도가 이렇게 누리는 평안은 영적 전투를 하면서도 전혀 마귀를 두려워하지 않는 준비된 상태를, 더 나아가서는 마귀를 물리칠 준비된 능력을 의미한다.

바울은 영적 전투를 위해 입어야 할 전신 갑주 중 진리의 허리 띠, 의의 호심경, 평안의 복음의 신 등을 먼저 취할 것을 명했다. 바울은 이 세 가지와 관련되는 동사의 시제로 분사 명령법 과거 중간태를 사용했다. 이것은 스스로 준비해서 그것을 지속적으로 유지하는 상태를 가리킨다. 바울은 이 세 가지 위에 또 다른 세 가지 전신 갑주를 입을 것을 명한다. 마지막 한 가지는 영적 전투에서 승리를 위해 개인적으로 기도하고 중보기도 할 것을 명하는 내용이다. 이것은(18절 이하) 다른 제목으로 독립시켰다.

"**모든 것 위에 믿음의 방패를 가지고 이로써 능히 악한 자의 모든 불화살을 소멸하고**(16)", "모든 것"은 먼저 언급한 세 가지 전신 갑주를 말한다. 바울이 앞 세 가지 전신 갑주를 입어라 명할 때 분사 명령법 과거 중간태를 사용한 이유를 알 수 있는 대목이다. 진리의 허리 띠, 의의 흉배, 평안의 복음의 신을 신고 그 상태를 유지하고 있어야 한다. 왜냐하면 그것을 근간으로 새로운 전신 갑주를 준비해야 하기 때문이다. 보다 쉽게 "모든 것에 추가하여"라고 이해해도 좋다.

네 번째 전신 갑주, "**믿음의 방패**"이다. 이는 앞 세 가지에 추가해서 준비하라는 것이다. "방패" 또한 방어 무기이다. 악한 자의 모든 불화살을 막아내기 위한 전신 갑주이다. 마귀가 사용하는 불화살은 어떤 것일까? 시기, 질투, 혈기, 분노, 거짓, 음란, 간음, 호색, 불평, 불만, 원망, 욕심, 게으름, 우울, 외로움, 술 중독, 담배 중독, 조급함 등을 가리킨다. 어떻게 이것을 막아 낼 수 있을까? 믿음의 방패로 막아낼 수 있다. 믿음의 방패란 믿음으로 생각하고 믿음으로 분별하여 판단하고 믿음으로 행하는 신앙의 삶을 의미한다. 그 삶이 지속되면 영적인 믿음의 방패가 제작되어 속사람의 손으로 잡고 마귀의 공격을 방어하게 된다. 성도가 모든 것을 믿음으로 시작하고 믿음으로 결정하고 실천하게 되면 마귀는 불화살을 쏠 기회 자체를 상실할 것이다. 비록 마귀가 불화살을 쏠지라도 성도는 믿음의 방패로 방어하여 그 불화살은 소멸시킬 수 있다. 바울은 두 가지 더 추가해야 할 전신 갑주를 밝힌다.

"**구원의 투구와 성령의 검 곧 하나님의 말씀을 가지라**(17)", 다섯 번째 전신 갑주는 "구원의 투구"이다. "투구"는 검이나 전투용 곤봉, 전투용 도끼, 화살, 창 등의 공격으로부터 머리를 보호하는 기능을 한다. 투구는 마귀의 불화살에도 전혀 손상을 입지 않는 재질로 만들어야 할 것이다. "구원의 투구"라는 것은 죄와 죽음에서 구원받은 성도의 구원의 확신을 가리킨다. 신앙생활의 마지막 종착역은 신령한 몸으로 부활하여 천국을 기업으로 얻는 것이다. 성도가 구원의 투구란 전신 갑주를 제대로 쓰면 두렵거나 무서울 것이 없다. 구원의 투구는 전투의 열정, 싸울 용기를 불러일으킨다. 왜냐하면 모든 싸움은 내 힘으로 싸우는 것이 아니라 주님의 힘으로 싸우는 것이고 반드시 승리할 것을 전제로 싸우는 싸움이기에 용기백배 할 수 있다.

헬라어 문장은 구원의 투구를 강조해 주고 있다. 왜냐하면 '가지다'란 동사를 중심으로 두 개의 목적어가 있는데 구원의 투구란 목적어가 동사 앞에 기록되었기 때문이다.[4] 의미를 살려 번역하면 "구원의 투구를 가져라. 그리고 성령의 검 곧 하나님의 말씀을 가져라"이다. 구원의 투구와 성령의 검은 어떤 연관성을 가지고 있는 것으로 보인다. 한 동사에 두 개의 전신 갑주를 말하고 있기 때문이다. 구원의 투구를 잘 준비하지 않으면 이어지는 성령의 검도 제대로 된 것을 갖지 못한다는 의미가 함축된 것으로 보인다. 구원을 확신하지 못하는 성도가 말씀을 갈망하고 사모할까? 확실한 구원관을 가지고 있어도 말씀을 사모하지 않는 성도들이 거의 대부분이다. 구원의 투구를 잘 준비한 성도만이 유일한 공격무기인 날카로운 성령의 검을 갖게 될 것이다.

여섯 번째 전신 갑주, "성령의 검 곧 하나님의 말씀을 가지는 것"이다. 바울은 "가지다"란 동사에 명령법 과거 중간디포 시제를 사용했다. 디포시제는 수동태 문장이지만 수동태로 해석하기를 거부할 때 쓰는 시제이다. 때문에 수동태 문장이지만 능동태로 해석해야 한다. 성령의 검을 가지는 것이 하나님의 행위가 아니라 내가 취해야 한다는 것이다. 그러므로 성도는 하나님이 어떻게 해 주시길 기대하는 것이 아니라 스스로 성령의 검을 취해야 한다. 성령의 검은 곧 말씀이다. 여

4 καὶ τὴν περικεφαλαίαν τοῦ σωτηρίου δέξασθε, καὶ τὴν μάχαιραν τοῦ πνεύματος, ὅ ἐστιν ῥῆμα θεοῦ·

섯 가지 전신 갑주 중에 유일하게 공격 무기에 해당한다. 특이한 것은 하나님의 말씀에 관사가 없다. 관사가 없다는 것은 기록된 진리 즉, 로고스로서 진리를 의미하지 않는다. 하나님이 말씀하셔서 사람에게 전달된 메시지를 가리킨다. 하나님의 말씀이 아니라 하나님이 하신 말이란 뜻이다. 바울은 시제 사용을 통해서 이미 이러한 내용을 함축시켰다. 성도가 목회자를 통해서, 직접 성경공부를 통해서 말씀을 습득하여 먹게 되면 그 말씀은 성도에게 능력이 된다. 성도는 자신 안에 능력의 말씀을 가진다. 성도는 그것을 사용해서 마귀를 대적하여 싸운다. 이것이 후일에 성도의 입에서 나오는 말 또한 하나님의 말씀이 된다. 영적으로 정말 영적인 검이 준비된다. 속사람이 그 검을 잡고 싸운다. 그래서 바울은 하나님의 말씀에 관사를 붙이지 않았다. 성도가 하나님의 진리 말씀에 기초한 말들을 하게 되면 마귀는 공격을 받는다. 아무리 성도라 할지라도 인간적인 말, 육신적인 말, 세상적인 말을 해서는 마귀를 공격할 수 없다. 오히려 마귀와 한통속이 된다. 바울은 에베소 교회 성도들과 오늘 우리에게 이와 같은 여섯 가지 전신 갑주를 취할 것을 강력하게 명령하고 있다.

일곱 번째 전신 갑주: 깨어 성령 안에서 항상 기도하라(18-20절)

거의 대부분의 학자들은 기도를 전신 갑주에 넣지 않는다. 바울은 기도를 언급하며 두 개의 분사구문을 사용했다. 두 분사구문은 함께 기능하고 있으며 하나의 사실을 다루고 있다. 이 분사는 동사를 수식하고 있지 않다. 또한 14-17절의 내용을 받는 것도 아니다. 두 분사는 주격 복수로 사용되어 있기에 앞 절들의 주어인 "너희"를 지칭하고 있다고 봐야 한다. 두 분사 구분은 "너희가 모든 순간에 성령 안에서 기도하라, (그리고 이것을 위해서) 너희가 항상 애써 깨어 있어라"이다. 그것은 14-17절의 전신 갑주를 취해야 할 대상과 동일한 대상이다. 성도들이

취해야 할 일곱 번째 전신 갑주를 함축하고 있다.

"모든 기도와 간구를 하되 항상 성령 안에서 기도하고 이를 위하여 깨어 구하기를 항상 힘쓰며 여러 성도를 위하여 구하라(18)", 두 개의 분사는 "기도하다"와 "깨다"란 동사를 중심으로 구성되어 있다. 두 개의 분사구문을 살려서 번역하면 "기도와 간구하는 모든 과정에, 너희들이 모든 순간에 성령 안에서 기도하라, 그리고 이것을 위해서 너희들이 항상 애써 깨어 있어라, 그리고 모든 성도들을 위해서 기도하라"이다. 바울이 강조하는 것은 전신 갑주를 취할 자도 성도들이고 항상 성령 안에서 기도할 자도 성도들임을 말해 준다. 성령께서 기도의 자리로 이끄시고 기도할 때 도우시지만 그것을 실행해야 할 주체는 성도 자신이다. 성도는 가정에서 TV를 보면서 자신이 좋아하는 분야를 선택할 수 있다. 마찬가지로 성도는 신앙생활 영역 중에서 한 가지를 선택할 수도 있다. 그것은 선교, 구제, 치유 사역이 될 수 있다. 그러나 신앙생활 처음부터 끝까지 해야 할 한 가지가 있는데 바로 모든 순간에 성령 안에서 기도하는 것이다. 바울은 이것을 일곱 번째 전신 갑주라고 말한다.

"모든 순간에 성령 안에서 기도해야 한다", 일곱 번째 전신 갑주이다. 이 갑주는 로마의 군병들이 입은 갑옷에서 오지 않았다. 아마도 전쟁의 전 과정에 있던 전략회의를 염두에 두고 언급한 것으로 보인다. 바울은 왜 이 사실을 강조하는 것일까? 세 가지 정도로 정리해 볼 수 있다.

첫째, 성도들이 깨어 있으면서 모든 순간에 성령 안에서 기도하려면 성도들이 성령님과 교통하고 있어야 한다. 성령님과 교통하지 못하는 성도가 항상 성령 안에서 기도할 수 없다.

둘째, 성도들의 영적 전투의 대상은 눈에 보이지 않는 악한 영들이므로 성령님과 교통이 이루어지면 그 영적 전투의 대상의 정체를 분별하게 될 것이다.

셋째, 악한 영들은 바보같이 무작정 공격하지 않는다. 그들은 치밀한 전략을 세워서 공격한다.[5] 모든 순간 성령 안에서 기도하는 전신갑주는 악한 영들이 사용하는 전투의 전략을 분별할 수 있다. "적을 알고 나를 알면 백전백승이다"는 속담이 있다. 성도는 전능하신 하나님의 자녀이므로 항상 성령 안에서 기도할 때 눈에 보이지 않는 적을 분별하고, 그들이 사용할 전략을 알 수 있다. 그 결과는 악한 영들과의 전투에서 승리하는 것이다.

전신 갑주를 입고 영적 전투를 하는 성도들은 항상 깨어 있으며 기도해야 한다. 이는 자신을 위한 것이기도 하지만 함께 신앙생활 하는 공동체 일원들을 위한 것이다. 교회 공동체는 성도 한 사람으로 인해 전선의 구멍이 뚫리면 순식간에 많은 사람들에게 영향력을 미치게 되고 여기 저기 구멍이 뚫리게 마련이다. 이것은 영적 원리이다. 기도는 하나님의 다스림이 나와 주변에 미치게 하는 힘이다. 기도는 하나님이 가지고 계신 능력을 나와 주변에 풀어놓는 유일한 기회이다. 기도는 하나님의 능력으로 마귀를 분별하고 그의 전략을 파악하는 유일하고 강력한 무기이다. 그렇기 때문에 항상 깨어서 자신을 위해서 공동체 일원들을 위해서 기도해야 한다. 바울은 멀리 떨어져 로마의 감옥에 있는 자신을 에베소교회 공동체 일원으로 생각하고 기도해 줄 것을 요청한다.

"또 나를 위하여 구할 것은 내게 말씀을 주사 나로 입을 열어 복음의 비밀을 담대히 알리게 하옵소서 할 것이니(19)", 바울은 온 성도들을 위해서 기도하라는 연장선상에 자신을 포함시키고 있다. 그래서 바울은 에베소교회 성도들에게 자신을 위해서 중보기도해 줄 것을 부탁하

5 영들이 성도를 공격하는 사실을 리얼하게 쓴 소설이 있다. C.S. Lewis의 "악마의 편지들"이란 책을 읽어보기를 권한다.

고 있다. 바울은 두 가지 중보기도를 부탁하고 있다. 하나는 하나님께서 자신에게 말씀을 주시도록 부탁한다. 이 말씀은 앞에 사용된 하나님의 말로서 성령의 검과 다른 것이다. 바울이 부탁한 말씀은 로고스로서 복음의 진수를 주시도록 기도부탁하고 있다.

다른 하나는 자신이 하님께로부터 받은 말씀으로 입을 열어서 담대하게 복음의 비밀을 전할 수 있도록 기도부탁하고 있다. 바울은 부활하신 주님을 직접 만났고 그분에 의해 사도로 세움을 받아 지금까지 복음을 전하는 사역을 했다. 즉 바울은 A.D. 47년경부터 영적 전투를 시작해서 15년 가까이 감당했다. 그런데 왜 이 시점에서 하나님께서 자신에게 로고스로서의 말씀, 복음의 진수를 주시도록 기도를 부탁하는 것일까? 바울은 예루살렘에서 천부장, 총독 더둘로, 총독 베스도, 벨릭스 왕, 아그립바 왕에게 담대하게 복음을 전했다. 바울은 지금까지 복음을 전한 권력자들과는 비교할 수 없는 영적 전투의 대상인 황제 가이사 앞에 서서 재판 받을 때가 가까이 다가오고 있음을 인지하고 있었기 때문이다. 자유인으로 복음을 전한 것이 아니라 죄수의 몸으로 재판 과정에서 복음을 전해야 한다. 황제 가이사는 재판을 진행하는 것이나 바울은 재판을 받는 것이 아니라 복음을 세계의 심장에 선포하는 기회인 것을 알고 있기 때문이다.

> "그 날 밤에 주께서 바울 곁에 서서 이르시되 담대하라 네가 예루살렘에서 나의 일을 증언한 것 같이 로마에서도 증언하여야 하리라 하시니라(행 23:11)."

바울은 자신이 로마 황제 앞에 서야 하는 목적을 분명하게 인지하고 있다. 바울이 죄수의 몸이 되어 로마까지 온 것은 로마 황제 가이사에게 복음을 전하기 위해서지 단순히 재판을 받기 위해서가 아니다. 그는 재판이 실제 시작되었을 때 입을 열어 담대하게 복음을 전할 수 있도록 기도부탁을 하고 있는 것이다. 이 해석은 다음 구절에서 확인된다.

"이 일을 위하여 내가 쇠사슬에 매인 사신이 된 것은 나로 이 일에 당연히 할 말을 담대히 하게 하려 하심이라(20)", 바울은 자신이 복음전도를 위해서 쇠사슬에 매인 사신이 되었다고 말한다. 바울은 왜 로마에 왔는가? 바울은 스스로 로마에 복음전하기를 원했었다(롬 1:15). 주님은 바울이 로마에 갈 것과 그곳에서 예수의 증인이 되어야 함을 확증해주셨다(행 23:11). 바울이 "이 일을 위하여"라고 한 것은 로마에서 복음을 전해야 하는 일을 가리킨다. 바울의 복음전도 대상은 누구일까? 바울은 로마에 살고 있는 많은 유대인들에게 복음을 전했다(행 28:17,21). 아직도 복음을 전해야 할 완고하고 완강한 유대인들이 많이 남아 있을 것이다. 최후의 복음전도 대상은 자신의 재판관인 로마 황제 가이사와 그를 보좌하는 대신들이다. 바울은 자신의 최종 재판을 위해서 로마 황제 가이사에게 항소했었다(행 25:11下). 황제 가이사가 바울을 심문할 것이다. 그의 심문은 바울이 복음을 전할 기회이다. 그때에 바울은 담대하게 복음의 진수를 전하도록 중보기도를 요청하고 있는 것이다.

30
마지막 인사와 축도

편지글은 문안인사와 축복, 감사와 기도, 본론, 인사와 축도 등으로 구성된다. 본문은 편지글의 마지막 인사와 축도 부분이다. 바울은 에베소교회 성도들에게 축복하면서 이중적인 형태를 취했다. 23절로 끝낼 수 있는데 다시 한 번 24절에서 축복을 언급한다.

먼저 평안과 사랑이 있기를 축복한다(23절)

바울은 보통 자신의 다른 서신에서 "우리 주 예수 그리스도의 은혜가 너희 심령에 있을지어다"란 축도를 했다. 그러나 에베소교회 성도들에게 축도할 때는 그리스도와 은혜만을 강조하지 않았다. 그리스도와 하나님을 동시에 강조하면서 "평안과 믿음을 겸한 사랑"을 강조하고 있다.

"아버지 하나님과 주 예수 그리스도께로부터 평안과 믿음을 겸한 사랑이 형제들에게 있을지어다(23)", 바울은 자신의 서신에서 하나같이 서두 인사에서 "은혜"와 "평강"으로 축복했다. 말미 인사에서는 "평안"이나 "믿음"이란 측면을 사용하지 않았다. 디모데와 디도에게 선포하는 축도에서 "사람들이 믿음에서 벗어났다", "믿음 안에서 우리를 사랑하는 자들에게 너도 문안하라"는 말씀을 사용했다. 그러나 그것은 디모데나 디도를 향한 축도의 내용이 아니라 연관된 사람들을 향한 것이다. 즉 바울이 언급한 믿음이 축도의 대상인 디모데나 디도와는 상관이 없다. 그러나 바울은 에베소교회 성도들에게 특별한 맘으로 평안, 믿음을 겸한 사랑이란 용어를 사용했다.

바울은 하나님과 예수 그리스도로부터 나오는 평안이 있기를 축도했다. 바울은 왜 이것을 강조하는 것일까? "평안"은 그리스도께서 이 땅에 오셔서 성취해야 할 목표 중 하나이다(2:17). 그리스도께서는 이방인과 유대인을 하나로 만드셨다. 그리스도께서는 둘을 하나로 만들기 위해서 중간에 막힌 담을 허셨다. 이방인과 유대인을 막은 담은 율법에 의한 것이기에 그리스도께서 율법을 폐하셨다. 그리스도께서는 이 과정을 통해서 그들을 한 새 사람으로 지으셨고 하나님과 화목하게 하셨다. 하나님과 화목해진 결과로 주어진 것이 평안이다. 바울은 에베소교회 성도들이 이 평안의 복을 지속적으로 누리게 되길 바라고 있다. 평안을 누린다는 것은 다툼과 분열로 인한 갈등이 없다는 뜻이다.

그리고 믿음이 뒷받침된 사랑이 에베소교회 성도들에게 있기를 축도한다. 믿음은 아버지 하나님과 주 예수 그리스도로부터 나오는 것이다. 보통은 성도가 복음을 영접하여 믿는다고 말한다. 바울에 의하면 믿음은 하나님과 주 예수 그리스도로부터 나오는 것이다. 이 말씀에 의하면 사람이 복음을 영접하고 믿을 수 있는 믿음은 하나님으로부터 받게 되는 것임을 알 수 있다. 앞선 믿음과 사랑은 바울로 하여금 에베소서를 쓰도록 동기를 부여한 중요한 요소이다(1:15). 바울은 에베소교회 성도들이 현재 서로 사랑하고 있는 사랑의 출처가 믿음에서 나온 것임을 강조하고 있다. 동시에 에베소교회 성도들이 더 사랑하며 살 수 있도록 믿음을 겸한 사랑이 그들에게 있게 되기를 축도하고 있다.

변함없이 예수를 사랑하는 자들에게 축복한다(24절)

“**우리 주 예수 그리스도를 변함없이 사랑하는 모든 자에게 은혜가 있을 지어다**(24)”, 바울은 자신의 다른 서신에서 “은혜가 있을 지어다”라고 축도했다. 그는 에베소교회 성도들에게도 그것을 축도한다. 바울은 에베소교회 모든 성도들에게 은혜가 있기를 축도하지 않았다. 축도 받을 대상을 한정했다. 우리 주 예수 그리스도를 변함없이 사랑하는 모든 성도들에게만 축도했다. 왜 변함없는 사랑을 강조하는 것일까? 먼저 바울의 다른 서신들에 기록된 마지막 축도의 장면을 살펴보자.

> “이제는 나타내신 바 되었으며 영원하신 하나님의 명을 따라 선지자들의 글로 말미암아 모든 민족이 믿어 순종하게 하시려고 알게 하신 바 그 신비의 계시를 따라 된 것이니 이 복음으로 너희를 능히 견고하게 하실 지혜로우신 하나님께 예수 그리스도로 말미암아 영광이 세세무궁하도록 있을지어다 아멘(롬 16:26-27)”

> “주 예수 그리스도의 은혜가 너희와 함께 하고 나의 사랑이 그리스도 예수 안에서 너희 무리와 함께 할지어다(고전 16:23-24)”

> “주 예수 그리스도의 은혜와 하나님의 사랑과 성령의 교통하심이 너희 무리와 함께 있을지어다(고후 13:13)”

> “형제들아 우리 주 예수 그리스도의 은혜가 너희 심령에 있을지어다 아멘(갈 6:18)”

> “주 예수 그리스도의 은혜가 너희 심령에 있을지어다(빌 4:23)”

"나 바울은 친필로 문안하노니 내가 매인 것을 생각하라 은혜가 너희에게 있을지어다(골 4:18)"

"우리 주 예수 그리스도의 은혜가 너희에게 있을지어다(살전 5:28)"

"우리 주 예수 그리스도의 은혜가 너희 무리에게 있을지어다(살후 3:18)"

"이것을 따르는 사람들이 있어 믿음에서 벗어났느니라 은혜가 너희와 함께 있을지어다(딤전 6:21)"

"나는 주께서 네 심령에 함께 계시기를 바라노니 은혜가 너희와 함께 있을지어다(딤후 4:22)"

"나와 함께 있는 자가 다 네게 문안하니 믿음 안에서 우리를 사랑하는 자들에게 너도 문안하라 은혜가 너희 무리에게 있을지어다(딛 3:15)"

"우리 주 예수 그리스도의 은혜가 너희 심령과 함께 있을지어다(몬 1:25)"

에베소서를 제외한 다른 서신에서 바울은 세 차례에 걸쳐서 "사랑"에 대해 언급했다. 두 차례는 고린도교회 성도들에게 보내는 편지에 있다. "나의 사랑이 그리스도 예수 안에서 너희 무리와 함께 있을지어다"와 "하나님의 사랑이 너희 무리와 함께 있을지어다"이다. 여기에서 보듯이 처음은 바울 자신의 사랑이 그리스도 예수 안에서 고린도교회에 있기를 축도했다. 두 번째는 하나님의 사랑이 고린도교회 성도들에게 있기를 선포하는 전형적인 축도이다. 마지막 하나는 믿음의 아들 디도에게 보내는 편지에 등장한다. "우리를 사랑하는 자들에게 너도 문안

하라." 이것은 사실 축도의 내용이 아니라 송별인사이다. "은혜가 너희 무리에게 있을지어다"가 축도이므로 디도서의 축도에는 사랑에 대한 언급이 없다고 봐야 한다.

바울은 다른 서신에서는 일방적으로 자신의 사랑이나 하나님의 사랑이 수신자들에게 있기를 축도했다. 축도의 대상으로 수신자들이 가지고 있는 어떤 신앙의 요소를 조건으로 제시하지 않았다. 그러나 바울은 에베소교회에 보내는 서신에서만 "주 예수 그리스도를 변함없이 사랑하는 모든 자"라고 축도의 대상을 제한했다. 바울은 왜 에베소교회 성도들에게 축도에서까지 변함없이 그리스도를 사랑하는 사랑을 강조했을까?

바울은 에베소서의 생활편인 4장을 시작하면서 "성령의 하나 되게 하신 것을 힘써 지키라(4:3下)"고 권면했다. 바울은 하나 됨을 힘써 지키기 위한 가장 중요한 기능이 '사랑'이라고 보았다. 그는 첫 번째 권면(4:1-16)에서 "오직 사랑 안에서 참된 것을 하라…(15上)"고 명했다. 이 표현은 오직 사랑으로 모든 것을 하라는 의미이다. 즉 사랑으로 바라보고, 사랑으로 듣고, 사랑으로 생각하고, 사랑으로 말하고, 사랑으로 행동하라는 뜻이다. 바울은 첫 번째 권면에서 에베소교회 성도들이 서로 사랑하며 살게 되면 "서로 연결되고 결합되어 몸(=그리스도의 몸인 교회)을 자라게 하고 스스로를 사랑 가운데 세운다(17)"고 밝혔다. 에베소교회 성도들이 이렇게 서로 사랑하며 살게 되면, 바울이 약 5년 전에 에베소교회 장로들에게 "여러분 중에서도 제자들을 끌어 자기를 따르게 하려고 어그러진 말을 하는 사람들이 일어날 줄을 내가 아노라(행 20:30)"고 예언적으로 선포했던 분열은 전혀 일어나지 않게 될 것이다.

그는 계속되는 두 번째 권면(4:18-6:9)에서도 "사랑을 받는 자녀 같이 너희는 하나님을 본받는 자가 되고, 그리스도께서 너희를 사랑하신 것같이 너희도 사랑 가운데서 행하라…(5:1-2)"고 명했다. 서로 사랑하며 살아야 서로 친절하게 하며 불쌍히 여기며 서로 용서하기를 하나님이 그리스도 안에서 에베소교회 성도들을 용서하신 것 같이 서로 용서하며 살 수 있다(4:32). 서로 사랑하며 살아야 음행, 온갖 더러운 것, 탐욕, 누추함, 어리석은 말, 희롱의 말, 음행하는 자, 더러운 자, 탐하는 자 곧 우상숭배하는 자가 되지 않게 된다(5:3-5). 서로 사랑하며 살 때 빛의 열매인 착함, 의로움, 진실이란 열매를 얻을 수 있다(5:9). 바울은 계속되는 두 번째 권면에서 "오직 성령으로 충만함을 받으라, 그리스도를 경외함으로 피차에 복종하라(5:18下, 21)"고 권면했다. 성령충만한 삶이 뒷받침 될 때 아내는 남편에게 복종하게 되고, 남편은 아내를 사랑하게 된다(5:22-33). 또한 자녀들은 주 안에서 부모에게 순종하고 부모는 자녀들을 주의 교훈과 훈계로 양육하게 된다(6:1-4). 그리고 종들은 그리스도께 하듯 주인에게 순종하고 주인은 하나님 앞에서 살아가 종들에게 은혜를 베풀게 된다(6:5-9). 이와 같은 삶에는 바울이 약 5년 전에 밀레도에서 에베소교회 장로들에게 "여러분 중에서도 제자들을 끌어 자기를 따르게 하려고 어그러진 말을 하는 사람들이 일어날 줄을 내가 아노라(행 20:30)"고 예언적으로 선포했던 분열은 일어나지 않게 될 것이다.

바울은 계속되는 세 번째 권면(6:10-20)에서도 진정한 신앙생활은 눈에 보이지 않는 악한 영들과의 영적 전투이기 때문에 하나님의 전신갑주를 입어야 할 것을 권면했다. 세 번째 권면을 한 이유는 영적 전투의 대상인 마귀는 기회를 잡아 에베소교회에 사랑의 불을 꺼뜨리고 분쟁의 씨앗을 뿌려 서로 싸우고 다투게 만들어 교회를 분열시킬 것이기 때문이다. 때로는 마귀의 공격을 방어해야 하고 때로는 마귀를 공격해서 궤멸시켜야 한다. 눈에 보이지 않는 마귀와 영적 전투에서 승리하게 되면 밀레도에서 에베소교회 장로들에게 "여러분 중에서도 제자들을 끌어 자기를 따르게 하려고 어그러진 말을 하는 사람들이 일어날 줄을 내가 아노라(행 20:30)"는 성령님의 미리 알려주심에 잘 대비하여 승리하는 신앙의 삶이 될 것이다.

바울은 축도에서조차 에베소교회에 일어날 분열을 경계하며 주 예수 그리스도를 변함없이 사랑하는 에베소교회 성도들의 사랑을 강조하고 있다. 그들이 그리스도를 사랑하는 삶으로 인해 서로 사랑하며 에베소교회를 분열이 없는 사랑의 공동체로 만들어 갈 것을 축복하고 있다.

필자는 에베소서 강해를 마치면서 주님께서 요한계시록을 통해 에베소교회에 주신 메시지가 계속 맘을 두드린다.

> "에베소 교회의 사자에게 편지하라 오른손에 있는 일곱별을 붙잡고 일곱 금 촛대 사이를 거니시는 이가 이르시되 내가 네 행위와 수고와 네 인내를 알고 또 악한 자들을 용납하지 아니한 것과 자칭 사도라 하되 아닌 자들을 시험하여 그의 거짓된 것을 네가 드러낸 것과 또 네가 참고 내 이름을 위하여 견디고 게으르지 아니한 것을 아노라 그러나 너를 책망할 것이 있나니 너의 처음 사랑을 버렸느니라 그러므로 어디서 떨어졌는지를 생각하고 회개하여 처음 행위를 가지라 만일 그리하지 아니하고 회개하지 아니하면 내가 네게 가서 네 촛대를 그 자리에서 옮기리라…(계 2:1-5)"

바울은 에베소교회에 분열이 일어날 것을 예언적으로 선포했었다(행 20:30). 바울은 분열을 염려하며 그 일이 일어나지 않도록 4-6장까지 하나 됨을 힘써 지킬 것을 권면했다. 하나 됨을 힘써 지킬 수 있는 유일한 신앙생활은 주님을 사랑하는 삶으로 서로 사랑하며 살아야 하는 것이다. 바울이 생존해 있는 동안에 이 일은 일어나지 않았다. 그러나 반 세기가 지나기 전에 에베소교회는 그 사랑을 잃어버리고 말았다. 언제 어디서 왜 잃어버렸을까? 요한계시록에서 주님은 에베소교회 성도들에게 잃어버린 사랑을 스스로 돌아보아 언제 어디서 왜 잃어버리게 되었는지 깨닫고 사랑을 회복하라고 권면하신다. 사랑의 맘으로 바라보고, 사랑의 맘으로 듣고, 사랑의 마음으로 생각하고, 사랑이 담긴 언어로 말하고, 사랑이 담긴 진심어린 삶에는 이해가 선행될 것이며 용납과 용서 그리고 포용이 일어날 것이다. 다툼과 분쟁의 씨앗은 제거되고 사랑의 씨앗만이 심겨져 서로 사랑하는 삶이 가정을, 교회를, 직장을 하나로 만들 것이다.

이 글을 읽는 독자들 가정이, 직장과 사업장이, 섬기는 교회가 사랑이 기초가 되어 사랑으로 보고 듣고 말하고, 서로 사랑하며 살아 마귀가 틈탈 기회조차 없는 하나 된 은혜를 누리게 되길 축복한다. 이미 분열되고 나뉘어졌더라도 에베소서의 원리에 따른 신앙의 삶을 살아 사랑을 회복하고 하나 되기를 소망한다. 주님 앞에 서는 그날까지 분열 없이 그 사랑이 지속되기를 기도하며, 주님이 끝까지 그 길을 인도해 주시길 기대해 본다.